てあったので、階段を上がると、そこはプラットフォームへの渡り廊下で、荷物を持って行き交う人波でごった返していた。

とてもこんな所にチケットオフィスがあるとは思えなかったが、この先にあるのかもしれないと思い、歩き出したところでまた別のインド人が声を掛けてきた。彼も私に「ツーリスオフィス?」と聞いてきたので、「そうだ」と答えると、「ここだ」と言ってすぐ近くの扉を指差した。そこを覗いてみると、エスカレーターが工事中になっている。彼はそれを指差して「クローズ、クローズ」と言う。〈こんな所がオフィスのわけないじゃない。どこかに連れて行こう、って魂胆ね。私はこれ位の手にはひっかからないわよ〉

彼を無視して渡り廊下を歩き出すと、すぐに諦め、どこかへ行ってしまった。

途中、渡り廊下の金網から下のプラットホームを覗いてみると、眼下に広がる光景に驚いた。真下には、まだ走れるのかと思うようなオンボロ列車が停まっていて、ホームにはあふれんばかりの人がいた。他のホームにも目をやると、そこにも同様にあふれんばかりの人が列車を待っている。私はこの時初めて10億という人口の片鱗を実感した気がした。それと同時に私も明日、あの人ごみに紛れながら電車に乗る事になるのだろうか、と急に不安になった。

結局、渡り廊下の端まで行ってもオフィスらしきものは見つからず、ガイドブックをもう一度見てみると、ツーリストオフィスは「駅構内の2階」にあると書いてあった。最初に寄ってきた男に嘘を教えられ、渡り廊下でタイミングよく寄ってきた2人目の男はひとり目の男とグルで私を騙そうとしたに違いない、と腹立たしく思いながら引返し、駅構内に入ろうとした。するとそこにトランシーバーを持った駅の職員らしきユニフォームを着た人が、私を通すまいと遮り言った。

「どこへ行くのかね?」

「チケットを買いに」

「ここはインド人だけが切符を買える場所で中には入れないから、外国人のあなたは、通りの向こうにある、あのグリーンの看板のツーリストオフィスへ行って買いなさい」

彼の指差す方を見ると、駅前広場の向こうに「ツーリストオフィス」と書かれたグリーンの看板があった。しかしそれが駅の運営するツーリストオフィスとは思えなかった。ガイドブックに書いてある場所と違いすぎる。

〈あれは単なる旅行代理店じゃないの？　あそこで切符を高く買わそうとしているにちがいない！〉

駅員も信じられないとなると、もう誰の言う事も聞かず自分でオフィスを探すしかない。私は、駅員がいない入り口を見つけ、そこから駅構内に入った。構内もすごい人であったが、入ってすぐに「ツーリストオフィス」と書いて矢印がついている紙が壁に貼ってあるのを見つけた。

私が矢印の方角に進んでゆくと、「Hey, Miss, ツーリストオフィスはそっちじゃないよ」という声がいくつもかかった。その声全てを無視して2階へ上がろうとすると、私の腕を掴んで、「そっちじゃないよ」と言う人までいる始末。しかしその事でかえってオフィスはこっちだと確信し、掴まれた腕を振り解きながら心の中で叫んだ。

〈やっぱりインド人は嘘つきで最悪の人種だ！〉

2階の薄暗い廊下の奥にツーリストオフィスはあった。中に入ると、先進国の整然とした切符売り場とは違い、雑然としていて、どこでどう切符を買ったらいいのかまったくわからなかった。インド人は信用出来ないと警戒し、辺りを見回すと、観光客らしき白人女性がひとりいた。即座に彼女の傍へ行って英語が話せるか訊ねると、「少しだけ」と答えたその英語の発音があまりにひどく、一気に

ニューデリー駅構内

何も聞く気がなくなってしまった。やはり窓口で聞くしかないと思い、窓口から人が去った隙にすかさず割り込んで、係りの人に切符の買い方、順番の待ち方を教えてもらった。

　窓口は支払通貨別に分かれていて、切符は購入する前に予《あらかじ》め記入しておくとの事であった。列車についてわからない点が多いので、予約票を白紙のままにして、窓口に向かって一列に並べられた椅子に座って順番を待っていると、皆が手にパスポートを持っているのに気づいた。そういえば、ガイドブックにツーリストオフィスで切符を購入する際は、パスポートが必要な旨が書いてあった、と思い出したが、その事をすっかり忘れて、パスポートを持ってきていなかった。

　長い時間待った後に、パスポートがないがために切符を買えないとなるとショックだが、今からホテルに取りに戻るのも面倒臭い。パスポートがなくても切符を発行してくれるように窓口で頼んでみよう、今までも旅先で直面してきた様々なトラブルを、女性ならではの笑顔の懇願（特にラテンとイスラムの国の男性には有効）で通り抜けてこれたのだから、この手でいけば何とかなるだろう、と高をくくった。

40分程待ってようやく私の番になった。窓口のお兄さんの「Yes, Miss」という呼びかけの声が、今までの嘘つきインド人達の声と違い、やさしい響きを持って、安心した。騙そうと思って呼びかける声とそうでない声とでは、声のトーンや響きがこんなにも違うものと知った。

私の希望するシャタブディエクスプレスという列車は、いわゆるインド版新幹線のようなものらしく、アグラまで1時間55分と早く（バスは片道5時間）、食事付であった。

往復その列車で予約が取れ、窓口のお兄さんの教えるままに予約表を記入していると、恐れていた一言が来た。

「パスポートをお願いします。」

私はもじもじしながら、パスポートを持ってくるのを忘れた事を言うと、困った顔をされ、スーパーバイザーの男性に許可を貰って来るように言われた。窓口のお兄さんが指差した少し強面の中年男性の所へ行き、満面の笑みを浮かべて挨拶をして言った。

「パスポートを持ってくるのを忘れてしまって……。どうか、パスポートなしでチケットを買う許可をもらえませんか？」

彼は私の顔を見上げて無愛想に言った。

「Passport, must」

そのBrokenで短い英語の返事が、取り付くしまを与えてくれそうにないと感じさせたが、それでも食い下がってみた。しかし彼は黙って首を振るばかりで、ついに諦め、私の笑顔も年と共に効力を失ってきたようだ、とがっかりしながらオフィスを出た。

タクシー乗り場を探していると、タクシーの客引きがやって来た。メリディアンまでいくらかと聞くと、100ルピーと言う。メータータクシーではホテルからここまで40ルピーだったので、冗談じゃない、と思い相手にしないで歩き出すと、50ルピーと言ってきた。まだ10ルピー高いが、時間もないので、それで交渉を成立させた。

駅を出てすぐ、バザール（商店街）のそばを通った。行きにはここにバザールがある事など気がつかなかった。人が大勢いて安全そうだし、インドの物価水準を知りたいのであとで寄ってみようと思った。

パスポートを持って、再び駅に戻ると6時半で、オフィスの閉まる8時までまだ十分に時間があった。さっきの嘘つきインド人達がまた寄ってきたら、文句のひとつも言ってやる、と心の準備をして歩いていたが、寄って来たのは別の男だったので、無視して駅構内に入った。駅構内でも、また「Miss!」という呼び声が何度か聞こえたが徹底的に無視した。そして2階への階段を上っていると、私より少し前を歩いていた50歳位の男性が私をチラッと見た後、足を止めて私に言った。

「2階は閉まってるよ」

こいつもか、とむしょうに腹が立った。皆が皆、人を騙す事を楽しんでいるとしか思えなかった。今まで繰り返し世界中を旅し、旅行者狙いの悪い輩に遭遇した事もあったが、どこの国の人達も道に迷ったり、困っている時には助けてくれる人が殆どであった。でもここでは誰も助けてくれないし、人を騙し、困っている様子を面白がっている人ばかりなのだ。

〈自分の目で見てみたら、聞いてた以上に最悪な国だった！〉

気持ちが暗くなり、もう明日一日ホテルにいようか、という気分に陥ったが、負けてなるものかと気を取り直し、彼を無視してツーリストオフィスへ行った。

オフィスは大分人が減っていて、すぐに私の順番が来た。空いたのはさっきの隣の窓口で、そこで予約表とパスポートを出すと、さっきの窓口のお兄さんが私に気づいて、「パスポートを取ってこれたんだね。間に合ってよかったね」と声を掛けてきた。

今度はスムーズに発券してもらえ、チケットを手にして席を立った際、隣の窓口のお兄さんにも声をかけた。

「ありがとうございました。さようなら」

「どういたしまして。気をつけてよい旅を」

彼はにっこり笑って言った。この駅へ来て初めてかけられた優しい言葉であった。

〈まともなのはここにいる人達だけだな〉

そう思いながらオフィスを出た。

出会い

駅からの帰り、さっきタクシーの中から見たバザールに行ってみた。7時を過ぎているが凄い人ごみで、オールドデリー同様、活気に溢れていた。店を見ながらぶらぶら歩いていると、20代後半位の男性が声をかけてきた。

「レザーを扱ってるんだけど、よかったら見に来ない?」

「興味がないので、結構です」

「他にも色々あるから見においでよ。ちょっと見るだけでいいから」

「じゃあ他の店もひと通り見てから、帰りにね」

「絶対だよ」

「はいはい」

彼を追い払うためにそう返事をしたのだが、ひと通り店をみて物価水準がわかり、満足して帰ろうと駅に向かって歩いていると、その男が目ざとく私を見つけて声をかけてきた。確かに「帰りに寄る」と約束していたので、その店を少し見る事にした。

彼の店は表通りに立ち並ぶ店と店の間にある、狭い階段を上った2階にあり、階段を上りきるとそこは狭い入り口とは打って変わって、広々としたスペースに様々な工芸品が並べられていた。ふと、こういった街中の店の方が、今日本でも流行しているインド産パシュミナのショールを、ホテルより安い値段で買えるかもしれない、と思った。

「パシュミナのショールは扱っていますか？」

「勿論。座って見るといい」

彼はそう言って棚から何枚かのパシュミナショールを出してきたので、私は椅子に座り、それらを手にとった。と、その時突然、店の中が真っ暗になった。びっくりしてかばん抱きかかえると、少し離れた所にいた店の主人らしき男が言った。

「大丈夫。停電だけどすぐに回復するよ」

「この店だけですか？」

「この周辺、全部そうさ」

また何かの悪巧みかと思ったが、停電と聞いてほっとした。

店員は暗がりの中で蠟燭の明かりを頼りに、パシュミナを見せてくれようとしたが、それでは色が全くわからず、諦めて明るくなるまで待つ事にした。すると、彼は分厚いアルバムを持って来て、私に渡して言った。

「これは僕の故郷のカシミールという所の写真です。よかったら、電気が復旧するまでこれを見ていて下さい」

〈カシミールって、カシミアのメッカの?〉

そう思いながらアルバムを開き、写真を見て驚いたのは、連なる山々、大きな湖、あたり一面草に覆われ、所々に花が咲いている山の中腹、青い空に映える雪山、と本当にこれはインドなのかと疑いたくなる位、風光明媚な場所であった。

「これって、本当にカシミール? すごく綺麗」

「カシミール州のシュリナガールという街なんだ。もし君が行きたいのであれば案内するよ。行ってみる?」

「デリーからどの位?」

「飛行機で1時間位だよ」〈そりゃ、今回は無理だ〉

「いつがいい季節なの?」

「6月、7月位かな」〈今は全くシーズンじゃないようだけど……〉

それにしても、インドにまるでスイスのような、こんな美しい場所が存在しているとは意外すぎる程、意外であった。

結局電気が復旧するまで30分程かかった。明るい中で品物を見るとどれも質が良く、値段を聞くとホテルよりも安かった。2、3点選んだ後、彼に言った。

「ピンクも欲しいんだけど、ここにはないかしら?」

「今はないけど、ウチには工場があって数時間で色を染められるんだ。ほかにも好みの色があったら言ってくれ。今日はもう時間が遅くて無理だけど、明日、出来上がったらホテルに届けるよ」

そう言って彼は、まだ色付けする前の白いパシュミナを私に見せた。

「この店は何時までなの?」

「朝9時から夜10時までさ」

「明日、私はアグラへ行って、夜10時に駅に戻ってくるから、閉店時間を少しすぎてしまうけど、それからこの店で色をチェックして、買ってもいいかしら? 思った色と違うと困るから」

「勿論さ。君、ひとりでアグラへ行くの?」

「そうです」

「ひとりきりでそんな時間に駅に着くなら、駅まで迎えに行こうか?」

夜遅くにひとりでここまで来るのは心配なので、駅まで迎えに来てくれると助かる。

「そうしてくれると、とってもありがたいわ」

私は彼にさっき買ったばかりのチケットを見せた。

「じゃあ、明日、夜10時にこの車両が止まる辺りで待ってるよ」

「ただ、もし列車が遅れて到着するようだったら、迎えは結構です。次の日の午前中に店に来ますから。それでもいいかしら?」

「OK。それで問題ないよ。僕の名はババ。君の名は?」

結果的にこの店を覗いてみてよかった、と思った。

店を出たのは9時半で、ババが駅前の大通りまで送ってくれた。

駅でタクシーを捜そうとすると、またうるさいタクシーの客引き達に囲まれた。うんざりしながら値段を40ルピーと言うと、やはり相場を知っていてそれでは合意しない。しかしその時、正規のタクシー乗り場（メーターータクシー）の案内ボードを見つけた。そのボードはとても小さくて見つけ難い場所にあり、乗り場も駅ターミナルから離れた所にあった。こんなごちゃごちゃとした駅前で、ターミナルから離れた場所にタクシー乗り場があるのでは、普通旅行者は、そこを見つける前に客引きに捕まってしまう。

乗り場にはタクシーが1台しかおらず、先に待っていたインド人が乗った後、少ししてやってきたタクシーに乗り込んだ。客引き達がまだ言い寄って来てうるさいので開いていた窓を閉めると、窓に人が吐いた跡がこびりついていた。一瞬顔が引きつったが、客引き達がそれを指差してさかんに何か言って私を車から降ろそうとするので、こんな連中の悪徳タクシーに乗る位なら、ゲロタクシーに乗るほうがましと思い、そのタクシーでその場を去った。

本当にこの駅には疲れる。明日、悪い輩に騙されずに電車で無事タージマハルに行って帰ってこれるだろうか、と不安で気が重くなった。

翌朝5時半にホテルの正面玄関に出ると、まだ暗い外は昨日にも増して寒く、ドアマンが白い息を吐きながらタクシーを呼んでくれた。また濃い霧が出ていてほんの少し先までしか見えず、ただでさえ色々な事を不安に思っているのに、この霧と寒さはその不安を助長した。

駅でタクシーを降りる際、メーター通りに計算して40ルピー払おうとすると、ドライバーが早朝の割り増し料金を請求してきた。私はそんな事もあろうかとあらかじめ、ガイドブックで割り増し料金の時間帯を調べていた。

「割り増し料金の時間帯は、11時から5時のはずよ」

「今、何時?」

「5時45分」

「Sorry, Miss」

彼はそう言って40ルピー受け取ったが、全くしらじらしいとぼけで、インド人はどうしてこういう人ばかりなのか、と呆れる思いがした。

駅構内は早朝にもかかわらず相変わらずすごい人であった。掲示板でプラットホームを1番線と確認したが、そのプラットホームへの入り口がわからなかった。普通ならこういう場合すぐ誰かに聞くところだが、ここでは、誰かに聞いても本当の事を教えてくれるとは限らない。ウソを教えられて列車に乗り遅れるのが関の山だ。独力でみつけなくてはと思い、右側は行き止まりなので、左側に進んでゆくと、矢印の上に「プラットホーム」と書かれた貼り紙を見つけた。

しかし、この矢印がどこを指しているのかがまたよくわからない。人には聞けないし、ちゃんとした案内ボードもなく、全くこんな駅は今までどこにもなかった、何もかもが最悪だ、と思いながらとりあえず矢印が向いていると思われる方向に、人波掻き分け進んで行った。迫り来る列車の出発時間にあせりながらホームへの入り口を探し、ようやく見つけて急いでそこを通り過ぎると、すぐ目の前にシャタブティと書かれた列車が停まっていて、その瞬間、かなりほっとした。

ホームには昨日見たのと違って人があまりおらず、車内も空《す》いていた。列車は定刻の6時ぴったりに出発し、それにはいたく感激した。

動き出して間もなく食事が出された。こんな所で出される食事は大丈夫だろうか、と思いながら口にすると、結構美味しく、全部食べてしまった。食事のトレイの上に紅茶のティーバッグが置いてあり、これはどうするのだろう、と思っていると、食事が終わりかけた頃、私の子供の頃に使われていたような昔なつかしい魔法瓶の水筒が1人に1本ずつ配られた。中には熱湯が入っており、蓋にお湯を注いで紅茶を自分で入れるのであった。この魔法瓶紅茶サービスは、自分の食事のペースでアッアッの紅茶が楽しめ、恐れ入った。

外は到着予定時刻の8時になっても何も見えない程の濃い霧で、列車はのろのろと走っていて、一向に駅に着く気配はなかった。心配になって通りかかった車掌に声を掛けた。

「すいません、この列車は何時にアグラ駅に着くのですか?」

「11時です」

「11時? 3時間も遅れるって事?」

「はい。霧のため遅れます」

定時出発位に感激した自分の甘さを悔いた。しかし、いくら何でも3時間は大げさだろう、インド人の事だからまた適当な事を言っているに違いないと思った。

その車掌が少ししてから私の所に戻って来て、いきなり私の隣に座り、「どこから来たのか」などと色々尋ねて来た。始めは英語で答えていたが、あまり英語が通じない事がわかり、ガイドブックを取り出し、ヒンディー語の会話集を見ながら答えてみた。彼はそれを聞いて笑い、私にヒンディー語を教え出した。それに気づいたほかの2人の車掌までが私の所にやってきて、言葉を教えてくれ出した。ヒンディー語を習得しようなどという気は微塵もなかったが、車掌さん達が一生懸命教えてくれるので、気がつくと結構真剣になっていた。その後インド人旅客もひとり加わり、インドの名所について色々教えてくれた。その間どこからともなく紅茶が何度も運ばれてきた。

車掌さん達は結構長い間、私の所にいた。彼らが仕事に戻った後、暫く眠り、目覚めるとあと15分で11時であった。3時間遅れるというのは大げさな話ではなかった。しかも相変わらずのろのろ運転で、11時にも着かないのではないか、と心配になったが、車掌さん達が11時少し前にまた私の所にやって来て、もうすぐアグラに到着する事を知らせてくれた。私は彼らに言った。

「沢山お話できて本当に楽しかったです。ありがとうございました」

「私達はいつもこの朝のシャタブディに乗っているから、また乗っておいで」

「はい」

私は彼らと握手をした。

それから数分程で列車はアグラに着いた。車掌さん達は、このもっと先まで行くらしかったが、アグラで私と一緒に列車を降り、プラットホームに立って笑顔で手を振って見送ってくれた。3人に手を振り返しながら、嘘つきで最悪だと思っていたインド人が、意外とそんな人ばかりでもないかもしれない、と思い始めていた。

兄妹

駅のツーリストオフィスへ行くと、列車の遅れに合わせて、どのツアーも11時半からになっていた。料金表を見ると、外国人とインド人の料金が全く違い、ぼられているような気がしてツアーに参加するのをやめ、タクシーをチャーターする事にした。タクシーのチャーターはプリペイドのシステムだとガイドブックに書いてあったので、駅を出てタクシーのプリペイドスタンドを探していると、あるにはあったが、閉まっていた。

列車が遅れて着いたせいか、と困っていると、ひとりの男が声をかけてきた。客引きかと思い、用

シャタブディ車内

心しながら話をしてみると、彼はタクシーの運転手でチャーター料金表を持っており、そこに書かれた値段はガイドブックに書いてあるものとほぼ同じだった。8時間チャーターして850ルピーで、街から40キロ程離れた王宮跡ファティプールシクリに行くだけのツアー料金が690ルピーとなっていたので、1日借りてあっちこっち行って850ルピーならこの方が安いと思い、その男の車をチャーターする事にした。

車に乗り込んでからドライバーに訪れたい場所を4、5箇所告げると、彼は言った。

「1日でそんなに沢山は見きれないと思うが、とりあえず、遠いファティプールシクリから行ってみよう」

私の特技は、ガイドブックを読んで、どこにどれだけの時間がかかるかを簡単に時間計算できる事である。私の時間計算からすると、その位は見られるはずであった。しかし、ファティプールシクリへ向かった時、この時間になっても霧は相変わらず晴れず、車はスピードが出せない上、村の中を通る時は、狭い道がリキシャーやオートリキシャー（バイクに客席のついたもの。オートと呼ばれる）でごった返す上に、動物まで道を横切るものだからなかなか進まない。これではドライバーの言うとおり、今日1日であまり沢山の場所を見ることは出来そうにないな、と思った。

途中、霧でかすんだ道の向こうに何やら黒い影があった。始めは何かの動物であろうと思っていたが、近くまで来てみると、それが熊で、傍には人間が立っていて、熊をまるで犬でも飼っているかのように、首輪でつないで一緒に立っていた。彼は「熊使い」で観光客を相手にしてお金を取るのだろう。この熊使いはひとりだけでなく、その後何人も出くわした。どうやって、この獰猛な熊を飼いならしているのかわからないが、インド人は、コブラとか熊とか人に恐れられているものを飼いならして、道端での商売道具にしてしまうのだから、何とも恐ろしい人々だ。

結局ファティプールシクリに着くまで、1時間以上かかった。しかし、着いた頃には丁度霧が晴れ、とても綺麗な青空が広がっていた。気温も朝の寒さとは打ってかわって、20度位の暖かさになっていた。

チケットを買う際、インド人と外国人の入場料が全く違う（インド人は10ルピー、外国人は450ルピー）と知り、ツアー料金がインド人と外国人が全く違っていた理由がわかった。それなら全てが込みの観光局のツアーに参加した方が安上がりであったかもしれないと、後悔した。

チケットを買うと、60歳位の男が近寄って来て、私をガイドすると言ってきた。エジプトへ行った時も、遺跡の入り口で声をかけてくる「自称ガイド」が必ずいて、私はいつも彼らにガイドを頼んでいた。この自称ガイドは、ツアーに参加していない場合、非常に役に立つ。見所をくまなく説明しながら案内してくれるし、カメラマンにもなってくれ、ガイド料も安い。ここのガイドを50ルピーで交渉成立させた。

ファティプルシークリー城内

始めに王宮跡へ行った。ムガール帝国（イスラム王朝）3代皇帝アクバルによって、16世紀に遷都された際に建立されたこの城は、ほぼ完璧にその姿をとどめている。宗教宥和《ゆうわ》を目論みたアクバル帝は、イスラム、ヒンドゥー、キリスト教の3人の公式妻を持ち、独立した3人の妻の住居には、イスラム教の妻の住居はモスク型、キリスト教の妻の住居にはチャペルがあるなど、それぞれの宗教特徴が見られる。

皇帝の寝室は、ベッドの足がかなり長く、それは暑い時期にベッドの下に水を貯めて自然のエアコン効果を出すためで、部屋の入り口近くにある大きな壷は、そこに香水を入れ、外から吹いてくる風に香りが漂ってくるようにするためだったそうだ。城内にある素晴らしい壁の彫刻や柱が、木造に見えて石作りであるのには驚かされた。

城の内部も素晴らしかったが、何よりも感激したのは、赤砂岩で造られた赤褐色の広大な城が空の青さに映え、美しい色のコントラストを織り成している事であった。インドでこんな風に「美しい」

と感激する事があるとは、想像もしなかった。昨日、ガイドがインドの事を「暑い、汚い、辛い」と表現していたが、ここは暑くもなければ、汚くもない。暖かくて、美しい。インドのイメージが変わってしまいそうな所であった。

王宮跡のあるところは「宮廷地区」で、次に「モスク地区」へ行き、大きな門をくぐるとそこはイスラムの世界で、広い敷地の中に大理石で出来た白亜の美しいモスクが現れた。

ガイドは結構英語がうまく、見所を詳しく説明してくれ、自分の肩に下げた私のカメラで、ポイントポイントで写真を撮ってくれた。見学を終えた後、彼に50ルピーを渡すと、ありがたそうにお金を受け取って去って行き、なかなか良いガイドであった。

車に戻ると、タクシードライバーが「どうだった?」と聞いてきた。彼は40代後半位で、英語があまり流暢に話せないせいもあってか、運転中は殆ど黙っているが、私が質問すると一生懸命答え、私の話もよく聞いてくれた。彼の人柄の良さがだんだん伝わってきて、私は彼の事が結構気に入っていた。アグラの街に向かう途中、列車の中で覚えたヒンディー語を彼に使ってみた。

「あなたは、私の友達」

彼は私のヒンディー語に驚いて、笑いながら言った。

「ヒンディー語を喋れるのかい?」

「さっき、電車の中で覚えたんです」

「ははは、そうか。他には?」

「私の兄」

「ちょっと違うな」〈やっぱり〉

彼は私に正しい発音を教えてくれた。私はまたここでも、しばらくヒンディー語のレクチャーを受ける事となった。相変わらずうまく発音できなかったが、無口だったドライバーが一生懸命教えてくれたので、嬉しかった。

昼食後、赤砂岩で造られた城壁が印象的なアグラ城へ行った。ここもアクバル帝によって、10年がかりで建てられたそうだ。大理石をふんだんに使った宮殿内部は豪華で美しく、宮殿傍のテラスから、ただっ広く何もない平原の向こうに突然ぽっかりと浮かび上がる、緑に囲まれた白いタージマハルの姿がまるで夢幻境のように見えた。その美しさに見とれ、腰を下ろして暫く眺めていた。

その後タージマハルへ行くと、丁度夕暮れ時で、タージマハルが西日に照らされ、時間と共に少しずつ色を変えて行く様子が綺麗であった。オレンジ色に染まった大理石の床を、サリーを着た女性達が背後に垂らしたショールを靡《なび》かせながら歩いていくシルエットが美しく、この光景を非現実的なものに感じさせた。タージマハルの衣装変えをベンチに座って眺めながら、インドは決して「汚い国」ではなく、美しいと感じる場所が沢山ある、と思った。それはこの国に対する私の大きな偏見のひとつを払拭する発見であった。

タージマハルを出ると6時で、外は薄暗く、冷え込んできていた。足早にドライバーとの待ち合わせ場所に行き、車に乗り込むと彼が言った。

「もう今から見学できる所はどこもないから、列車の時間まで土産物屋にでも行くかい?」

遺跡の閉館時間は殆んどが日没までであった。20時発の列車の時間までまだ2時間あるので、時間つぶしにそうする事にした。

土産物屋に向かう途中で霧が出てきた事に気づき、もしかして、この霧のせいでまたも列車が遅れて到着するのではないか、と嫌な予感が胸を掠《かす》めた。

何軒目かの土産物屋で時計を見ると7時半を過ぎていて、そろそろ駅に行ったほうがよくないか、

アグラ城から見たタージマハル

とドライバーに言うと、それを聞いた店の主人が言った。

「今日のシャタブディは遅れていて、アグラ駅に到着するのは22時40分になってるよ」

それを聞いて一瞬青ざめたが、すぐに、そんな事を言って私を騙して、どこかのホテルを斡旋でもするつもりじゃないかと疑った。私はドライバーに言った。

「それは本当？」

「ああ」

「駅に尋ねてみるといい」

店の主人はそう言って受話器を上げ、プッシュダイヤルを押し始めた。本当に駅に電話しているのかわかったものではない、誰かともうすでに口車を合わせていて、そこに電話しているのでは、と疑いながらその様子を見守っていると、彼は受話器を耳に当てたまま「電話がお話中で通じない」と言った。

「駅に直接行って確認したいんだけど、いいかしら？」

「ＯＫ」

ドライバーは嫌な顔ひとつせずそう返事をした。

店を出て駅に向かっている途中、かなり不安な気持ちになっていた。本当に列車がそんなに遅れているとしたら、この寒さの中で時間を潰すのも大変だし、何よりニューデリー駅に着くのが真夜中になる。

「駅で時間を確認して、10時40分発だったら、またこの車に戻って来てもいいですか？」

「勿論だとも。またそれから土産物屋にでも行こう」

その言葉に「はい」と答えたものの、そうならない事を祈った。

駅構内に入ると、すぐの所に大きな電光掲示板があり、それを見た瞬間、真っ暗な気持ちになった。そこには、シャタブディの出発時間が22時40分に変わっていることが表示されていた。2時間半も遅れるという事は、デリーに着くのは夜中の1時頃になる。それにまた霧が濃くなればデリーまで2時間で着くとも限らない。昨日の土産物屋の店員はもう迎えに来ないし、あの嘘つきインド人の巣窟ニューデリー駅に、深夜に到着する高級列車を狙ってどんな悪い輩がいるか、わかったものではない。女性ひとりでうろうろしていれば、彼らの格好の餌食になりかねない。

どれもこれも霧のせいだ、と腹立たしくなってきた。だいたい霧さえなければ私の旅はもっと違っていて、列車の中から朝日や車窓に広がる景色を楽しめたはずだし、列車もアグラに定刻に着いて、もっと沢山の遺跡を見られただろうし、今日中にパシュミナも引き取れたはずだ。そして何より、これから味わわされる寒い思いも怖い思いもしなくて済んだのだ。

他のデリー行きの列車がないか聞いてみようかとも考えたが、パスポートを持って来ていないし、夜なので高級列車のシャタブディに乗って帰る方が安全と思い、私はとぼとぼと車へ戻った。

「やっぱり列車は10時40分発になっていました」

「そうか。じゃあここで列車を待っていても仕方ないから、他の土産物屋に行こう」

ドライバーは私を励ますかのように元気よくそう言った。私は彼を信用しなかった事を申し訳なく思った。ニューデリー駅での事が、私の中に強く残っていてすぐ人を疑ってしまう。少なくともこの街では誰からも騙されたりしていないし、特にこのドライバーはとても親切で優しい人であった。彼との契約時間はもうとっくに過ぎているのに、そんな事を気にするそぶりを全くみせなかった。今の私にとって、彼は唯一心強い存在で、この時観光局のツアーに入らなくてよかった、とつくづく思った。もし参加していれば、6時には終わってそれから5時間近く、駅でひとり列車を寒さと孤独の中で待つ事になったに違いない。私は気を取り直し、再びドライバーに土産物屋巡りに連れて行ってもらった。

それから何軒かのお店を廻ったが、9時過ぎにはどこも閉まってしまった。ドライバーはそれでもあっちこっち車を走らせ、開いている店を探そうとしてくれたが、もうどこも開いていそうになかった。日中は観光客で賑わっていたこの街も、その面影を全く感じさせないほどに静まり返り、暗い夜道を車のライトだけが照らしていた。

「もうどこも開いていないようなので、食事でもして、それから駅へ行きます」

10時間以上も私のために働いている彼を早く解放してあげなくては、と思った。

「OK。バーでビールでも飲むかい?」

「お酒はあまり飲めないので、どこかのレストランに連れて行ってもらえますか?」

それを聞いたドライバーは、私を中級ホテルにあるレストランに連れていってくれた。

「食事が終わったら、レストランの人に私を呼びに来るように言っておくれ」

まだ帰ると言わず、駅まで送ってくれるつもりである事に感謝せずにいられなかった。

レストランのインド料理は美味しかったが、この先の事を考えると不安であまり食欲が出なかった。食事が終わると10時前で、ウェーターにドライバーを呼んでもらった。やって来た彼は私に言った。

「まだ列車の時間には早いし、駅へ行っても寒いだけだから、このホテルのロビーで時間になるまで座っているといい。時間になったら送っていくから」

何と優しい人か、と思った。さっさと私を駅まで送ればそれで仕事は終わるのに、最後の最後まで私の面倒を見てくれようとしている。

私は彼に今日の代金を先に払っておこうと思い、1000ルピー渡した。チャーター料金は8時間で850ルピーだったので、3時間半も時間延長し、チップも含めてこれでは少ない気がしたが、現金が残り少なくなっていたので、もう少し請求してきたり、不満そうな顔をしたらもっと払おうと思った。しかし彼はお金を数え終わると満足そうににっこり笑い、「サンキュー」と言った。結局彼は最後まで良い人であった。

私達はホテルを10時半すぎに出た。ドライバーは、列車はもっと遅れるだろうからもう少しロビーにいた方がいい、と言ったが、乗り遅れたら大変なので駅に行くよう頼んだ。

駅までの道中、彼に言った。

「夜ご飯はもう食べたんですか?」

「君を送り届けてから食べるよ」

「さっき、私と一緒にご飯を食べたらよかったのに」

「ビールを飲まないかい、と誘ったつもりだったんだが、君がお酒は飲めない、って言ったから」

「誘ってくれていたんだと気づきませんでした。すいません」

「なーに、また来ればいいさ。アグラは１日じゃ全て見る事は出来ないから。また私が案内するよ」

「きっと、また来ます」

「待ってるよ」

彼に会いに必ずまたこの街を訪れよう、と思った。

約１日一緒にいれば、別れはさびしい。別れ際に彼と彼の車の写真を撮らせてもらった。私達は握手を交わし、その時、私は彼にヒンディー語で言った。

「あなたは、私の友達」

すると、彼は英語で言った。

「友達じゃないさ、君は私の妹、私は君の兄」

そして付け加えた。

「God bless you.」

彼の言葉に泣きそうになったが、涙をこらえて笑顔で別れを告げた。駅構内への階段を上る前にもう一度彼の方を振り返ると、まだ私の方を見ていてくれた。私は大きく彼に手を振った。

闇夜のデリー

シャタブディの出発ホームには、毛布やショールを頭から被って寒そうにしながら、列車の到着を待っている人が大勢いた。私も土産物屋で買ったばかりのカシミアのセーターを着、その上から革ジャンを羽織った。女ひとりで駅にいるのは私だけで、ただでさえ心細い上、途中ホーム変更の英語のアナウンスが、スピーカー音が割れていて全く聞きとれなかったり、11時になっても列車は入ってこず、不安になる事ばかりであった。

列車は11時を過ぎたところでようやくホームに入ってきた。車内は暖かく、席につくとほっとして即座に眠ってしまった。

ニューデリー到着前に目が覚めた時、恐ろしくて時計を見られなかったが、ホームが見えてきた時に時計を見ると1時20分で、2時間ちょっとで到着した事には安心した。しかしすぐに列車を降りた後の事が心配になった。悪の巣窟ニューデリー駅で、悪い輩につかまらないよう、とにかく駅についたら一目散に出口に向かい、すぐにタクシーに乗ろう、100ルピーでも200ルピーでも払ってもいい、と思った。

列車が完全停止した後、立ち上がって窓からホームの様子を覗き込むと、降り口に群がる何人かの人が見えた。客引きには絶対に捕まるまい、と意を決して列車を降りた。

真夜中のデリーはかなり冷え込んでいて霧がかかっており、薄暗いオレンジ色のライトとあいまって、幻想的な空間のように感じた。私はわき目も振らず、一目散に出口の方へと歩き出した。すぐに、いつもの「Hey, Miss」という声が聞こえたが、捕まるまいと早足に歩き続けた。しかし、あともう少しで渡り廊下への階段に達そうとしたところで、突然私の行く手をはばみ、立ちはだかるように男が私の前へ出てきた。私の心臓は大きな鼓動を打ち、恐怖に引きつった顔でその男の顔を見た。その瞬間、あっと驚いた。

「君、僕の事覚えてる?」

それは何と、土産物屋の店員ババであった。そして、そのすぐ傍に店の主人も立っていた。こんな真夜中に、しかも寒い中、彼らが迎えに来るとは考えもしなかった。

「さっき君が列車を降りる時、手を差し伸べたら、気づかずに行ってしまったんだ」

店の主人が言った。確かにホームに下りようとした時、さっと私に手を差し伸べてきたショールを頭からかぶった男性がいた。客引きだと思い込んで顔も見ずに無視したが、それが彼らだったのだ。

「気づかなくてごめんなさい。まさか、こんな時間に迎えに来ているとは思いもしなかったから」

「いいさ、そんな事より寒くないかい？」

ババはそう言って自分が羽織っていたショールを私に掛けようとした。しかし彼はその下にジージャンを着ているだけだった。セーターを着た上に皮ジャンを着ている私のほうがはるかに暖かそうで、

「大丈夫」と言って彼にショールを掛け返した。

男性2人に付き添われ、私は急に心強くなった。

「本当に驚きました。迎えに来てくれているなんて、夢にも思いませんでした」

「列車が3時間も遅れるのを知って、深夜に女性がひとりで駅に着くんじゃ危ないと思って迎えに来たのさ」

「インド人がこんなに商売熱心だとは思いませんでした」

「ビジネスのために来たんじゃない、君が友達だから来たんだ」

ババは怒ったような強い口調で言った。

駅の出口は恐ろしい程に客引きが群がっていて、暗闇がその光景をいっそう恐ろしいものに感じさせた。私ひとりでこの光景に出くわしていたら、一体どうなっていただろうかと考えると、改めて迎えに来てくれた彼らに感謝した。

店の主人がリキシャ夫と値段交渉をしたが、高級列車が到着して、高額を狙っているリキシャーが多いのか、なかなか交渉に応じないようであった。やっと交渉が成立したリキシャーに3人で乗った。

真夜中のデリーの気温は0度を切っていただろうか。リキシャーに乗って風を切って進んで行くのはかなり寒く、途中、ババが自分のショールを私のひざに掛けてくれた。

さすがにこの時間帯のバザールには、ひとっ子ひとりいなかった。闇夜のデリーの誰もいないバザールで、昨日知り合ったばかりのインド人と一緒にリキシャーに乗っている。大人3人を乗せて重そうに立ちこぎしているリキシャ夫の細い背中を見ながら、霧とあいまって、これはもしかしたら夢の中での出来事はないか、という思いにとらわれた。信じがたい光景に中に自分がいた。

リキシャーを降りると、店の主人とリキシャ夫がもめ始めた。その間にババはこっちへと私を手招きした。バザールのどの辺にいるのかさっぱりわからず、彼について瓦礫が散乱する細い路地を注意深く歩きながら、店はこんな所だったかな、と考えていた。

暫く歩くとババが言った。

「狭い家だけど、自分の家だと思ってくつろぐといいよ」

その言葉に、彼が私を店に連れて行こうとしているのでなく、自分の家に連れて行こうとしている事に気づき、慌てた。一難去ってまた一難とはまさしくこの事だ。雑誌で読んだイタリア人男性による日本人女性観光客のレイプ事件の記事が脳裏を掠《かす》めた。それを読んだ時、「家に行った日本人女性が悪い」と思ったものだ。

人を騙そうとする人は多少なりともそれが顔や態度に表れるもので、彼にはそういった所が全く見られないし、その優しい目や態度からもそんな事を企む悪人とは考えにくかった。しかし、彼の家に誰もいなかったり、他の男性の気配があるようであれば、絶対に中に入るのはやめよう、と思った。

ババは古い建物の所でここが家だと言って、外付けになっている簡易な階段を上り始めた。私は少し彼と距離を置いて階段を上りながら、何かあった時の逃げ道を目で探していた。やがて彼は階段上部にさしかかると大声で何かを叫び、すると扉が開いて中から女性が眠そうな顔で現れた。

「彼女は俺の姉で、メハラの奥さんだよ」

「メハラ？」

「店の主人さ」

それを聞いた瞬間、ほっと胸をなでおろした。彼女がババの姉で、店の主人はババの義理の兄という関係がわかった。そして戸口の所に到達すると、玄関のすぐ奥に子供が２人、毛布に包まって床の上で寝ているのが見え、さらに安心した。

「夜分遅くにお邪魔して申し訳ありません」

「さあ、入って」

ババが言った。靴を脱いで家の中に入ると、お姉さんはババと私を部屋に通した。この家には部屋がひとつしかないようで、中の様子からも裕福ではない事は一目瞭然であった。それから少し遅れてメハラが戻って来た。

「何かトラブルでもあったのですか？」

「リキシャ夫は俺達２人を降ろしてから、君をどこかのホテルまで連れて行けると思っていたらしい。なのに君が降りてしまったものだから、怒りだしたのさ」

メハラはそう言ったが、本当はなかなか交渉に応じないリキシャ夫に、そうウソをついてここまで来させたに違いない。

そこへお姉さんが紅茶を運んで来て、私に「これを飲めば温まる」というような事を片言の英語で言った。私の体はリキシャーのお陰ですっかり冷え切っていた。冷たい指先を伸ばしてカップを手にし、熱い紅茶をひと口すると、凍っていた血液がみるみる溶けて体中に流れ出すように感じ、体の温まりと共に涙がこみ上げてきた。

6つ星ホテル

お姉さんが入れてくれた紅茶は、ダージリンともバザールの店で飲んだ甘いミルクティーとも違う、何か昔懐かしい味がするもので、とても美味しかった。私は暫くの間ひたすらその紅茶を飲み続け、飲み干した所で、また新たな不安が頭をもたげて来た。

「私はここからどうやってホテルに帰ればいいでしょうか?」

この辺りでは乗り物を捕まえられそうにない。

「帰る? 今日はもう遅いからここに泊まってゆくといい。そりゃあ、メリディアンホテルのような高級ホテルに比べたら居心地悪いと思うが」

「こんな真夜中じゃ、外は危ないからそうしたほうがいい」

ババは心配そうな顔をして言った。

「何とか安全にホテルに帰る方法はないでしょうか?」

「どうしてもホテルに帰りたいかね?」

メハラの言葉に返事に窮した。出来る事なら一刻も早くホテルに帰りたい。しかし、この時間にここからホテルまで安全に帰る手立てを考えてもらうのは、ここに泊めてもらう以上に皆に迷惑をかけることは間違いない。3時間も待ってこんな深夜に迎えに来てもらった上、これからまたさらなる迷惑を掛けるのは心苦しい。身の安全を考えても、ここに泊めてもらうのがベストに思えた。

「ここに泊めて頂くことは、皆の迷惑にならないでしょうか?」

「迷惑なはずがない。君は我々の友人で、我が家のゲストなんだから」

「それではここに泊めて頂きます。ご好意に感謝いたします」

メハラとババは笑顔を浮かべた。

部屋にはベッドひとつに、15インチサイズのテレビが置いてあるだけであった。そのテレビでインド映画が放送されているのに気づき、白黒だったが、華やかな群舞シーンを興味深げに見ているとババが言った。

「これは有名な映画だけど、すごく古い映画だから、明日、よかったらもっと新しい映画を一緒に見に行こうよ。僕が通訳してあげるよ」

「本当? それは楽しみだな」

もし明日時間があったら、本当に映画を見に連れて行ってもらおうと思った。

暫く皆で話をしていたが、英語が殆んど話せないお姉さんは、ずっと黙ってベッドにもたれかかり、眠そうな顔をしていた。2時半を過ぎたところでババが言った。

「疲れただろうから、そろそろ寝た方がいい」

彼が立ち上がったので、部屋まで見送ろうと私も立ち上がった。玄関とは別の所にも戸口があり、そこを開けると階段があり、数段下がった所に彼の部屋の入り口があった。他にも部屋の入り口がいくつかあり、共同住宅となっているようであった。トイレは共同で使っている様子で、私がトイレを使わせて欲しいと頼むと、お姉さんは急いでバケツ一杯に入った水をトイレの周りに流し始め、清掃してくれた。

使用後、手を洗おうと古びた水道の蛇口をひねると、そこから水は出てこなかった。仕方がないので、バケツに溜めてある水で手を洗ったが、それでは手が綺麗になった気がしなかった。しかし確かにこういう事は不衛生に感じるが、同期や訓練教官の小南についての話（機内でインド人のトイレの使い方がひどかった話）から、インドに来る前はインドのトイレはもっと汚いものと想像していた。

しかし実際私がこれまで使ったトイレは、どこも決して汚くはなかった。日本の駅や公園の公衆トイレの方がよっぽど汚い。小南の機内のトイレが汚され、水浸しになっていたのは、教官が言った通り彼らが洋式トイレの使い方を知らなかった事（インドは和式と同じ）や、ゴミ箱の場所がわからなかった事（識字率が低い、英語が話せない）、そしてインド人がトイレットペーパーの替わりに「水」を使うからだったのだ。

部屋に戻ると、お姉さんが私のために寝巻きを用意してくれていた。インド式のパジャマらしく、ゆったりとしたズボンはウエストを紐で結ぶようになっていて、胸の所に可愛い刺繍が沢山ついたブラウスは、紐で胸元の開き具合を調整するようになっていた。着てみると上下ともピッタリで、お姉さんは私の胸元の紐を結びながら言った。

「ベリーナイス」

私は紐を結んでもらいながら、どうしてこんなに見ず知らずの他人に優しく出来るのだろう、と思った。それからお姉さんはまた片言の英語で言った。

「このベッドに寝るといいわ」

〈まさか、ひとつしかないベッドを私が使うわけにはいかない！〉

「私はここの床の上に寝ます」

「NO, NO. 私が床に寝るから」

「でも……」

困っていると、メハラが部屋に入ってきて言った。

「君がベッドで寝なさい。私達のゲストを床で寝かせるわけにはいかないからね」

それではあまりにも気が引けたが、ここは彼らの家なので、言うとおりにする事にした。私がベッドに横になると、お姉さんは毛布を掛けなおしてくれながら、「寒くないか」と聞いてきた。そして私の足元に温風器のようなものを入れてくれ、温まるのを傍で待っている。お姉さんはいわゆるインド美人で、綺麗な人だった。ただ、あまり笑顔を見せない人でもあった。

暫くすると、彼女は私の足元から温風器を取り出し、寒くないかともう一度尋ねた。私は「寒くないです」と答えながら、何もかもがあの5つ星のメリディアンホテルよりずっと暖かい、と心の中で思った。

お姉さんは温風器を持って隣の部屋に行き、少ししてからそっと部屋に入ってきた。私がもう寝ていると思って気を使ってそっと入って来たのだろうと思い、そのまま寝たふりをしたが、彼女がどんな風に寝ているのか気になってそっと薄目を開けた。彼女は毛布に包まって直接床に横たわっていて、私には毛布が3枚も掛けられているのに、彼女は1枚しか使っていないように見え、これでは彼女が寒いのではないかと心配になった。

再び目を瞑《つぶ》ると、インドへ来てから起こった様々な出来事が頭の中を駆け巡り、興奮気味になっている神経を、なかなか鎮めることが出来なかった。私の長い1日は、インド人に助けられ、ホームステイするという、全く予期せぬ展開のまま終わることとなった。

翌朝、目覚まし時計の音と共に目が覚めた時、一瞬ここはどこか、と思ったが、すぐに昨日の事を思い出した。お姉さんは起き上がって隣の部屋に行ったので、私も着替え、髪の毛を結びなおしていると、ドアが少し開いて、子供たちが覗いて笑っているのが見えた。こっちへお入りと手招きしたが、恥ずかしがって入ってこない。彼らは父親に怒られて慌ててドアを閉めてしまったが、暫くしてひとりの少年が紅茶を持って部屋に入って来た。

彼はメハラの長男で17歳、もうひとりの男の子が次男で11歳との事であった。メハラ夫妻は40歳位に見えるので、大きな子供がいて驚いた。メハラが部屋に入って来た時、その事を言うと、彼とお姉さんは同じ歳で17歳の時に結婚したと聞き、一層驚いた。そこにババがやってきた。

「おはよう。昨夜はよく眠れたかい？　寒くなかったかい？」

ババは私にそう聞きながら、床に腰を下ろした。

長男が父親に言われて半開きのカーテンを開けると、窓際に写真立てがあるのに気がついた。その写真には3人の子供が写っていて、そのうち2人はここの息子達であったが、もうひとり写っている女の子はこの家には見当たらない子であった。

「その写真に写っている女の子は誰ですか？」

「彼女は私の娘で、カシミールで私の両親と一緒に暮らしているんだ。私達は商売のために一家でデリーへ越してきたんだが、娘はここでの暮らしを嫌い、カシミールへ帰ったんだ」

あんなに美しい所に住んでいたら、ここでの暮らしが合わないと感じるのもうなずける。

「娘と離れて暮らすのは寂しくない？」

「仕方ないさ。人生は思うようにいかない」

メハラは寂しそうに言った。

メハラは、お姉さんが朝食にオムレツを作ったので食べないかと聞いてきたが、卵料理や民家の食事にお腹が耐えられるか不安だったので、仕事の事を考えて遠慮した。

「急いでホテルに戻って、着替えてからまたあらためてお店の方に伺わせて頂きます」

そう言って立ち上がった後、ここを去る前に、それぞれの写真を撮らせてもらった。

最後にお姉さんの写真を撮らせてもらおうと彼女を探すと、台所にいた。台所はかなり簡易な作りで、壁は所々ひび割れている。棚がないので一見雑然と物が置かれているように見えたが、よく見ると全てを使いやすいように整理して置いてあるのがわかった。ゴミ箱の内側にはきちんと袋を敷いているし、沢山の鍋はどれもピカピカに磨かれていて、彼女が非常にきちんとした性格である事が感じられた。

彼女に写真を撮らせて欲しいと頼むと、少し恥ずかしそうにしながら、カメラに向かって微笑んでくれた。ファインダー越しにアップで見た彼女の顔はとても美しかった。そしてその表情の中に、彼女の持っている芯の強さ、愛情深さ、優しさが感じられ、感動した。

「あなたはとても綺麗な人、そして見た目と同じ位、心も綺麗な人」

写真を撮り終えた私がそう言うと、彼女はその言葉を理解できたようで、初めて歯を見せた笑顔を見せてくれた。私は嬉しくなって、微笑み返し、じっと彼女の目を見た。昨日はその優しい態度とは裏腹に、笑顔を殆ど見せないので、言葉が通じない分、密かに彼女に気を遣っていた。しかし、この時、何か彼女と心の中で通じ合うものを感じた。

家を失礼する時、メハラは「じゃあまた後で、店で」と言って部屋に座ったままであったが、お姉さんは玄関までついてきて、何かを言いたげに立っていた。

「色々とありがとうございました。また、会いましょう」

その言葉に、彼女は何も言わず、ただにっこり笑った。ババに続いて階段を下りながら振り返ると、お姉さんが戸口に立ってまだ私の方を見ていた。私が手を振ると、優しい微笑を浮かべて手を振り返した。私はこの時ふと、さっき彼女が何かを言いたげにしていたのは、「また遊びに来て下さい。」と言いたかったのではないか、でもそれを英語で何と言ったらいいのかわからなかったのではないか、と思った。

彼女は私が角を曲がるまで、ずっとそこに立って私が振り向くたびに手を振った。そんな彼女の姿に胸が一杯になりながら思った。昨夜の出来事を誰かに話す時、私はきっとこう語るだろう。
「体も心も凍りつくような寒い闇夜のデリーで、私を泊めてくれた小さな貧しい家があった。でもその家は私にとって、どんな豪華な設備を備え、一流のサービススタッフがいる5つ星ホテルにもかなわない、インド一の6つ星ホテルだった」と。

優しいインド人

ホテルへはババが捕まえてくれたオートで帰った。ホテルの中は楽団が生で演奏しているインド音楽が優雅に流れていて、裕福そうなインド人が綺麗なサリーを着て歩いていた。さっきまで私がいた世界とのギャップに、立ち止まって色々な事を考えそうになったが、今は時間がない、と考えないようにした。部屋に戻って熱いシャワーを浴びると、身なりを整えてまたすぐに出かけた。

車をバザール前で降りると、写真を撮るために駅へ行った。嘘つきインド人達が声をかけてきたら、説教をしてやろうと言う事を頭の中で考えていたが、敵もさるもので、今日は誰も私に声を掛けてこない。写真を撮って駅ターミナルを後にすると、いつものごとくタクシーの客引きが声をかけてきたが、すぐ追い払う事が出来た。私はすっかりこの煩わしい駅に慣れたようであった。

バザールはあの真夜中の静けさがウソのように、またいつもの活気と人ゴミが蘇っていた。店に行くと、ババは出来上がったパシュミナを私に見せてくれ、綺麗に仕上がっていたのでそれを買った。その後、店のショーケースをバックに皆で写真を撮ろうとした所、また停電した。

「これにはいつも本当に頭に来るんだ」

ババが腹立たし気に言った。インド人にとって停電は日常茶飯事で、何とも思わないのだろう、と思っていたが、やはり頭に来る事なのだ。

私はインドの人々が我々とかけ離れた常識や感覚を持っていると思い込んでいた。しかし実際には、話をした人々の中でそんな風に感じる人はおらず、むしろ欧米人などよりもずっと日本人と近い感覚を持っているように感じた。

店を去る時、メハラと握手をした。彼は硬く、硬く、私の手を握った。私はまた泣きそうになった。

「ビジネスのためじゃない、友達だから迎えに来たんだ」と言ったババの言葉は偽りではなかった。実際、彼らは私を泊めたからといって、それを楯に何かを売りつけよう、とか見返りを期待するような言葉は一切発しなかった。私はメハラに言った。

「皆に初めて会った日、私はニューデリー駅で騙されてばかりいました。だからその時、インド人は嘘つきで、最低だ、と思っていたんです。でも色々な人に出会って行くうちにそうではないとよくかりました。何よりあなたがた家族にその事を教えてもらいました」

「駅にいる奴らが君を騙そうとしたのは、どこかの旅行代理店に連れてゆくためだよ。確かにそういう事のためにウソをつく人達がこの辺にはいるけど、殆どのインド人は皆、親切で人がいいと私は思うが」

「私がアグラで出会った人もとてもいい人でした」

「アグラもそうだし、私の故郷のカシミール、南インドの人々なんかはここよりさらに親切でいい人が多いよ。もちろん、どこにいてもウソをつく人が多少はいるのかもしれないが、それはインドだけじゃなくて、どこも同じじゃないか?」

彼の言う通りだと思った。

ババは一緒に店を出て、オートのつかまる場所まで連れて行ってくれた。

「今度インドに来る時、連絡をくれたら空港まで迎えに行くし、その時よかったらカシミールも案内するよ。映画もその時見に行こうよ」

その優しい言葉に思った。今にして思えば、駅にパスポートを持ってゆくのを忘れた事が私とババを引き合わせる事となり、彼との出会いが、私のインドに対する印象をいちばん大きく変える事となった。

私がオートに乗り込むと、ババは私の目をじっと見て言った。

「God bless you.」

この言葉はいつも私の心を温かくする。そして、オートリキシャーは走り出し、ババはみるみるうちに小さくなっていったが、私は彼が見えなくなるまで、ずっと後ろを振り返ったまま彼の姿を見ていた。

1時過ぎにホテルの部屋に戻ると、霧が晴れて外の景色が見えるのに気づき、窓際に駆け寄った。初めて窓から一望できたニューデリーの街は、とても緑豊かな街である事に驚いた。そういえば、1日目にガイドがそんな事を言っていたが、その時はそんな風には全く感じられなかった。霧が晴れた今こうして上から見ると、それがよくわかる。

初めてデリーで迎えた朝、霧で街が全く見えなかった。それは今思うと、私自身の心の目でもあっ

緑のニューデリー街なみ

たかのように思う。偏見だらけの色眼鏡でこの国を見ていた時、この街の姿を何も見る事が出来なかった。しかし、心で初めてこの国の真の姿を感じ、偏見が取り去られた時、霧が晴れ、この国の姿がはっきり見えた。そしてそれは、とても美しいものであった。

夕刻、空港に向かうクルーバス（乗員送迎用バス）の中で、私は何とも言えない満足感に浸っていた。そしてこの時ふと、この国へ来る前に感じた「インドが私を呼ぶ声」の正体に気づいた。それは長い間気づくことなく、自分自身の中に燻《くすぶ》っていた、この国への好奇心だったに違いない。それはいちばん正しい時期に私を呼び起こしてくれ、インドはその好奇心を十分に満たしてくれた。

インド嫌いだった私はもういない。これからもインドに呼ばれていると感じたらこの国にやってこよう。そんな思いを胸に、日の暮れ行くデリーの空を見上げた。

第2章――インドに呼ばれて

あっぱれプリペイドタクシー

初訪印から10ヶ月後、私は再びインドへと向かうＪＡＬ４７１便の機内にいた。しかし今回は乗務員としてではなく、乗客として乗っていた。

インド初フライトからの帰国後、暫くして、アグラのタクシードライバーから手紙を受け取った。私が送った写真のお礼が書かれていたのだが、手馴れた英語の筆記体で書かれていて、その文章にしても、英語が得意でない彼が自分で書いたものとは思えず、誰かに代筆を頼んだようで、そこまでして返事をくれた彼の人柄に改めて感動した。

その手紙の最後に書かれた日付は、手紙を受け取った日から2週間も前のもので、消印も10日前のものであった。白い封筒は所々土埃で汚れていた。何もかもスムーズに事が運ばれて行く、東京という大都会の真ん中でこの手紙を手にし、今なおゆっくり時間が流れているあの国の存在を実感し、恋しく思い、今度は旅行でゆっくり訪れてみたい、と思った。

そしてその年の9月、なかなか長期で休みが取らせてもらえない忙しい状況を、一変させる出来事が起こった。それは9・11のテロであった。相次ぐ予約のキャンセルにフライトの減便が生じ、受け取った11月のスケジュールには、フライトが入っていない日が半分という有様で、それを見た瞬間、私は即座に思った。

〈今がチャンスだ、インドへ旅に出よう!〉

それから急遽休みを申請し、一緒に行く人を探したが、急という事、インドという行き先もあって一緒に行く人が見つからなかった。しかしインドに行きたいという思いは止められず、初めてのひとり旅をする事にした。そして目的地をガイドブックを見て興味を持った、オーランガバードとベナレスに決めると、パズルが形通りにどんどんはまって行くかのように、全てがすごい勢いでインド旅行に向かって進んで行った。その事は、好奇心とはまた違った、「インドが私を呼んでいる」という感を抱かせた。そうして私は9日間のインド旅行へと旅立った。

機内で、前回お世話になったババとメハラ一家にお土産を買った。皆私の事を覚えていて再会を喜んでくれるか心配で、特にババの事が気にかかっていた。

前回のインド訪問の後、ババからEメールをもらい、そこには私への思いが詩的な文章で綴られていた。「君は僕に人生のすべての美しい色を見せてくれた」。「君が帰った後、食事がのどを通らなくなり、夜もねむれない」。「辞書に載っている恋という意味を知るのでなく、本当の恋というものの意味を貴女から知らされた」。「貴女のような全てがナンバー1の人間によってそれを知らされた事を誇りに思う」。「神は僕達の愛を祝福してくれるはず」

これを読んだ時、そのロマンティストぶりとインド人のイメージにあまりにギャップがあり、正直、少し笑ってしまった。しかし同時に、この時代にこんな昭和初期の恋に恋する少年が書くような内容のラブレターを、贈ってくれる人は日本にはまずいないだろうと、ある意味嬉しくも感じた。ただ残念ながら彼の思いに応える事は出来ないので、その旨を書いた返事を送った。

その後、彼から何の返事もこなかった。そして私がこの事を忘れかけた頃、突然彼からメールが来て、「君の写真を1枚送って欲しい」と言ってきた。しかし私は写真も返事も送らなかった。この事があったので、彼が私との再会を喜んでくれるか心配であった。

機内アナウンスがあと15分で着陸する事を告げた時、私は窓の外を覗き込んだ。そして、デリーの町並みが見えた瞬間、急に緊張と不安が全身に走った。普段見慣れた近代都市の姿とは違う、インド独特の雑然とし、スラム化した町並みを見て、こんな国を女ひとりで旅しようとしている事への不安が急に押し寄せてきたのだった。

まず始めの大きな心配は空港からホテルへの足であった。空港の正規のタクシーは「プリペイドタクシー」と言って、行き先によって料金を先に払うシステムであった。このプリペイドタクシーと、空港へ着いたばかりの観光客とのトラブルが多い事は、ガイドブックにも海外渡航情報にもしつこい位に書いてあった。白タクならわかるが、正規タクシーが曲者《くせもの》というのだから困ったものだ。

到着後、税関を通りすぎた所にある銀行でトラベラーズチェック300ドルを両替した。すると、100ルピー札が102枚、500ルピー札が8枚、10ルピー札が2枚と、分厚い札束を目の前に出された。1回目のカウントで1000ルピー札が1枚足りず、銀行のくせにどうして500ルピー札でくれなかったのか、と恨めしく思いながらもう一度数え直した。2回目のカウントでようやくお札の枚数が合い、500ルピー札全てと、100ルピー札2枚だけを財布の中に入れ、とてもでないが財布に入りきらない100ルピー札100枚の札束をそのまま鞄の中に押し込むと、到着ロビーに出た。

タクシー乗り場の案内がわかり辛く、ガイドブックの地図を頼りに右方向の出口から外に出ると、すぐの所にプリペイドタクシーのカウンターがあった。そこで緊張しながら、「日航ホテルまで」と言うと、「170ルピー」という答えが返ってきた。鞄に押し込んだ札束から100ルピー札を2枚取り出そうとしたが、真ん中がステップラーで留めてあり、お札を引っ張りだせない。札束をカウンター前で取り出すのは危ないので、財布から500ルピー札を抜き出し、カウンターの男に渡した。するとホテルの住所を持っているか、と聞いてきたので、鞄の外ポケットに入れていたホテルの予約確認書を素早く取り出し、住所を示しながら渡した。彼はそれを見てうなずいて言った。

「荷物はあるかね?」

「2つ」

「ひとつ10ルピーだ」

「OK」

おつりを待っていると、彼が言った。

「あともう100ルピーだ」

合計190ルピーで、私が初めに払った500ルピーで足りるはずである。「どうして?」と尋ねると、男は手に持っていた100ルピー札を持ち上げ、「これでは足りない」と言った。500ルピー札を渡したと思ったが、鞄の中の札束を周りの人に見られないように急いでお金を取り出したので、見間違えてしまったようであった。この2つのお札は紛らわしい事に非常によく似ている。今度は注意深くお札の数字を確認して100ルピー払った。すると、10ルピーのはずのおつりが、30ルピー来た。荷物2つ分のお金は払わなくていいのかと聞くと、「OK、OK」と言う。変だと思ったがいらないというなら払う必要はないと思い、タクシー番号が書かれたバウチャーをもらって、その場を去った。

それから「タクシーを捜す時によく騙される」と書かれていたことを思い出し、注意深くタクシーを捜さなければと用心していると、ひとりの男が寄って来てタクシー番号を聞いてきた。すぐに寄って来たので怪しいと思い無視したが、目の前に見覚えのある黒いタクシーが沢山停まっていて、すぐにここが正規のタクシー乗り場だとわかった。

その男がしつこくタクシー番号を聞き続けてくるので番号を言うと、頼みもしないのに私の荷物をさっさと持ち、あれだ、と言って1台のタクシーに近づいていった。ドライバーは私のバウチャーを確認すると、にこにこしながら、「この車にどうぞ」というジェスチャーをした。用心深くタクシーナンバーがどこに書いてあるのか尋ねると、彼はナンバープレートを指差した。確かにそれはバウチャーに書かれている番号と同じで、安心してその車に乗り込んだ。

タクシーが何事もなく走り出した後、何のトラブルもなくスムーズに悪名高きプリペイドタクシーに乗れた事にほっとし、こんな簡単な事で騙される人はよっぽど旅慣れてないか、お人好しのどちらかだ、と思った。しかしその考えは私の大いなる奢《おご》りであった事に、その後すぐに気がつくのであった。

暫くして、ふと、ポーターに払うチップをポケットに入れておこうと思い財布の中を見ると、100ルピー札が一枚残っていた。しかし、財布に入れた100ルピー札2枚は既にタクシー代に使ったはずである。私ははっとして、500ルピー札の数を数えると、8枚あったはずが7枚しかない。その瞬間、〈やられた!〉と思った。

これはよくある騙しの手口で、支払い時に高額紙幣を出すと、小額紙幣とすり替えて、お金が足りない、と言ってくるのだ。現地のお札に不慣れな外国人はそこで自分がお札を間違えて出してしまったと思い、言われるままにお金を支払ってしまう。私はちゃんと始めに500ルピー払っていたのに、100ルピー札とすり替えられ、足りないと言われてもう100ルピー払ってしまったのだ。ホテルの住所を聞いてきたのは、私がそれを探している間にお札をすり替えるためで、住所の書かれた紙を渡した時、その下にお金を持った片手を隠し、今思うと何か不自然な動きをしていた。私がすばやく紙を取り出したので、お札をすりかえる時間が足りなかったのだろう。

昔、イタリアのタクシーの中で支払い時に同じ事をされた事があった。渡した5万リラ札を1万リラ札とすり替えられ、足りないと言われた。しかしその時私は5万リラ札一枚が全所持金で、すぐに嘘だとわかり指摘すると、ドライバーはそっちの勘違いだ、と言った。そんな筈はない、私は1万リラ札など持っていなかったのだから、じゃあ警察に行こう、と言うと、いとも簡単に彼は諦めた。

しかしプリペイドカウンターでは、仮に私が気づいてさっき500ルピー払った、と言っても、彼がそれを認めなければ私はバウチャーをもらえず、どうにもならなかったろうから、おつりをもらう前に500ルピー札から目を離した時点で、もう私の敗北だったのだ。荷物代をとらなかったのは、彼のせめてもの同情だったのか。多く払ってしまった400ルピーは千円位でたいした金額ではないが、騙された事に対する悔しさ、不快感がなかなか消えなかった。結局私はうまくいったと思ったプリペイドタクシーに騙されていたのだから。

それにしても百戦錬磨の私をまんまと騙すとは、あっぱれプリペイドタクシー、たいした奴。久し振りに味わったこの敗北感は、自分が旅馴れしているという過信に水をかけ、まだまだ修行が足りないという事を思い知らされたのであった。

再会

ホテルに向かう途中で外は真っ暗になった。通りにはホームレスの人々が毛布に包まって道端に寝ころがっていた。ホームレス自体は珍しいものではないが、その数の多さには驚かされる。

その夜、ホテルのベッドで、皺ひとつないシーツの上に横たわり、ふかふかの枕に気持ちよく顔をうずめながら目を瞑った時、瞼の裏に道端に横になった人々の姿が浮かんできた。私がこうして心地よく眠りに就《っ》こうとしている間にも、彼らは薄い毛布一枚に包まって、硬い路上で眠っているのだ。人の人生は限りなく不公平である、ということを、この国では厭という程思い知らされる。生まれて初めて、白いシーツとベッドの上で眠れる事に感謝しながら、眠りについた。

翌朝、メハラの店へ行くためにバザールへ出かけた。バザール前でタクシーを降りて注意深く店を探しながら歩き、1、2軒、似たような場所を不安気に通り過ぎた後、「ここだ」と確信の持てる懐かしい入り口が現れた。そしてその階段の前に立って店を見上げた瞬間、全ての記憶が昨日のことのように蘇り、自分が今、ひとつの物語の続編の扉を開けようとしているような、そんな気がした。

階段を昇りきると、急に「ハーイ」と言う大きな声が聞こえた。声の主が誰だか近眼の私にはすぐにはわからなかったが、奥の机の所から飛び出すようにして私に近寄って来た時、それがメハラの長男であることがわかった。初めて会った時は、部屋の外から私を覗くように見ていて、恥ずかしがって中に入ってこないシャイな子だったのに、今日はまるで遠くから親戚が訪ねてきたかのように、笑顔で私の元に飛んできた。

「いつ来たの？　よく店を訪ねてくれたね」

「昨日デリーに着いたの。私の事、よく覚えていてくれたね」

「当然さ。家族みんな、覚えているよ。あれから新しい家に引っ越したから、案内するよ」

　そう言うと、彼はすぐに階段を降り始めた。

　長男と話をしながら家に向かう途中、メハラにばったり出くわした。彼は驚き、満面の笑顔で私に握手の手を差し伸べた。その手に、ニューデリー駅で列車を降りる私に手を差し伸べてくれた時の事を思い出し、今度はしっかりとその手を握った。

　彼の新しい家は3階建ての建物の2階にあり、前の家より天井が高く、エントランスホールも広々としていた。しかし、部屋は以前と同じようにひとつだった。メハラについて部屋に入ると、緑色の民族服を着た女性が部屋の奥で壁にもたれかかって座っていて、その女性があの懐かしいお姉さんであることがすぐにわかった。

　お姉さんは私を見ると、一瞬眉間に皺をよせ、その表情にドキッとしたが、すぐにぱっと明るい顔になり、立ち上がって何かを言いながら笑顔で近づいてきた。そして私を抱きしめ、「ウェルカム、ウェルカム」と言いながら私の背中を何度もなでてくれた。彼女のその歓迎振りに、前回の別れ際に彼女が「また遊びに来て下さい」と言いたげにしていた、と感じたのは間違いではなかった、と深い感動に包まれた。

　部屋には前と同じベッドがひとつあり、そこに女の子が半分起き上がってこっちを見ていた。メハラは彼女の傍に立ち、「娘のナハナーズだ」と言った。この子が家族と離れてカシミールで暮らしているメハラの娘か、と思った。とても可愛い顔をしていて、肌の色も白い。彼女は今、学校が休みでデリーに遊びに来ているとの事で、英語も話せ、少しはにかんだような笑みを浮かべながら私の問いに答えてくれた。

お姉さんはそれからすぐに、あの懐かしい味のする紅茶を入れてきてくれた。

「この紅茶、いつ飲んでもすごく美味しいです。何という紅茶ですか?」

「カモミールティーだよ」

メハラが答えた。

「バザールで買う事は出来ますか?」

「ああ、売っているよ。ただ、君が今飲んでいる紅茶は、それにシナモンとドライジンジャーを加えて一緒に煮るんだ」

紅茶の葉を煮る? しかも、シナモンとドライジンジャーを入れて。そんな秘伝がこのおいしい紅茶にはあったのか、と感心した。「懐しい」と感じるのは生姜の味だったのだ。この紅茶の作り方はカシミールでは一般的で、広く飲まれているらしい。

その後、皆にお土産を渡した。私はババの事がずっと気になっていた。

「ババは今どこにいるの?」

「彼は今、新しい店の方にいるよ」

メハラは言葉少なにそう言った。「呼んでこようか?」という言葉を期待したが、何も言わないのは、彼に店を空けて欲しくないからだろうと思い、残念に思いながらババへのお土産をメハラにババに渡して欲しいと頼んだ。メハラは「わかった」と言って受け取ったが、後にこの事がひとつの騒動となって、意外な事実を私は知る事になるのであった。

暫く皆で話しをした後、お姉さんが立ち上がってメハラに何かを言い、彼は私に言った。

「チキンは好きかな？　昼食をうちで食べないか？」

民家の食事にはまだ不安がある上、飛行機の時間もあって、そうゆっくりはしていられなかった。

時間がない事を告げて断ると、お姉さんは立ったままとても残念そうな顔をして何かを言った。

「彼女は、君に昼食をご馳走する気で、今から張り切って買い物に行こうとしていたのに、そんな時間がないと知って、ショックを受けているよ。今度来る時は、もう少しゆっくりこっちで時間を取ってくれ」

この家族と一緒にいると、心が温かくなる。豊かさだけが、決して幸せでない事をここに来るたびに感じる。私はこの心地よい温かさの中に、もう少しいたいと思う気持ちを振り切るように言った。

「もう行かなければ」

立ち上がると、お姉さんは私を抱きしめてキスをしてくれ、ナハナーズも私にキスをしてくれた。メハラは玄関に立って、この間と同様に私の姿が見えなくなるまで手を振って見送ってくれた。

2人はバザールの表通りまでついてきてオートをつかまえてくれ、硬く握手を交わして別れた。

私を乗せて走り出したオートは、暫く行くと、人と動物でごった返した曲がり角で一旦止まった。

とその時、予想もしなかった事が起こった。すぐ横に人影が見えたかと思うと、その両手が私のオートの乗り口を掴んだ。ドライバーと結託した強盗では、と恐怖を感じた瞬間、頭を下げて中を覗き込んできたその顔に、私は大きな声を上げた。

「ババ！」

「カヨコ、一体いつこっちに来たんだい？」

私を見かけて走って追いかけて来たのだろう。彼は息も切れ切れにそう尋ねた。

「昨夜着いて、今日メハラの店と家に行ったんだけど、ババは新しい店の方にいる、って言われて。

場所がわからないし、時間もなかったから、会いに行けなくてごめんなさい」

「これからどこに行くの?」

「ホテルに戻ってすぐに空港に行かなくちゃいけないの。オーランガバードに行くから」

「またデリーに戻ってくるのかい?」

「No……」

それを聞いたババは天を仰いだ後、ペンと紙を取り出し、そこに数字を書いて私に手渡した。

「僕の携帯電話の番号だから、時間がある時や、何か困った事が起きた時はいつでもここに電話して」

「ありがとう。メハラにババへのお土産の時計を渡しておいたから、後で受け取りに行って」

ババは土産などどうでもいい、と、言わんばかりに私の言葉を無視して言った。

「カヨコ、離れていても僕はいつも君と一緒にいるからね。」

「ありがとう、ババ。また必ずここにくるよ」

オートが動き出すと、ババは小走りでついて来ながら言った。

「気をつけて良い旅を。必ず携帯に連絡してくれ」

彼からのメールに冷たい返事を送り、私の写真が欲しいというメールも無視したのに、息切れがなかなか止まらない位まで走って追いかけて来てくれ、優しい言葉を掛けてくれる。私はオートの中で、メハラ一家とババの変わらぬ優しさを思い返し、涙ぐんだ。

生まれ変わり

ニューデリーの国内空港は、駅と違って人が少なく、すぐにチェックインが出来た。厳しいセキュリティーチェック（手荷物検査3回、身体検査2回）の後、飛行機に乗り込むと、ビジネスクラスの私の席の隣には既に男性が座っていて、私がペギーバッグを上の棚に上げようとすると、すぐに立ち上がって手伝ってくれた。お礼を言って横に座ると、彼は即座に話しかけてきた。

「どこから来たのかな？」

「日本です」

「日本！　懐かしい……、私は35年前に日本中を3ヶ月かけて旅行した事があるんだ。当時1ルピーは100円（現在は約2.7円）で、何もかも安く感じたよ」

彼はそれから日本での思い出を話し出した。彼の名はヴィネイ・モディといい、18歳の時に日本に来たらしいので、53歳という事になる。頂いた名刺に書かれている肩書きは社長で、彼は機内誌のページをめくって私に見せた。

「これが私の会社の広告だ」

そこには2ページに亘る広告が載っていて、ページの隅に彼の名前入りの会社のロゴマークがあった。インディアン航空の機内誌に2ページに亘る広告を出すなんて、かなり大きな会社の社長なのかもしれない、と思った。

モディ氏との話は食事中もずっと続いた。彼はアメリカの大学に留学していたそうで、インド訛のない英語を話した。貧しい家の生まれだったが、勉強がよく出来、全ての学校を奨学金をもらって進学することができたそうだ。大学も奨学金でニューヨークの大学に入学したが、仕送りは一切なく、生活費が足りなかったため、タクシードライバーをしながら卒業したという。今では良い思い出だ、と言って笑ったが、随分大変な思いをしたに違いない。

「私が初めてアメリカに渡った時、上着のポケットに入っていた、たった50ドルの現金が全財産だった。でもそこから私の全てが始まったんだ」

仕事におけるサクセスストーリーはどこにでも転がっている。しかし、このインドという国で、貧しい家に生まれた彼がここまで成功するのは、並大抵ではなく、かなりのサクセスストーリーと言えるだろう。

「日本人は皆、仏教徒と聞いているけど、仏教徒は生まれ変わりを信じているのかな?」

「生まれ変わり? 仏教徒として、というより、科学的に生まれ変わりを信じていない人が多いと思います」

「君はどっち?」

「私は信じていません」

「それじゃあ死ぬ事は怖くないかい?」

「死ぬ事が一番怖い事は確かです」

「われわれヒンドゥー教徒は死ぬ事は怖いことでもなんでもないんだ。人は生まれ変わると説かれているから。もし人間が生まれ変わらないとしたら、人生は不公平すぎないか? 若くして死んでしまう人、お金持ちと貧乏、世の中、沢山の不公平がある。それはどこから生じてくるかというと、前世の行いから来るもので、今生に善行をつめば当然、来世はよい人生が待っているし、悪行を行えば、なにがしかの悪い因縁を持った人生が来世に訪れる。それなら公平だろう」

「幸せの価値観は人によって違うと思うんです。お金持ちだから幸せとは思わないし、何か不幸な事があっても、それが後に幸せにつながっていったりもする」

「確かに幸福の価値観は人によって違うが、それだけで片付かない人生の不公平さを感じる事はないか？　それが何かの因縁によって起きていると、考えることはないか？　私はダライラマに会ったことがあるが、彼も生まれ変わりを信じていた」

「それじゃあヒンドゥー教徒の人は、恵まれない人々を見たら、それは前世の行いが悪かったからだ、と思って、いたわりの気持ちを持たないのですか？」

「そういった人々は、前世の悪行との関係を否めないが、その人達が現世で少しでも幸せになれるように、力を貸す事は必要だと思ってる」

確かに昨日、道端に寝ている人達を見て、人の人生の不公平さを感じずにはいられず、どこからこういった不公平が生じるのだろうか、と考えた。それに自分自身の不運が、何かの因縁によってもたらされているのかもしれない、と思う事は確かにある。しかし、ヒンドゥー教の教えなるものを作ったのは人間なのだから、生まれ変わり説は、善行の必要性を説くためや、死の恐怖から救うための宗教にありがちな教えに過ぎないとしか思えない。アメリカに奨学金で留学し、成功した実業家となった頭脳明晰な彼が、科学的にありえない事を真剣に信じている。それが宗教というものなのだろう、とこの時は思った。

飛行機はムンバイ経由で、モディ氏はムンバイで降りるとの事であった。着陸間際に彼は窓の外を覗きながら言った。

「窓の下を見てごらん。この辺は沢山のスラムの長屋があるよ」

窓の外を見ると、飛行機の羽が触れるのではないかと思う位、すぐ傍に物凄く沢山の粗末な長屋が、家と家の切れ目がない位に密集していた。その時、モディ氏の「幸福の価値観だけでは片付かない人生の不公平さ」と言った言葉を思い出した。

インドの大多数を占めるヒンドゥー教にはカーストという身分差別があり、自分がどのカーストで生まれてくるかによって、大きく人生が変わる。日本で自分の周りだけを見て、皆人生同じ、プラスマイナス0、などと考えてきたが、世界という大きな規模に目を向けた時、その考えは成り立たなくなる。全ての人生を公平と考えるには、今生の人生だけでは説明がつかなくなり、前世に加え、後世にも関係して、今生の不公平がある、と考えれば、公平になってくる。

それは科学では説明のつかない事だが、世の中科学でまだ説明のつかない事も沢山ある。人は本当に生まれ変わってくるのだろうか？　私はスラムの長屋を見ながらそんな事を考えた。

「またデリーには戻ってくるのかい？」

外をじっと眺めている私にモディ氏が訊ねた。

「はい、でも乗り継ぎです」

「私の家は空港の近くにあるから、よかったら連絡してきなさい。フライトの時間まで私の家で休憩するといい。庭を散歩したり、プールで泳いだりも出来る」〈さすが実業家。家はプール付きか〉

彼は複数の連絡先とメールアドレスを教えくれた。そして飛行機が到着すると、先を急ぐようにすぐにドアの傍に移動し、降りる前にもう一度私の方を見て、にっこり笑って手を振った。

This is India

ムンバイからオーランガバードまでは、45分のフライトであった。前回インドに来た時、ガイドブックに載っている2つの素晴らしい遺跡の写真に目が留まった。その遺跡の名前が「エローラ石窟」と「アジャンタ壁画」で、このオーランガバード近郊の観光地であった。「アジャンタ壁画」の名前を見た時、学生時代に世界史で勉強した事をすぐさま思い出した。学生の頃に勉強した記憶のあるものをじかに目にした時、より感激を覚えるのは私だけだろうか？　今そこに自分が近づいている事に興奮し、楽しみで胸が高鳴った。

飛行機は定刻にオーランガバードに着いた。タラップに降り立っていちばんに感じたことは、夕刻にもかかわらずかなり暑い、という事であった。デリーとはまた違った、開放的な暑さだ。

チェックインの荷物が出てくるのを小さな回転台の前で待っていると、突然背後から誰かが「カヨコ！」と私の名前を呼んだ。驚いて振り向くと、そこに黒いスーツを着た、30半ば位のインド人男性が立っていた。

「I'm Andy.」

日本で旅の手配をしている時、オーランガバードの5つ星のホテルに予約依頼のメールを送った。当初、私の希望日は予約が一杯で取れなかったのだが、その予約係の人は見ず知らずの私のために、信じられない位親切に骨を折ってくれ、最終的に私の第1希望日で予約を取ってくれた。その予約係の名前が「アンディ・ロドリゲス」というインド人らしからぬ名前の人であった。

「貴方はホテルの予約を取ってくれたアンディ?」

「はい。初めまして」

彼が私を空港に迎えに来てくれるとは思いもしなかった。インド人はこっちが全く予想しない行動に出るからいつも驚かされる。

彼は私と一緒に迎えの車に乗り込み、ゲストは私だけらしく、ホテルまでの道すがら色々と話をした。彼の英語はイントネーションにインド訛があるが、発音にはないので聞きやすかった。初対面だがメールを何度もやりとりしたので、そんな感じがせず、彼も私に対して宿泊客という以上に、フレンドリーに接してくれているように思えた。

アンディは予約係も兼務しているフロントマネージャーであった。チェックインを済ますと、ポーターと一緒に私を部屋まで送ってくれた。その際、彼に明日以降の観光と、これから買い物へ行く手配を頼んだ。

フロントに降りると、マネージャーデスクに座っていた彼は、すぐに立ち上がって言った。

「明日からの観光の手配を済ませておきました。明日がアジャンタ石窟、あさってがエローラを含むオーランガバードの1日観光で、観光局のツアーバスがこのホテルまで迎えに来てくれます。オートがもう来ていて、ドライバーにショッピングセンターの場所を言ってあります。町中ならどこへ行こうと30ルピー以上払う必要はありませんから、気をつけて下さい。ところで買い物からは何時頃戻ってきますか?」

迅速で、完璧な仕事ぶりに感心した。これまた持っていたインド人のイメージと違った。

「1時間位で帰ってくると思います」

「私は、８時には仕事が終わりますから、それからよかったら食事に一緒にいきませんか？」

突然食事に誘われて迷ったが、彼はここのホテルのスタッフなので、２人で出かけても安全だろうと思い、誘いを受ける約束をして、出掛けた。

オーランガバードは観光地化された賑やかな街かと思っていたが、実際はとても田舎で、デリーやアグラとは全く異なる雰囲気であった。オートのドライバーがショッピングエリアに連れて行ってくれたが、洋服を着てひとりで歩いている女性は私だけできまりが悪い上、閉まっている店も多く、30分とおらずにホテルに戻った。何か疲れを感じ、お腹も空いていないので食事の約束を明日に変えてもらおうと思い、アンディにそう言うと、残念そうな顔をしたが、快く「わかった」と言ってくれた。

部屋で寛《くつろ》いでいると電話が鳴り、アンディからであった。

「私はもう帰りますが、何か御用はありませんか？　部屋は快適ですか？」

「十分快適です。どうもありがとう」

電話を切った後、彼がメールから受けた印象通りの親切な人でよかった、と思った。それにしてもインド人は、平気で見知らぬ人に話しかけてきて、食事や家に遊びに来ることをすぐに誘ってくる。空港のエグゼクティブラウンジで話しかけてきた男性などは、自分のいとこの結婚式に来ないか、と誘って来てびっくりした。

今日１日中、ずっと誰かと話しをしていて、ひとり旅、という感じが全くしなかった。インド人は実にフレンドリーで話し好き、というのがインド旅行第１日目の感想であった。

翌朝、ツアーに出かけるためにロビーに下りると、フロントにいたアンディが、私に明るい声で挨拶をした後、言った。

「アジャンタ行きのツアーバスは中まで入って来られないので、下の門の所まで行って待ってなくてはいけません。外は暑いので、よかったら私ひとりで門の所へ行って、バスが来たら呼びに来ましょうか？　それとも一緒に行きますか？」

ロビーにひとりでいてもつまらないので、彼と一緒に行く事にした。

彼と話しながらバスを待ち、この時、彼は私よりひとつ年下で独身、南インドのバンガロール出身でオーランガバードにはつい2ヶ月前に転勤でやってきた、という事を知った。

8時半に来るはずのバスは、9時を過ぎてもやってこなかった。外国は時間にルーズな事が多いが、インドは特に時間通りに事が運ばない。アンディは門番のデスク上に置いてある電話から観光局に電話をしてくれ、戻って来て言った。

「もう暫くしたらバスがここに到着するらしいから、それまで門の中に入って椅子に座って待っていましょう」

インドの「暫く」程当てにならないものはない。私は思わず溜息をついた。アンディはそんな私の様子を見て言った。

「This is India.」

それから椅子に腰掛けてバスを待ったが、9時半になっても一向にやってこなかった。これがインドというものさ、などと言っていたアンディも、さすがに何かあったのかと心配になったようで、頻繁にどこかへ電話し出した。私ひとりだったら、とてつもなく不安になっていたところだが、アンディが何とかしてくれるだろう、と思え、心強かった。

結局バスが来たのは10時であった。そのバスから降りてきたガイドは、遅れた事に対する侘びのひとつも言わず、いきなり信じられない事を言った。

「このアジャンタ行きのツアーバスは、もうすでに満席で乗れません」

私は言葉を失った。

「36人のところ、39人予約をとっていて、それが全員来てしまったんです」

予約をしていた上、暑い中これだけ待たされてバスに乗れないなんて、そんな馬鹿な話はない。怒りがこみ上げてきた。

「そんな事はそっちの責任でしょう。1時間半もバスを待ったのに」

「今オフィスに電話します」

ガイドはホテルの電話の受話器を手にした。ツアーバスに乗れないとなると、ローカルバスで独力で見に行かなければならいのか、と心配していると、電話を切ったガイドが言った。

「明日行く予定になっているエローラのツアーに今日行ってもらって、明日アジャンタに行くのはどうでしょうか?」

もうアジャンタに行く気満々になっていたので、がっかりしたが、独力で行くよりはずっといいと思い、そうする事にした。観光1日目からとんだ番狂わせとなった。

「外は暑いから、ホテルに一旦戻って観光局からの迎えの車を待ちましょう」

アンディは同情気味な表情を浮かべてそう言った。彼は1時間半ずっと私に付き合って暑い外にいてくれ、感謝しなければいけなかった。

観光局からの迎えの車が到着すると、それに乗って観光局のオフィスへ行った。オフィスは古い建物の1階にあり、中は狭く、薄汚れていて、ホテルが手配してくれたのでなければ、怪しげな旅行代理店だと警戒して入らなかったかもしれない。

デスクに座っていた男性は私を見ると、彼もまたこの件に関して全く謝りもせずに言った。

「もうエローラ行きのバスは出てしまっているので、今から車で追いかけても、ダウラタバードは見られないことを了承して下さい」

まるで、私の方が時間に遅れて、バスに乗り遅れたような口調である。

「ダウラタバードには行きたいと思っていたので、そこに行く手はないですか？」

「有料で車を手配する事は可能だが」

「値段はいくらですか？　ガイドはつくのですか？」

「ガイドはつかなくて、車代が4時間チャーターして、400ルピー」

ダウラタバードを含むエローラのツアーは120ルピーで、ガイドもついている。観光局の落ち度でこうなったのに、まるで自分達には責任がないかのように、平気でそんな割高なものを口にする神経がよくわからない。それに、どうもインド人は謝る事をしない。しかし、今ここで文句をゴタゴタ言って時間を費やすのももったいないので、ダウラタバードの件は保留にし、とりあえず、観光局の車でエローラ行きのバスを追いかける事にした。

エローラ行きツアーバスは、ダウラタバード城塞《じょうさい》近くの道端に止まっていた。しかし、皆は城のある岩山に登っている最中で、バスは空っぽ、ガイドもいなかった。運転手に「あと10分位で皆が戻ってくるから、それまでこの辺を少し見ていたら」と言われ、車を降りて城門の方に行ってみた。

下からでも岩山の頂上近くに建っている城がよく見え、あの上からならさぞかし広大なデカン高原の眺めを楽しめるだろう、とやはり明後日の午前中に来よう、と決めた。

その後さっき車を降りた場所に戻ると、車がいなくなっていた。駐車場を見渡すと、同じような車が何台も停まっていて、どれが私の乗ってきた車か見分けがつかず、運転手も見当たらない。仕方がないのでツアーバスの傍に立って、皆が戻ってくるのを待つ事にした。

しかし、昼近くの焼け付くような日差しがさんさんと降り注ぎ、5分と経たないうちにその暑さに耐えられなくなってしまった。駐車場にある木陰に避難すると、涼しくはなったが、ここからではバスの姿が全く見えない。バスの方に向かう観光客らしき人がいないか、注意して見ていないと、また置いてきぼりをくってしまう、と落ち着かない気分でいると、ふとすぐ傍に停めてある車が、偶然にも私の乗って来た車と気づいた。運転手は私をちゃんとツアーガイドに引き会させてくれるつもりと知って安心し、ここで皆を待つ事にした。

そろそろ戻って来るだろう、と思っていたツアー客は、それから30分以上待っても誰ひとりとして戻ってこなかった。車の運転手も依然現れず、時間はもう11時半になっていた。今朝観光のために7時に起きたのに、午前中にした事といえば何かを待っていただけで、いまだ何ひとつ見学出来ていない。そう考えると急に腹立たしくなってきた。ほんの1週間の旅で、1分たりとて時間を無駄にせず、ひとつでも多くのものを見たい、というのが私の心情だ。それなのにちっとも思うように事が進まない。いっそのことホテルに帰って車を手配してもらい、自分ひとりでエローラまで行こうかとも考えたが、ホテルに帰るにも、ここは流しのタクシーはない、オートは見当たらない、電車はない、バスはよくわからない、と帰る手段がない。

「This is India」と言ったアンディの言葉を思い出した。何もかもがスムーズにいかないシステム、時間に対するルーズさ、交通事情の悪さによる個人旅行のしづらさ、うだるような暑さ、これらすべてが紛れもなくインドという国なのだ。私はその全てに嫌気がさし、あんなに期待し、楽しみにしていたここオーランガバードで、インドに対する嫌悪感と、日本に帰りたい気持ちで一杯になった。

憂鬱な気分で皆が戻ってくるのをじっと待っていると、漸《ようや》く運転手が現れ、ツアーガイドが戻って来たのでついて来るようにと言った。運転手は通りに面した食堂に入り、入り口近くのテーブルで食事をしている男性を指差し、「彼がガイドだ」と言った。30歳位のハンサムな男性で、私が「ハロー」と言うと、「コンニチワ」と日本語が返ってきて、そのあとも立て続けに日本語を話した。

「日本語が喋れるのですか?」

「今勉強中です。私の名前は日本のお酒の名前と同じで、ウメシュといいます」

「どうして日本語を勉強してるの?」

「ここには日本人がたくさん来るので、日本語が喋れたら仕事の幅がもっと広がりますから」

彼は思った以上に日本語を喋れた。聞き取りがまだうまく出来ず、ゆっくりと簡単な日本語を使って話さなければならなかったが、それでも日本語で会話できるのは嬉しかった。

間もなくすると皆がツアーバスに戻って来た。これでやっと観光が出来る、と沈んでいた気分が少し上向きになり、ウメシュと一緒に店を出て私もバスに乗り込もうとすると、彼が私を呼び止めた。

「カヨコさん、後ろの席は一杯なので、フロントシートのドライバーの横の席に座って下さい」

そう言われて客席とは仕切られたフロントシートを見た時、思わず絶句した。そこには、背もたれのない、座面に薄いクッションがついただけの、簡易な長椅子がサイドの窓に沿って置かれているだけで、かたや一般席はリクライニング付き背もたれがあり、座面も厚みのある柔らかそうなクッション、窓際には扇風機までついている。

それでも仕方なくフロントシートの方へ入ると、中はフロントウィンドウから差し込む日差しのせいでかなり暑く、扇風機はドライバー側にはついているが、私の側にはついていない。窓をあけようにも、私の背もたれが窓なので、危なくて開けられない。本当に今日はついていない、とまた憂鬱な気分に逆戻りしてしまった。

文句を言う相手もおらず、私はフロントシートの様子をビデオに撮りながら、こうなったらとことん、このついていない一日をビデオに収めて笑い話にするしかない、と開き直るしかなかった。

しかし、私の不運の連鎖はバスが出発すると同時に終止符が打たれた。走り出すと、この席が思いの他快適である事を知った。大きなフロントガラスからは、何の障害もなくデカン高原の大パノラマが楽しめ、開けられた前方の小さな三角窓から丁度良い量の風が入ってきて、十分に扇風機の代わりをしてくれた。ウメシュは日本語も交えながら、外の景色の説明を私だけにしてくれ、彼と日本語を話していると、友達と一緒に旅行しているような楽しい気分になった。私の機嫌は一気に回復し、エローラ遺跡への期待の高まりと共に、ホームシックも消え去って行った。

愛される国

バスはそれからジョスリング寺院という装飾彫刻の見事なジャイナ教のお寺に寄った後、エローラ石窟に到着した。駐車場から石窟まで、ホテルに帽子を忘れてきた自分を呪う暑さの中歩いていると、カイラーサナータ寺院が見えてきて、期待通りの素晴らしさに暑さも忘れて早歩きになった。

エローラ石窟は全部で34の石窟があり、いちばん興味深い点は、3つの宗教（仏教、ヒンドゥー教、ジャイナ教）石窟が見られる所だろう。1～12窟の仏教石窟には、かなりの数の仏像彫刻が見られ、13～29窟のヒンドゥー石窟では、力強い神々の彫刻の数々が見られた。16窟のカイラーサナータ寺院は圧巻で、大きな岩を上から徐々に削って寺院の形にしていったそうだが、宗教建造物というより、巨大な石の高度な芸術作品の域で、圧倒される。30～34窟がジャイナ石窟で、その32窟では、まるで

（ジャイナ教）ジョスリング寺院

ヒンドゥー石窟の彫刻の力強さに対抗するかのように、繊細で緻密な上、華やかな彫刻が天井や柱などに随所に見られ、神殿の一部のように美しく、私はこの石窟がいちばん気に入った。

エローラ石窟は、私にとって今までみた事のないタイプの遺跡で、石窟そのもの、彫刻、3つの宗教特徴の違いとどれも興味深く、素晴らしかった。インド観光と言えば、まずはタージマハルやジャイプールといった印象があるが、このエローラ遺跡も外さずに訪れるべきインド観光ポイントと思えた。

石窟の見学が終わると3時半であったが、それから昼食であった。写真を撮っていて皆に遅れをとった私は、指定されたレストランの場所がわからなくなってしまい、ひとり、その辺にあった大衆食堂に入った。適当に入った店であったが、そこで出された「辛くないカレー」は非常に美味しかった。インドでは「辛くないカレーを」と頼むと、ちゃんと辛さ控えめのものを作ってくれる。私は「カレー嫌い」でもあったのに、今やすっかりカレー好きになっていた。

昼食後、グルダーバードという小さな村にあるアウガンゼーブ（ムガール帝国６代皇帝）廟を訪ねた。バスを降りてそこに向かう坂道を上っている時、ひとりの背の高い女性が私のすぐ前を歩いていた。彼女の着ている青い民族服（サリーとは別のもの）はとても素敵で、長身の彼女に似合っており、今までもしばしば目についていた。その時、後ろを振り返った彼女と目が合った。

「あなたのその青いドレス、素敵ね」

思わずそう声をかけた。彼女はその言葉にお礼を言い、私達の会話はそれだけだったが、アウガンゼーブ廟の見学を終えてバスに戻る途中、彼女が私に近づいてきて「どこから来たの？」。「ひとりでインドに来たの？」。「これからどこをまわるの？」などと矢継ぎ早に質問してきた。私も彼女が着ているような服はどこで買えるのかと訊ねた。

「これはパンジャビードレスといって、インドではごく一般的な服なの」

「オーランガバードでも買える？」

「オーランガバードの事はよくわからないけど、私の住むボンベイ（ムンバイの旧名称）には至る所に、このパンジャビードレスを売っている店があるから、簡単に見つけられるわ」

確かにムンバイのような都会になら、質のいい物が沢山見つかりそうだ。この手の服ならサリーと違って簡単に着られるし、素敵なので、ムンバイで飛び切り綺麗なものを買って着てみようと思った。

彼女の名前はケタキといい、家族旅行でオーランガバードに来ていて、家族ひとり一人を紹介してくれた。彼女の家族は厳格そうなお父さん、控えめで優しそうなお母さん、彼女とあまり年のかわらない感じの妹であった。

バスは次の目的地に向かう途中で、１軒の店に寄った。そこはオーランガバード特産のサリーを売っている店であったが、あるインド人女性が「町中の２、３倍の値段だわ」と言って目を丸くしていた。しかしケタキのお母さんはそんな事はお構いなしに、さっきまでの控えめな態度とは打って変わり、太った大きな体でカウンターを壊さんばかりの勢いで身を乗り出し、次から次へサリーを指して、店員に持ってくるように指示している。私があっけにとられてその様子を見ていると、ケタキが私の傍に来て言った。

「ママはいつもあの調子で、旅先でサリーばかり買っているのよ」

〈い、いままでどのくらいカウンターを壊したんだろう……?〉

「サリーっていくら位するものなの?」

「安いもので500ルピー、高いもので5000ルピー位かしら」

「あなたはサリーは着ないの?」

「まさか。私はまだサリーを着る年じゃないわ。サリーは結婚してから着るのが一般的なの。成人した独身女性も状況によって着る事はあるけど」

「知らなかった。あなたの年はいくつ?」

「私は16歳よ」

「16歳!?」

私は思わず驚きの声をあげた。初めて彼女を見た時、22、3かと思った。背が高いし、落ち着きがあり、受け答えもしっかりしていて、そんなに若いとは夢にも思わなかった。それからも暫《しばら》く話しをしたが、感心する程しっかりしていた。

彼女のお母さんは、店を出るとまた元の控えめなお母さんに戻っていてホッとした。それにしてもさっきのお母さんの勢いはすごかった。どこの国も女性は買い物にエネルギーを費やす事を惜しまないという事か。

私はケタキとすっかり仲良くなり、その後の市内観光をずっと彼女の家族と一緒に行動した。ケタキも妹もヒンディー語と英語のバイリンガルで、よく喋る明るい子達であった。お父さんは笑顔を見せない、厳格な雰囲気の人なので、話す時は少し緊張したが、早口のケタキとは対照的なゆっくりとした口調で、時々私に遺跡の説明をしてくれた。

帰り道、ツアーバスは所々で人を降ろして行き、私は途中で空いた後ろの席に移った。当然の事ながら、今まで座っていた椅子とは雲泥の差だ。皆こんなにいい椅子にずっと座っていたのか、と座り心地の良さをかみしめていると、ケタキがまるで修学旅行の学生のように、突然私の隣の席に飛び込んできて、はしゃぐように言った。

「ねえ、もっと話しましょうよ。ここに座っていてもいい？」

彼女の調子に私も女学生のような気分になった。私達はバスが最終地点に到着するまで話しをしていて、連絡先も交換しあった。

私にとって、ババのお姉さんは「友達」というより、「お姉さん」という存在であるが、ケタキとは倍以上年は違っても色々な話が対等に出来、この国での女友達第１号になりそうだな、と思った。インドでは男性は何かと話しかけてきて近づいて来るが、女性はそういった事がなく、なかなか話す機会がない。女友達が出来たのはこの国にさらに大きく一歩踏み込めた気がして、嬉しい事だった。

終点の観光局前に到着してバスを降り、ウメシュが捕まえてくれたタクシーに乗り込むと、丁度近くをケタキ一家が通りすぎるのが見えた。急いで窓を開けて彼らに声をかけた。ケタキと妹は気づかずに通りすぎて行ってしまったが、お父さんは気づいて車に近寄って来て言った。

「気をつけて、これからも良い旅を」

お父さんは珍しく笑みを浮かべながら私に握手の手を伸ばし、続いてお母さんも近づいて来て優しい笑顔で私の手を握った。それに気づいたケタキと妹が車の方に走って戻ってきた。

「カヨコ、ボンベイに来たら必ず電話してね」

「必ず、必ず、電話してね」

2人は口々にそう言って私の手を握った。そして、ケタキが去りながら「さよなら！」と私が教えたばかりの日本語で言うと、続いて妹と、あの厳格なお父さんまでもが真似て「さよなら！」と大きな声で叫び、手を振りながらホテルの壁の向こうに消えて行った。一家のその様子に、私は何とも言えない温かい気持ちに包まれて観光局を後にした。

車が動き出してすぐにドライバーが明日の予定を聞いてきた。アジャンタに行くと言うと、この車をチャーターして行かないか、と言ってきた。その値段が1200ルピーと聞き、すぐに断ったが、今日見られなかったダウラタバードの事を思い出し、値段を聞いてみた。始め、観光局と同じ金額を提示してきたが、最後は250ルピーで交渉が成立し、明後日の午前中に連れて行ってもらうことになった。

ホテルに戻ったのは8時で、シャワーを浴びてからフロントに戻ると、アンディは私を待ち構えていたように、すぐに椅子から立ち上がって言った。

「私服を持ってきていないんだけど、この格好のまま食事に行くのはフォーマルすぎるかな?」

随分細かい事を気にするな、と意外に思った。

「全然問題ないよ」

彼は安心した表情を浮かべて「じゃあいこうか」と言った。

日中あんなに暑かったオーランガバードも、夜になると涼しく、時折吹く優しい風が心地よかった。門の向こうに見える通りは、薄暗いオレンジ色のストリートライトに照らされ、その中をゆっくりと歩いて行く牛の姿が、門の外を非現実的な世界に感じさせた。

アンディが連れて行ってくれたのは、昼に入ったような大衆的な店ではなく、テーブルにクロスのかかった、ちゃんとしたレストランであった。彼はメニューを見ながら、私に2、3好みを質問した後、全てのオーダーを決めてくれた。インド料理の事が全くわからない私に「何にする?」などと聞かず、全て選んでくれる所が彼流の気の利くところだ。

前菜にチキンテッカという鶏肉の料理が運ばれてきた。美味しくて私があっと言う間に食べてしまうと、アンディがもう1皿追加オーダーしてくれた。スープの後にカレーが2種類と、ガーリックナンが来た。私はカレーをスプーンを使って、手が汚れないように食べていたが、アンディは全て手で摑んで食べ、カレーが彼の爪の中にまで入っているのを見た時は、正直言って気持ちのいいものではなかった。私は思わず彼に聞いた。

「どうしてインド人は手で食べるの? 手が汚れて気持ち悪くないの?」

「その方がスプーンの味がしなくて美味しいからさ」

スプーンの味? そんな事今まで考えた事がなかった。そうなのだろうか、と思い、私もカレーを手で食べてみたが、スプーンが歯に当たる感じがないのはいいが、味は変わらないように思えた。しかし、郷に入っては郷に従えだと思い、私もそれからスプーンを使わない事にした。

アンディは、食事の最後に自分の皿に残ったカレーを、ナンで拭き取るように取って食べてしまうと、運ばれてきたフィンガーボールで指先を洗い、彼の皿も指先もすっかり綺麗になった。それに対して私の皿は食べ残しがあって汚く、途中で何度も指先を紙ナプキンで拭いたため、そのゴミもテーブルの上に残っていた。彼のカレー爪にはカルチャーショックも受けたが、食べ終わった後のマナーはよっぽど彼の方が良く、ここでもまたひとつインド人に対する偏見が払拭されたのを感じた。

私は美味しい食事に満足し、お酒の酔いも手伝って好き放題話しをしていた。アンディは私の話しを楽しそうに聞いてくれたが、あまり自分から話しをしないので、最後に少し質問をした。

「今の仕事に就いてどの位なの?」

「もう9年かな。そろそろ仕事を変えたいと思っているんだ。今の仕事は給料もあまりよくないし」

「ホテルのお給料はどの位なの?」

「8000ルピー（2万円）位だよ。君のサラリーは?」

それを聞いた瞬間、酔いも冷め、言葉が出なかった。以前、インド人の大卒の初任給が6500ルピーと聞き、インド人の所得水準の低さを知っていたのに、何て愚かな質問をしたことか、と後悔した。どう答えようか迷ったが、嘘をつくのは却って失礼だと思い、本当の事を言った。

「それはいい金額だね」

アンディは平然としてそう言った。外国人宿泊客の多いホテルで働く彼は、先進国の人々の月給がその位であるとは周知の事だったのかもしれないが、自分の国の豊かさをひけらかしただけの会話に、自己嫌悪に陥った。

食事代は1000ルピーであった。昼間に食べたカレーとナンのセットが80ルピーだった事を考えると、彼が無理して私を外国人観光客が来るような綺麗で、高い店に連れてきてくれたに違いないと思え、申し訳なく、少し多目に払おうと思った。しかし、彼は私が財布を取り出すのを見て、首を横に振った。

「君は僕のゲストだから」

普通はあの月給格差を聞いたら、少し位払ってもらおう、と思って当然なのに、彼は私に1ルピーたりとて払わせなかった。たとえ外国人であっても、自分が誘った女性にお金を払わせない、というプライドを持った人なのだろう。店を出る時、自分より前にいた私にドアを開けるため、急いで前に出てくれた彼を見ながら、アンディは優しくて、気が利いて、男らしく、それでいて控えめで、もし私がインド人だったら彼に好意を抱いていたかもしれない、と思った。

アンディはホテルまで私を送り届けてくれた。別れ際、少し名残惜しそうな顔をして「今日は一緒に食事をしてくれてありがとう」と言い、私に握手の手を差し伸べた。その様子に、彼が私に対して友人以上の好意を持っているように感じられ、握手の手を離した後、わざとそっけなく彼に背を向けて歩き出した。それが「インド人でない私」の彼に対する感情であった。

翌日も時差のためか朝早くに目が覚めた。そのまま起きてベランダに出ると、朝の空気はこれから猛暑がやって来るとは思えない爽やかさであった。オーランガバードはイスラム教徒が多いらしく、毎日夜明け前にコーランが聞こえてくる。昨夜レストランに行く時も、ブルカを着た女性をよく見かけた。

昨日観光局で明日は直接オフィスに来た方が安全だ、と言われたので、朝食後オートに乗って観光局へ行った。オフィスに入ろうとすると、「カヨコさーん」という聞き覚えのある声が聞こえた。それはウメシュで、今日私と一緒にガイドとしてアジャンタへ行けるとの事であった。

バスが動き出して暫くしてから、ウメシュが私の席まで移動してきて隣に座った。彼は自分の日本語学習ノートを2冊持ってきていて私に見せ、それらはいかに彼が一生懸命日本語を勉強しているかを物語っていた。彼はそれから揺れるバスの中、ずっとノートを見ながら私に質問をして日本語を学習し続け、その熱意は尊敬に値した。インド人は語学力に長《た》けている、と言われるが、決して才能だけで話せるようになっているわけではなく、こんな風にとことん努力するからに違いない。

途中、バスはパーキングに寄り、ウメシュと一緒にチャイを飲んだ。そこへ、昨日も一緒だったベルギー人のカップルがやってきて、同じテーブルに座った。

「今日は何時ごろオーランガバードに戻れるだろうか?」

二人がウメシュに尋ねた。

「5時頃だね」

「それはインドタイムで?」

その言葉の意味が、それよりも3、40分遅れるのか、という事であるのが私にはすぐにわかった。

「インドは10分くらい遅れるのが普通だからね」

ウメシュはそう答え、その意味がわかっていた。しかし、10分でなくせめて30分と言って欲しかった。私的にはインドタイムは控えめに言っても「1時間遅れ」と言わせてもらいたい。

「でも、休暇で来ているからこのインドタイムもあまり気にならないわ。却って時間がゆっくり過ぎて行くようでいいわ」

ベルギー人女性が言った。この国は時間がゆっくり過ぎてゆく、というのは、先進国から来た誰もが感じることのようだ。急ぐ人もいなければ、スピーディーな何かが何もない。人間の感覚とは不思議なもので、周りがゆっくりしていると、時間がゆっくり過ぎるように感じ、都会のように何でもスピーディーだと、その事が却って全てを急き立て、時間が早く過ぎるように感じさせる。彼女はその言葉に頷いている私を見て言った。

「日本はどうなの?」

「日本はきっと世界一時間通りに事が進む国だと思うわ。10分遅れただけでも人々は文句を言うし、時間も飛ぶように早く過ぎて行く」

「日本もそうなのね」

今の仕事に就いて外国に頻繁に行くようになった時、何をいちばん驚いたかというと、外国の時間に対するルーズさだ。電車は必ずと言っていいほど遅れて出発するし、地下鉄やバスに時刻表が存在していない所も少なくない。「10分もすれば来る」と言われても、２、30分来ないのが普通で、要するに10分で来そうなら「２、３分で来る」と言い、２、30分かかりそうなら「10分で来る」と言うのが外国の時間の感覚なのだ、という事を学んだ。

しかし、こんな外国の時間に対するルーズさも、近年の急速な国際社会化によるグローバルスタンダードの底上げと、企業間の競争激化により改善されつつあり、定時制や、スピード感を重んじる傾向が出て来た事をいたるところで感じる。ただ、このインドは今はまだそれとは全く無縁である事は間違いない。インドでは計画通りに物事が進んで行く事を期待しない方がいい。この国にはこの国独特の時間の流れ方があり、それを理解し、克服してこそ、ここでの旅を楽しむ事が出来るのだ。私も早くこのインドタイムに慣れなくては、と思った。

アジャンタは日曜日という事もあってか、大勢の観光客で賑わっていた。今はテロの影響で外国人観光客が激減してしまったが、通常は観光シーズンのこの時期、観光局からも大型観光バスが１日４台出るという。

何段もの石段を登って見えてきた、渓谷の断崖斜面に作られた石窟の数々は、秘境の遺跡、という雰囲気満点であった。ここが学生の時、勉強したあのアジャンタ遺跡かと思うと感慨も一入《ひとしお》であった。

石窟は全部で30あり、全てが仏教窟で、小乗仏教の時代に作られた石窟（絵や仏像彫刻がない）と、大乗仏教の時代に作られた石窟（仏像や絵、彫刻が見られる）がある。第１室の２つの菩薩像の絵は有名で、ポスターや絵葉書でもよく目にしたが、実物は写真とは比較にならない迫力であった。瞑想している半開きの目や、憂いを含んだような分厚い唇など、絵そのものの表現力も素晴らしいが、長い年月を超えて存在してきたもののみが持つ独特の色調が、菩薩像に一層の重みを加えていて、その神々しさに惹《ひ》きつけられる。人物が折り重なって描かれている絵では、ひとり一人を浮き立たせるために体の色を微妙に変えている手法が見事だ。ライトを当てなければ真っ暗な壁に、よくここまで微妙な色使いで絵を描けたものだと感服する。

ここは石窟内で靴を脱ぐ所が多く、移動の際、運動靴を履くのに時間がかかっていつも皆に遅れるので、途中から裸足で歩いていると、「小石があって足を怪我するといけないから、靴を履いた方がいいわよ」と同じツアーに参加しているインド人女性が声をかけてくれた。他にも「暑いだろう、帽子を貸してあげようか?」とか、「どこから来たの?」などとツアーに参加しているインド人達が代わる代わる私に声をかけてくれた。インドでは女性がひとりきりで外出したり、旅をする事は一般的ではなく、ひとりでいる女性を見かけない。たとえ外国人でも女性ひとりで旅している私に気を遣ってくれているのだろう、と有難く思った。

アジャンタ遺跡は絵だけでなく、彫刻や、辺りの渓谷の景観も素晴らしかった。いつかもう一度個人で来て、ひとつ一つの石窟をゆっくり見学したい、と名残惜しく思いながら後にした。

帰りのバスの中でウメシュに今晩友達の結婚式に一緒に行かないか、と誘われた。どうやらインドでは、新郎新婦を全く知らない人でも結婚式に誘うのは変わった事ではないらしい。興味はあるが、結婚式に着て行くような服を持ってきていないし、知らない人達ばかりの中で気を遣うのも面倒だと思い断ると、次に明日、私と一緒にダウラタバードへ行き、ただでガイドすると言ってきた。しかし、観光局の日雇いガイドをして生計を立てている彼は、仕事を休めばその日の収入がない。

「でも、明日仕事しなくていいの？」

「仕事はいつでも出来るけど、カヨコさんとダウラタバードに行くのは明日しか出来ませんから」

きっともう少し私と日本語の練習をしたいのだろう、と思い、有難くその申し出を受ける事にした。不思議な事に、この旅はひとり旅なのに、いつも誰かと一緒で寂しいと思う暇がない。

ツアーバスは最初に私のホテルの前に停まった。ひとりバスを降り、ウメシュに手を振ろうとバスが動き出すのを待っていると、ツアー客の人たちがバスの窓を開けて顔を出し、私に手を振りだした。昨日、私は途中で降りた人の事など全く気にしなかったのに、このツアーの人達は言葉を交わした人だけでなく、言葉を交わさなかった人達までが私に手を振ってくれている。バスが動き出すと一層多くの人達が窓を開けて手を振り始め、バスの扉の所にまで出てきて手を振ってくれる人もいて、そのひとり一人の笑顔を見ながら、私の胸は熱くなった。

この国にいると心が温かくなる事が何度もある。友達でも、知り合いでもないのにみんなが親切にしてくれる。こんな国がいままで訪れた国にあっただろうか。美しい風景や遺跡、芸術作品に感動しても、その国の人そのものにこれ程感動した事があっただろうか。この国の人は、人を愛する人であると同時に、心優しい愛されるべき人達でもある。それゆえにインドという国は、この国の真の姿を知った多くの旅人から愛される国なのだ。私はインドを心から好きだ、と思い始めていた。

カーストの悲しみ

ホテルに戻ると、他のゲストと話し中だったアンディが私に気づき、すぐにやって来て言った。

「これからどうする?」

「紅茶を買いに行きたいんだけど、どこかにお店があるかな?」

「ここにはデリーで売っているような質のいいものが手に入るかどうかわからないけど、調べてみるよ。もし近くにあるようだったら僕も一緒について行けると思う」

「場所を教えてくれれば、ひとりで行けるから大丈夫」

「調べてみるよ」

そう言った後、部屋まで送ろうとする彼に、ゲストと話しを続けるように言い、ひとりで部屋に戻った。

暫くしてアンディから電話がかかってきた。

「僕は仕事が8時に終わるから、それから一緒に紅茶の店に行って、その後食事に行かないか?」

「そうしようかな」

すぐにまた出かけるのを面倒に感じてきていたので、そう答えた。

「何をしていたの?」

「バルコニーのブランコに乗ってた」

「僕がいる所から君の部屋が見えるから、君のブランコに乗る姿が見えるかも」

「寝そべって乗っているから見えないと思うよ」

「今日の食事、楽しみにしてるよ」

「ちょっと疲れたから休みたいんで、電話切るね」

アンディはいつも私の事を気にかけてくれて有難いのだが、段々にその事が私に対して友人という以上の好意を持っているように感じられてきて、冷たい言葉を連発してしまった。彼がいい人だけに罪悪感を感じないでもなかったが、誤解され、期待を持たれないようにそうするしかなかった。

8時に終わると言ったアンディの仕事が終わったのは9時で、紅茶を買いに行くのは諦め、すぐに食事に出かける事にした。

食事に行く前にアンディの着替えのために彼の家に寄った。彼は同僚3人とホテルの借り上げの家に住んでいた。アンディの部屋はリビングとして使われるようなオープンスペースにあって扉がなく、数枚の服が壁際に掛かっている他に、ベッドがひとつ置いてあるだけの、宿泊施設のような無機質な感じのする殺風景な部屋であった。

その隣に扉のある部屋があり、彼の同僚がひとりベッドの上に座っていた。彼の名前はモヌハといい、銀縁の眼鏡をかけて髪を七三に分け、日本によくいる秀才タイプそっくりの外見であった。暫く彼と話したが、どもるような声でゆっくりと話し、そのおっとりとした雰囲気は、インド人にもこういった人がいるのか、と意外であった。

白いシャツとジーンズに着替えてきたアンディは、爽やかな青年、といった感じで、制服を着ている時より若く見え、親近感も増した。

私達を乗せたオートは店の名前をかたどったアルファベットのネオンが光る、インドでは珍しいアメリカ的外観のレストランの前で止まった。中はハワイのようなトロピカルムードに溢れていたが、インド料理の店であった。

席につくと、アンディが意外な事を口にした。

「今日はワインでも飲もうか」

「ワイン？」

インドに来てから、店の雰囲気、インド料理、手でものを食べる人々の様子などがワインの存在自体を完全に私の頭の中から消し去っていた。

「インドってワインを生産しているの?」

「勿論。でも僕はあまりワインを飲まないから、種類とかは詳しく知らないけど」

インドでワインを生産しているとは夢にも思わなかった。私は即座に、インドワインを飲んでみたい、と言った。どんな味だろうか、インド料理と合うのだろうか、と楽しみに思っていると、メニューを眺めていたアンディが、また意外な事を口にした。

「ワインリストにワインが載っていない」

〈ワインリストにワインが載ってない? そんなことあり得ないでしょう……〉

アンディの勘違いに違いないと思い、私もメニューを開いて見てみると、確かに英語で「ワインリスト」と書かれた文字の下には、ブランデー、ウイスキー、ビールなどのお酒の種類が書いてあるだけで、ワインの名前がひとつも書いていない。アンディはウェイターを呼んだ。

「何かワインはある?」

「はい、ワインリストに載ってます」

「見たけどワインが載ってないんだ。どんなワインがあるんだい?」

「ブランデー、ウイスキー、ラム……」

彼は英語を理解出来ていない、と思った。アンディも彼に「もういい」と言って、始めに席に案内してくれた英語をちゃんと話す人を呼び、メニューを開いたまま尋ねた。

「ワインはある?」

「はい。こちらがワインリストになります。何がいいですか?」

「そこにワインが載ってないんだ。どんなワインがあるの?」

「はい、ブランデーに、ウイスキー、ラム、ビール……」

「いや、ワインだって」

「はい、こちらに書いてある、ブランデー、ウイスキー……」

ここが大阪なら、「われ、ふざけとんか！」と言って椅子を引っ繰り返して勢いよく立ち上がるようなシーンである。私は思わず笑った。どうやらこのレストランでは、飲み物のメニューを「ワインリスト」と呼んでいるらしく、実際にはワインは置いていないのだ。インドらしいというか、インドでしかあり得ない。

結局私たちはそれぞれ昨日と同じものを頼み、私はよく冷えたビールをゴクゴクと飲んだ。その美味しさに満足気にグラスを置いた私に、アンディはしんみりとした口調で言った。

「明日からまた寂しくなるよ。ここ数日は君がいてくれたから……、とっても楽しかった。」

「アンディは恋人はいないの？」

「オーランガバードに来る前、結婚したいと思ってつきあってた女性がいたんだけど、彼女とはカーストがちがって、彼女の父親が僕たちの結婚を認めてくれなかったんだ。彼女もそれに逆らえなかったし」

「どっちのカーストが上だったの？」

「彼女の方がずっとずっと上だった」

「その事によって結婚できないかもしれない、という事を付き合う前に危惧しなかったの？」

「カーストが違っても結婚しているカップルはいるし、お互いの強い気持ちがあれば乗り越えられると思ったんだ。でも結局彼女は父親に逆らえなかった。実際、インドではまだ90％位の人がお見合いで結婚するんだ。日曜の新聞には2、3面ぎっしり見合い相手の募集が出てる位だから。そうやって条件、カーストの合う人を選ぶんだ。最近は恋愛結婚も増えてはきたけど、実際はなかなか難しいんだ。彼女の父親は今、お見合い相手を探しているから、そのうち結婚してしまうんだ、彼女は」

何だか悲劇的な話に聞こえた。それにしても、インドのお見合い結婚の比率がそんなに高い事や、新聞広告に募集を出して相手を探す、という危険にも思えるお見合い方法が一般的というのは驚いた。

彼に興味のあったヒンドゥー教の事を聞いた時、自分はクリスチャンだ、と答えた。クリスチャンのインド人というのは違和感のある組み合わせでこれにも驚いたが、そういえば彼の名字の「ロドリゲス」はスペインやポルトガル語圏に多い名前で、名前がキリスト教という宗教と関係している事が考えられた。彼がインド人っぽくないと感じるのは宗教のせいもあるのかもしれない。

アンディは食事の間中、相変わらず細かい所まで気を使ってくれ、彼にとって決して安くない勘定もまた全て払ってくれた。何から何まで世話になり放しであった。私は席を立つ前に彼に言った。

「貴方はもはや私にとって友達。私が日本に帰っても、それは変わらない。この先、何か悩み事や、困った事が起こったらいつでも私に話してね。私も一緒に考えるから」

その言葉にアンディは黙って少し涙ぐんだ。そんな彼を見て、私も涙ぐみそうになった。

帰りのオートリキシャーの中で私は疲れとお酒を飲んだためか、眠気が襲ってきて、知らぬ間に眠っていた。道路の凹凸で揺れて目が覚め、朦朧としながら頭を起こすと、アンディが身を乗り出して運転手に言った。

「なるべく揺れないように静かに運転してくれ」

私を気遣う優しい言葉に、こんな心優しい男性との恋愛を引き裂く程、インドにおけるカーストの存在は大きいものなのか、とカーストの悲しさを改めて感じていた。

ダウラダバート要塞頂上から見たデカン高原の眺め

翌朝7時に朝食を食べにレストランに降りると、アンディが待ち構えていたかのように中庭を横切って私の所にやってきた。昨日遅かったのに、私に会うために早くホテルにやって来て待っていたようで、彼の気持ちを重く感じてまた少しそっけない態度を取ってしまった。それでも彼はレストランに入り、一緒にテーブルについて私が朝食を食べる間お茶を飲んでいた。

ホテルに来た迎えの車はアンバサダーホテル前でウメシュを拾い、ダウラタバードへ向かった。車の中でウメシュはカバンの中からたくさんの写真を取り出し、自分が今まで訪れたインドの観光地だ、と言って私に手渡した。写真は50枚位あり、さすがツアコンをやっているだけあって色々な場所に行った事があるんだな、と感心しながら1枚1枚見ていると、大きな寺院の写真に目が留まった。その寺院の外壁には馬車の車輪を模った石の彫刻がついていて、その車輪がとても美しく、ひと際異彩を放っていた。私は即座に尋ねた。

「この寺院、ベナレスか、ここから近い所にある?」

「どちらからも遠いいです。でも興味があるなら、また今度カヨコさんがインドに来た時、連れて行ってあげますよ」

もしどっちかから近ければ旅程を変更してでも行ってみたい、と思ったが、遠いと聞いて残念に思った。写真をすべて見終わると、何枚でも気に入った写真を持って帰っていい、とウメシュが言うので、カジュラホの寺院、車輪の寺院、明日行くベナレスのガンジス川岸の3枚の写真をもらった。

ダウラタバード城塞へは、20分程で到着した。岩山の頂上付近にある城まで行くのに、何段もの石段が続いていて、ウメシュは初め、

「頂上の城まで高さが200メートルありますから、疲れたら僕がおぶって登ってあげます」

と言い、頼もしい限りだ、と思っていったが、登るにつれて彼の方が遅れだし、途中から私の方が彼をおぶらなくてはならない雰囲気であった。

頂上に着く途中で眼下にはすでにもう、もったいない位に素晴らしいデカン高原のパノラマが広がっていた。城に着くと、中にいかにもインドの城という風情を持つ美しいテラスがあり、そのテラスごしに見るデカン高原の眺めはまた格別であった。ここは王様のサマーパレスとして使われていた時代もあったそうで、城内の壁と壁の間を吹き抜けて行く風が心地よく、下の暑さとは全く違っていた。

すっかりバテてているウメシュを休憩させるために、テラスで腰掛けて涼んでいる時、若いインド人の男の子たち5人が私に一緒に写真を撮ってほしい、と言ってきた。彼らは揃いも揃って美男子で、まるでインド版ジャニーズジュニアのようであった。インド美人は言わずと知れた有名な事だが、この国はそれ以上に若者に美男子が多い。私的見解での美男子が多い国世界ランキング、イタリアが1位で、インドが2位という所であろうか。

それからもうひと頑張りして城のさらに上まであがってみた。そこは一層眺めが良く、360度デカン高原が遥か彼方まで見渡せ、城塞の大きさも知る事が出来た。その壮観な眺めに感激しながら、アジャンタ石窟、エローラ石窟、デカン高原、出会った人々、とオーランガバード観光は本当に素晴らしかった、と満足感に浸った。

別れ

ホテルをチェックアウトし、玄関前に止まっている車に乗り込むと、アンディが滑り込むように車に乗り込んできた。

「忙しそうにしてたから、見送りに来れないのかと思った」

「君を見送るために急いでたのさ」

そう言った後、彼は暫く黙り、それからぽつりと言った。

「今度は一体いつ君に会えるだろうか……」

その言葉にみるみる涙が溢れてきて、彼に涙を見られまいと慌てて外を向いて「わからないわ」とそっけなく言った。ひとり旅の感傷故か、その言葉に自分でも予期せぬ淋しさが込み上げてきたのだった。するとその時、彼は私の右手の上に自分の左手をそっと置いた。大きく、温かいアンディの手。この手を握り返してあげる事が出来たら、と心底思った。しかしそれは出来なかった。暫くして、彼は何の反応もない私の手から自分の手を引っ込めた。

〈アンディ、ごめんなさい……〉

心の中でそう呟いた。

搭乗手続きの間、私は終始黙っていた。何だか胸が一杯で、言葉が出てこなかった。アンディはさっきからずっと口数が少なく、元気のない私の様子に、「ここを去るのが、名残惜しいみたいだね」と言ったが、その言葉にも私はまた素っ気なく「うん」と答えるのが精一杯だった。

搭乗手続きが終わると、彼は手荷物検査場の近くにある椅子に腰掛け、私はその隣に座った。それから私は、彼との残された時間が刻々と過ぎて行く事にあせりを感じながら、わざととりとめもない話を続けた。今が、私がどんなに彼に感謝をしているかを伝えなくてはいけない時なのに、その事を少しでも口にしようとすると涙が出てきそうで、言えなかった。

話の途中、アンディが私の手を取って自分の方に引き寄せた。私はまたそれを全く気に留める様子がないふりをした。彼が私の爪を触りながらあまりにもじっと私の手を眺めているので、手がどうかしたのか聞こうかとも思ったが、何か泣けるような事を言われるのが怖くて、何も聞けなかった。

彼はやがてその手を私の膝の上に戻すと、腕時計を見て言った。

「もう行った方がいい」

何とも言えない切なさを胸に呼ぶ言葉であった。まだ少し早いのでは、と思ったが、さっさと笑顔の自分を演じて彼と別れた方が気が楽になる気がした。

「じゃあ行くね」

立ち上がって握手の手を差し伸べ、彼はその手を握った。するとその時、私の手を握ったアンディの指先が目に入った。彼の爪は私の手入れされたピンクの爪とは違って、長さもふぞろいで、爪の付け根の部分がやけに黒くなっていた。黒い指は白い粉を吹いている。それを見た瞬間、私の目から今までこらえてきた涙が堤防を打ち砕くかのように、堰を切って一気にこぼれ落ちてきた。

アンディのその手は、彼が「インド人」であり、豊かさとは無縁に生きているという、彼の世界を浮き彫りにしていた。そこに私達の生きる世界の違いを感じた。彼が私の手をじっと眺めていたのは、彼もその違いを感じ、それをカースト以上の隔たりと感じたのかもしれない、だからあんな風に手を私の膝の上に戻して、思いを断ち切るかのように、「もう行った方がいい」と言ったに違いない、と思った。それが別れの感傷と相俟って、あんなにこらえ続けてきた涙をもはや止める事が出来なくなってしまった。

アンディは今まで冷淡だった私が急に泣き出したので、びっくりしたようで、少しの間言葉を探しているのか黙っていたが、やがていつもの優しい声で言った。

「泣かないで、僕はいつもここで君がまた来るのを待っているから」

その言葉は余計に私の気持ちを揺さぶった。最後の最後まで優しく接してくれるアンディ。あの親切なメールを送ってきてくれた時から、今この瞬間まで変わらない優しさが、私をひとり旅の寂しさ、心細さからどんなに守ってくれた事か。

「アンディ、thank you……」

声にならない声でそう言った。伝えたい感謝の気持ちは沢山あるのに、喉が塞がれてそれ以上言葉を発する事が出来なかった。私は顔を見せないように体を翻して荷物検査台の方を向いた。手荷物を検査台に乗せた後、このまま振り向かずに行ってしまおうかと思ったが、アンディは私が振り向くのを待っているに違いなかった。私は涙を拭いて彼の方を振り返り、精一杯の笑顔を作ってみたが、それと同時にまた涙が零《こぼ》れてしまった。アンディはそんな私の様子をじっと見つめ、何か言おうと口を開けたが、結局何も言わなかった。いかにも彼らしかった。

再び彼に背を向けると、一直線にカーテンが半開きになったボディーチェックのブースに進み、検査台の上に立った。背後で女性係官が勢いよくカーテンを閉める音が響き、アンディの生きる世界と私の生きる世界が遮断されたように感じ、その音だけがいつまでも耳に残った。

待ち合い室でも私の涙は止まらなかった。アンディの手を思い出しては涙が流れて来る。待ち合い室にいる人達に見られないよう、搭乗ゲートが開くと、そそくさと飛行機に向った。

夕刻にも関わらず、ランプ（駐機場）には熱風が吹き抜けて行く。オーランガバードに来た時も、同じように熱風が吹き抜けて行ったが、あの時は自分がこんな風に涙に暮れながら、ここを去る事になるとは思いもしなかった。

飛行機に乗り込み、窓側の席につくと、通路を歩く人達から顔が見えないように窓の外に顔を向けた。すると、丁度そこにデカン高原の地平線に沈んで行こうとする真っ赤な美しい夕日が見えた。

その夕日を眺めながら思った。どこの国でも同じように日は昇り、沈んでゆく。自然が作り出したものは誰の物でもなく、皆平等な筈なのに、人は生まれた国、人種、家など様々な要素で差別を生み出し、平等でなくしてしまう。アンディのような心優しい、思いやりのある男性と恋愛し、結婚できたらどんなにいいだろう。豊かさはないかもしれないが、インド人という愛情に満ちた人々を隣人に持ち、心優しい夫の側で暮らして行くのは、それはそれで幸せに違いない。でもそれを望んでいない自分がいる。私にはこの国の人のように、厳しい生活環境の中でも強く、逞しく、それでいて心優しく、愛情豊かに、などという風に生きる強さも勇気もありっこない。「世界中を駆け巡って仕事をしている」などと言われていても、私は所詮先進国での価値観に汚染され、何もかも便利で豊かな生活にスポイルされた、甘えた人間でしかないのだ。心優しき人たちが住むこの国は、私にとって「夢の国」であるが、私の「現実の世界」にはなり得ない。だから同じ人間に生まれてきたのに、アンディと私の間には大きな隔たりがある。そう思うと、切なく、たまらなく自分が情けなく、いつまでたっても涙が流れてきた。

窓の外の真っ赤な夕日は、そんな私を慰めるかのように、このうえもなく美しくデカン高原を照らし続けていた。

パンジャビードレス

ムンバイまでは45分のフライトであった。飛行中、ジュースとサンドイッチが配られたが、全く食べる気になれず、ずっと外を眺めていた。到着する頃になって漸く涙が乾き、着陸すると、これから先が本当の意味でのひとり旅、気を引き締めて、元気に明るく旅を続けて行かなくては、と前向きな気持ちになった。

ホテルはムンバイの市内ではなく、空港に近いジュフビーチの近くにあるホテルに予約をしていて、ホテルの車が空港まで迎えに来てくれていた。

ホテルへ向かう途中、交差点で信号待ちをしていると、2人の女の子が私の車のすぐ側に立って、親指と人差し指を自分の口の所に持っていき、口をパクパクさせた。インドではよく目にする物乞いの子供達であったが、その2人の女の子のうちのひとりに目が留まった。

彼女は10歳位であろうか。ずる賢そうな顔をしているが、人の注意を引くようなとても整った顔立ちをしていた。通りで物乞いをしている殆どの子供達は、ボロボロの服を着ていて、手足や顔が汚れているが、彼女は、服は汚れているが、顔だけは全く汚れておらず、肌がやけにつやつやしていた。

しかしその肌は子供が持っている自然の肌の美しさではなく、この年には不釣り合いな肌つやであった。その上、妙に色気があった。不思議に思って彼女の顔から目が離せずにいると、彼女は突然、いままで握っていた左手を開いた。その手の中には白いクリームの固まりがあり、おどけた表情を作りながら、慣れた手つきで私に見せるように自分の顔に塗り出した。クリームは彼女の肌に、スーっと溶け込むように吸収され、肌は一層つやつやになった。

私は彼女の不可解な行動と、その整った顔立ちが表情をころころ変える様子に引き付けられ、じっと見つめていると、彼女は何かを感じ取ったかのように、お金を乞うのをやめ、ふと真顔になった。その表情の中に、ハッとする程、大人の女性の愁いが感じられた。

私が彼女位の歳の時は、生きる事の苦労も知らず、与えられた事だけをして生きていた。しかしこの子は、この歳でどれだけの事を能動的にしてきたのだろう。大人相手に、傷つけられるような事も多々あったであろう。愁いを含んだ表情を裏側に隠し、わざとおどけた表情を作っている彼女が哀れでならず、せめてお金をあげ、頬をなでてやろうと鞄に手をかけると、車が動き出した。すると彼女はすんなりと諦め、私に向かって手を振った。その手のひらはあまりに小さく、小さな手に不釣り合いな大人びた表情が、重苦しい気持ちを私の胸に残した。

ホテルでチェックインを済ませた後、フロントで、車で10分程の所にサンタクルスというショッピングエリアがある事を教えてもらい、パンジャビードレスを買いに出掛けた。

サンタクルスのショッピングエリアは高級バザールといった感じで、ショーウィンドウのある店が並んでいた。ケタキの言った通り、パンジャビードレスを売っている店があちらこちらにあり、あまりにも多すぎて却ってどの店に入ろうか迷った。洋服を着た外国人の私がひとりで店に入れば注目を浴びるだろうと思うと、沢山人のいる店には入りづらかった。しばらくショーウィンドウと店の中を覗きながらうろうろしていると、ひときわ奇麗なパンジャビードレスが飾ってある店を見つけた。店内を覗くとそんなに人がおらず、思い切ってその店に入る事にした。

緊張しながら店の扉を開け、中に入ると、すぐに店員が声をかけてきた。

「今晩は。何をお探しですか？」

店員の明るい声と笑顔に一気に緊張がほぐれた。

「パンジャビードレスを買いたいんですけど、初めてだから、どういうものがいいかわからなくて」

「貴女の国の気候はどんなですか。長袖と半袖の両方があるのですが」

自分の国で着るものを探しに来たと思われるとは想像していなかった。

「ここで着る服だから夏用の物でいいです」

私の言葉を聞くやいなや、彼は背後にかかっている沢山のパンジャビードレスの中から何枚か半袖のドレスを取り出し、机の上に並べた。その中で胸元と袖口にビーズの飾りがついていて、花柄のすかし模様がはいっている薄い朱色のドレスがひと際目をひいた。それを選ぶと、店員は私の好みがわかったようで、同じタイプのドレスをさらに何枚か出してきた。私はそこから、薄いエメラルドグリーンで、ビーズをふんだんに使って飾り模様を作っている華やかなドレスと、紺地に白い水玉模様が入っていて、胸元が白いレースで飾ってある可愛いドレスを選び、試着する事にした。

パンジャビードレスのズボンは、ウエストを紐で結ぶようになっていて、腰回りはゆったりと作ってあり、足元が絞ってあるので、履くと「もんぺ」のような見た目になり、とても人には見せられない不格好な見た目になった。しかし上にドレスを着ると、裾が長いので、ズボンは殆ど隠れた。インド人女性の体形の特徴として、若い子でも結構腰回りのある人が多いのだが、このパンジャビードレスを試着してみて、その理由が体質だけではなく、下半身のラインを出す服を着ないためだと感じた。

私もこんなゆったりしたズボンを履いて下半身をすっぽりかくしていては、油断して太ってしまい、日本に戻って制服のスカートが履けなくなるのでは、と心配になった。

パンジャビードレス姿を試着室の曇った鏡で見てみると、思いの他よく似合っていることに驚き、試着室の外に出ると、店員も即座に「よく似合ってる！」と言ってくれた。その場にいた他の女性客も私の姿をまじまじと見て何かを言い、それは悪い事を言っている感じではなかった。続いて他の2つも着てみたが、そのどちらもよく似合い、気に入った。

値段を尋ねると、1着2600ルピーと思った程は安くなく、朱色とグリーンのドレス2枚だけを買う事にした。店員に両方共、脇を少し詰めた方がいいと言われ、もう一度試着すると、彼は服の脇をつまんで針で留めた。脇を詰めたほうがずっとスタイルが良く見え格好良い。その直しに30分程待った後、服を受け取ってホテルへ帰った。

翌朝、朝食を取りに行く際、クローゼットに吊るしてある朱色のパンジャビードレスが目に入り、これを着てレストランに行ってみよう、と思った。しかし着替えると、やはり外国人が着ているのは変ではないだろうか、人からジロジロ見られないだろうか、と急に弱気になり、このまま外に出る事がためらわれた。鏡を見ながら迷っていると、ふとインド人女性は皆髪の毛を後ろでひとつに束ねている事を思い出し、同じようにしてみると、驚いた事に自分が一瞬インド人のように見えた。これなら変に思われないだろう、と急に自信がつき、思い切って部屋の外に出てみた。すると、部屋を出る前に感じた気恥ずかしさはすぐに消え去り、洋服を着ている外国人旅行者に対して得意げな気持ちにすらなった。

ホテルのレストランからはアラビア海が見渡せ、リゾートホテルにいるかのようなゆったりとした気分になった。パンジャビードレスを着た私を好奇の目で見る人はおらず、すっかり度胸がついた私は、このままベナレスへ着て行く事にした。チェックアウトに部屋を出る際、服と同じ柄のショールを身につけると、とてもエレガントに見え、洋服を着ている時よりしとやかな気分になった。

パンジャビードレスを着てみると、今まであまりにも違いすぎて関心を持てなかったインド人女性のファッションに俄然興味が出て来て、パンジャビードレスを着ている人を注意深く観察するようになった。それは思いの他楽しい事で、そしてこれが、私が華やかなインドファッションの世界に足を踏み入れる第一歩となった。

最大のピンチ

空港のエグゼクティブラウンジで出発を待っている際、そこに日本人ビジネスマンがひとりいた。海外の有名な観光地には必ず日本人がいるし、大都市の空港ではジャパニーズビジネスマンを必ず見かける。1億ちょっとしかいないのに、これだけ世界中で見かけるとは、日本人とはたいしたものだ。

飛行機が離陸すると、これで無事ベナレスに着くし、今回の旅行は全て計画通り順調に終わりそうだ、と安堵感に包まれ、ガイドブックのベナレスのページを開き、初めて見るガンジス川に思いを馳せた。

しかしこの後間もなく、私はこれまでの数多くの個人旅行の中で最大の失態を自分がおかしている事に気づき、頭の中が真っ白になるのであった。

飛行機は1時間半ほど飛んで経由地の小さな空港に着陸した。私の隣の席の人を含め、多くの乗客がここで降り、その後再び出発した。滑走路に向かって移動している時、機内誌を手にとって何気なくページを捲っていると、見覚えのある遺跡の写真が大きく載ったページが出てきた。それは昨日ウメシュから写真をもらった車輪の彫刻がある寺院で、機内誌に載っているその寺院はウメシュの写真で見たものより一層美しく、実物を見られない事を重ね重ね残念に思った。そこからさらにページを捲ると、インディアン航空の運行路線地図のページが出て来た。今、どの辺にいるのだろうと思い、地図を見ると、ムンバイとベナレスの間に線が引かれていない事に気づいた。きっと新しく出来たばかりの路線でまだ地図が改定されていないのだろう、と思ったが、何か変にも思い、それからも暫く地図を眺めていた。と、そこにいきなりハンマーで頭を殴られたような衝撃を受けるものを見つけ、みるみるうちに血の気が引いていった。

インドの東部海岸線に程近い所に「ブバネシュバール」という地名があり、そこはベナレスから大分南に位置するのだが、その地名はまぎれもなく私がベナレス行きだと思って乗った、この飛行機が向かっている目的地の名前であった。

話は私がこの旅の航空券を買う時の事に戻る。航空会社の社員である我々は、通常、会社で国際線の航空券を購入する場合、タイムスケジュール、便名、空港コード（空港を表すアルファベット記号）など全て自分で調べて申請書に記入し、総務課に提出してチケットを発券してもらう。私はその申請書の作成段階において、ムンバイからベナレスへ飛ぶ便のスケジュールを世界の航空時刻表で調べた。その際、ベナレスのスペルが「Benares」と思ったので、ムンバイからインド国内でBで始まる目的地を探すと、「ブバネシュバール」というのが唯一Bで始まる目的地で、Benaresという地名はなかった。

しかし、ガイドブックにムンバイからベナレスへ飛ぶ便があると書いてあった事や、ベナレスの別名（インドの街はイギリス植民地時代の旧名称と、独立後の新名称の2つが存在し、世界で知られている都市名は旧名称の方が多い）と空港名の両方がBで始まっていた、という記憶があり、この時、唯一Bで始まるブバネシュバールが、ベナレスの別名か、空港名に使われていたような気がした。

その日申請書を出さなければ、発券が出発に間に合わないので、とりあえずこれで申請して、家に帰ってガイドブックで確認し、万が一間違っていたら電話で訂正しようと思い、一旦それで申請書を出して家に帰った。しかし、その日はフライトの疲れで家に帰るとすぐに寝てしまい、次の日はビザの申請やホテルの予約など旅の手配に追われ、ブバネシュバールがベナレスの空港かどうか「不確か」という事が頭の中からすっぽりと消え去ってしまった。

しかし地図でベナレスとは全く違う場所に、ブバネシュバールという地名を見つけた時、総務課で不確かなので家に帰ってから調べよう、と思った記憶が鮮明に蘇り、頭の中が真っ白になった。今すぐに飛行機を降りたい衝動に駆られたが、既に機は滑走路に向かって自力走行している。

いつも綿密な計画に沿って完璧な旅の手配をしてきたのに、こんな間違いをするなんて信じられなかった。しかももっと早い段階でこの事に気づく機会があったはずなのに、今の今まで気づかなかったのも不思議だ。デリーからオーランガバードに向かう機内で、いやせめてこの空港に着く前に機内誌を見ていれば、ここで飛行機を降り、軌道修正する事も出来たかもしれない。それがよりにもよって、引き返し不可能な時点に来てから気付くなんて、何か見えない力によってこの街に連れていかれようとしているのでは、と一瞬考えたが、そんなわけないとすぐその考えを打ち消した。

ベルトサイン消灯後、即座に乗務員を呼んで航空時刻表を見せて欲しいと頼んだ。しかし機内に時刻表はなく、ブバネシュバールからベナレスに入る方法を探すためにもう一度路線図を見た。その地図からは、ブバネシュバールからベナレスに直接入る方法はなく、一旦デリーに戻ってベナレスに入るしかなさそうであった。

私はブバネシュバールからデリー行きのチケットを持っているので、今日これからデリーに戻れれば、1泊しか出来ないが明日にはベナレスに入れる。しかし、今日はもうデリー行きの便がない可能性もある。航空券の申請の際に調べた時、確かブバネシュバールからデリーへのフライトは1日1便しかなかった。私が持っているデリー行きのチケットは1時半発になっているので、毎日同じ時間に出発していると考えると、この飛行機が着く時間では間に合わない。

私は急いでガイドブックを取り出し、インドの地図を開いた。そこにはブバネシュバールという街の名前が小さく書かれていたが、ページの表示が出ておらず、ガイドブックに説明も載っていない、とんでもない田舎町に向かっているのかもしれない、とさらに大きな不安が押し寄せた。

一体この世の中に、飛行機を乗り間違える人がどれだけいるだろうか。しかも、これがヨーロッパやアメリカのような先進国なら、間違えたことにショックは受けてもこんなにうろたえはしないだろう。しかし、先進国に当然のように整備されているものがなく、何ひとつスムーズにもの事の運ばないこの国で、何の情報もない田舎町にひとり行き着く事の不安は計り知れない。その上、インドの駅や空港にはその地に不慣れな人を狙った悪い輩が必ずいて、空港でふらふらしていたら、彼らの恰好の餌食になりかねない。さっきまで全て順調だ、と思った私の旅はわずかの間に反転し、今まで経験したことのないピンチに目の前が真っ暗になった。

私は運ばれて来た機内食をまったく食べる気になれず、とにかく空港についたらすぐにデリー行きのフライトがあるか調べよう、あれこれ考えるのはそれからにしよう、と思い、全ての不安を一瞬でも忘れるため、眠る事にした。

飛行機の到着前に目を覚ました時、自分が瀕している現実がすぐさま頭に蘇り、怖れを感じた。ガイドブックを開き、どこかにこの街について記述が少しでもないかと探すと、本の中程にこの街について書かれているページを見つけた。しかしそれは私がいままで訪れた場所がすべてカラーページに載っていたのとは異なり、マイナーな訪問地であることを示すかのように、モノクロームのページに載っていた。

説明を読むと、ここは宗教都市のようで、立派な寺院の写真が載っていた。しかしそこはヒンドゥー教徒以外入れないとの事で、その他は特に見るものもなさそうであった。やはり観光地ではないようだ、とがっかりしたが、ホテル名がいくつか書いてあったので、泊まる所がなくて路頭に迷うという恐れはないだろう、と少し安心した。

飛行機が到着したのはここもまた小さな空港であった。タラップに降り立つと、ムンバイやオーランガバードよりさらに暑く、日差しも強くて南インドにでも来たかのように感じた。しかしタラップを降りながら、私は冷や汗をかいていて、吹き抜けてゆく熱風も私の周りでは木枯らしに変わっていた。

ターミナルで荷物が出てくるのを待っている間も、生きた心地がしなかった。観光客らしき人は誰ひとりとしていない。荷物が出てくると、近くにいた男性が私の荷物を降ろし、カートに乗せてくれたが、その事に感謝する余裕すらなかった。

到着ロビーから出発ロビーに抜ける道を見つけ、出発ロビーに出ると、インディアン航空のチェックインカウンターには誰も職員がおらず、閑散としていて、あきらかに当面フライトがなさそうであった。それでも祈るような気持ちでオフィスに入り、職員に聞いた。

「これからデリー行きのフライトはありますか?」

「今日はもうどこへ飛ぶフライトもないよ」

彼の言葉は覚悟してはいたものの、とても無情に響いた。この時点で、今日はここに泊まらざるを得なくなったが、一刻も早くこの地を去りたい気持ちに変わりはなかった。

「明後日のデリー行きのチケットを持っているのですが、予約を明日に変えられますか?」

職員の人は空席状況をすぐに調べてくれたが、彼の口から出たのはまたしても無情な一言であった。

「あいにく明日の便は満席だね」

今日はフライトがなく明日は満席。何かやっぱりこの街が私を呼んでいて、離さないように感じた。

とにかく今日泊まるホテルをさがそうと、今来た道を引き返して到着ロビーに戻った。すると運悪く、私がインディアン航空のオフィスに行っている間に他の到着旅客は皆去ってしまい、インフォメーションカウンターにも、プリペイドタクシーのカウンターにも、もう係の人が誰もいなくなっていた。到着ロビーには機関銃を持った警備官が無表情にひとり立っているだけで、絶体絶命とはこういう時の事を言うのだろうか、と真っ青になった。

私は全く知らない土地の誰もいない到着ロビーで、ひとり途方に暮れ、立ちすくむこととなった。

ブラインド旅行

何のあてもなく外に出るのは危険であった。私は荷物カートのバーをギュッと握り締めると、藁にもすがる気持ちで、唯一そこにいた警備官の所に行った。何を尋ねても、無愛想に「他で聞け」と言われそうな雰囲気であったが、もう彼しか頼る人がいなかった。

「すいません、そこのインフォメーションカウンターの係の人はまたここに戻って来るでしょうか?」

祈るような気持ちで彼を見つめ、答えを待った。

「30分位」

彼の表情は少し柔らかくなり、たどたどしい英語でそう答えた。30分もここで待っていられない、と思い、さらに尋ねた。

「タクシーに乗りたいのですが、プリペイドタクシーの係の人もいないみたいで、どうしたらいいでしょうか。」

「ちょっと待ってて下さい」

またもたどたどしい英語でそう言うと、彼は到着ロビーの外に出た。そして身分証を胸につけた空港職員らしき人を連れて戻って来た。

「どうしました?」

その人の流暢な英語の発音に、硬直しかかっていた体が柔らかくなった。

「ホテルに行きたいのですが、この街にどこか5つ星のホテルはありますか?」

「街中には4つ星しかないけど、街から離れた所には5つ星のオベロイホテルがあるよ」

オベロイはインド有数の高級ホテルグループだが、街から離れていては不便なので、どうしようかと迷っていると、彼は忙しいのかすぐに外に出て行ってしまった。私は警備官にお礼を言って、彼を追って外に出た。するとそこにタクシーが何台かとまっていて、すぐにドライバーが声をかけて来た。

「どこに行くのかい?」

「どこか5つ星のホテルに行きたいんだけど」

「オベロイかい?」

「街中に5つ星のホテルはないのかしら?」

「街中には4つ星しかないよ。5つ星はオベロイだけだ」

さっきの人と同じ事を言ってる。聞いた事のないホテルに泊まるより、オベロイの方が安心に思え、値段を尋ねると、プリペイドタクシーカウンターにあった料金表より20ルピー高い金額を答えた。しかしそれ位の金額差に文句を言っている余裕はなく、OKと答えた。

乗り込んだタクシーのドライバーは話した人とは違う人で、おとなしそうな人であった。車が走り出し、オベロイに向かっている事で気持ちが少し落ち着いてくると、何かやっぱり、この街に来る運命にあったような気がしてきた。

人生に無駄な事は起こらない、起こる事すべてに何かの意味がある、と私は思っている。だからこの街に来るべきでなかったら、途中で間違いに気がついた筈だ。そう思ってガイドブックを取り出し、この街の近郊に何か見所はないかとブバネシュバールが所属するオリッサ州の説明の所を開けた。そこに「コナラークの太陽寺院を訪れよう」という記述を見つけ、「太陽寺院」とはどんなものだろう、と説明のページを開き読んでみると、それが世界遺産に登録されている遺跡であるとわかった。こんな所に世界遺産があるのか、と少し期待しながら次のページをめくると、目を疑う程驚き、やはりこの街に呼ばれて来た、と思った。

捲ったページに載っていたのは、太陽寺院の写真で、その寺には車輪の彫刻がついていた。私は急いでカバンの中から、持ち帰ってきたインディアン航空の機内誌とウメシュにもらった写真を取り出し、ガイドブックに載っている寺院の写真と見比べた。それらは紛れもなく同じであった。

何と私は、ウメシュのたくさんの写真の中からいちばん興味をひかれ、写真をもらった寺院のある州に来ていたのだ。怖いくらいの偶然の重なりだが、航空券の事も、ウメシュが写真を持って来た事も、今月の機内誌にこの寺院の特集が載っていた事も、明日デリーに帰るフライトが満席で予約を変えられなかった事も、すべては偶然ではなく、この寺院が私を呼び寄せるために起こした事のように思えてきた。

ただ、この太陽寺院はブバネシュバールにあるのではなくコナラークという所にあるので、果たしてここから日帰りで行けるのだろうか、と疑問に思った。インドは地図上では近くに見えても、交通の便が悪いため、実際行くにはとても時間がかかる事がある。しかしすぐに、私をここに呼んだのがこの寺院なら、絶対に行けるはず、と思った。そしてそう思った瞬間、今まで無口だったドライバーが片言の英語で私に話かけた。

「明日、コナラークとプーリー、私の車、７５０ルピー」

オベロイホテルは何もない所に突然降って湧いたように、１軒だけぽつんと豪華な外観で建っていた。ロビーは広々としていて、インテリアのセンスの良い、綺麗なホテルで、フロントには眼鏡をかけた落ち着いた感じの男性が立っていた。私は彼に不安げに尋ねた。

「予約をしていないのですが、部屋は空いているでしょうか?」

「大丈夫ですよ。何泊されますか?」

「私は旅行者なのですが、実は飛行機のチケットの発券ミスに気がつかず、間違ってこの町に来てしまったんです。この町は何か見るものがあるでしょうか?」

「勿論です。この町には沢山見るものがあります。それに明日１日あればコナラークの寺院を見に行くとよいでしょう。大変素晴らしいです。２泊する事にして、今日これから市内観光に出かけ、明日、コナラークへ行かれてはいかがですか? トラベルデスクが全て手配します」

彼の優しい口調に緊張がほぐれ、ベナレスに未練はあるが、太陽寺院も見られるし、ここに２泊するのもいいかな、という気持ちになった。

部屋で荷物を受け取ると、すぐにトラベルデスクを訪ねた。デスクの男性は私の顔を見ると即座に言った。

「フロントの者から話は聞いています。観光の件ですが、今日はもう3時なので、市内観光はエアコンなしの車が400ルピー、エアコン付きで500ルピー、明日のコナラークとプーリーの1日観光がエアコンなしで850ルピー、エアコン付きで1800ルピーです」

空港のタクシードライバーが、コナラークとプーリーの1日観光を750ルピーと言っていたので、少し高いが、ホテルで手配してくれる車の方が安心だと思い、両日共エアコンなしの車をお願いした。

それから彼は今から観光に訪れる6箇所の名前を紙に書き、そのひとつ一つを説明し、自称ガイドへあげるチップなど、ここでの観光における注意点まで事細かに教えてくれた。今まで多くのホテルでトラベルデスクを利用してきたが、ここまで親切に色々教えてもらった事はない。私が何もわからずにこの街へ来て不安に思っているのを知っているせいかもしれないが、そのサービスマインドに感心してしまった。

ポーターに車が来た事を告げられて外に出ると、正面玄関に白い車が停まっていて、そこに白い制服を着たドライバーが立っていた。私に礼儀正しく挨拶をすると、車のドアを開けてくれた。彼は言っては悪いが、キングコングに似た顔をしていて、一見怖そうに見えるのだが、笑うと途端に人懐っこい顔になった。彼が運転席に乗り込むと、車は私にとって全く未知の町へと走り出して行った。

ホテルの近辺はオーランガバードに負けず劣らずの田舎町で、しばらく民家が立ち並ぶ土埃舞う道を走っていたが、そこを通り抜けると、今まで私が訪れたインドの街では一度もお目にかかったことのないような、緑の大地が現れた。地面には一面草が生えていて、時折、白やピンクの小さな花が沢山咲いた花畑や、いまにも岸辺の緑に占領されてしまいそうな川なども見られた。

デカン高原のような、地面が剝《む》き出しになった荒々しい大地の広がりは、私が以前から持っていたインドのイメージに近かったが、今目《ま》の当たりにしているのは、どこまでも続く緑の大地と、川や花畑、といった「荒々しい」という表現には無縁の「優しい大地」の景観で、インドにはこんなところもあるのだと、新たな発見に感激した。

最初に訪れたのは、ホテルから30分近く走った所にある石窟であった。ここがどういった石窟なのか全くわからず、自称ガイドを探したが、どこにも見当たらない。仕方がないのでひとりで石窟にいくつか入ってみたが、特に彫刻も絵もなかった。その石窟の岩の上に上ってみると、そこから、緑豊かな街の景観が一望出来、ここが緑豊かな地である事は既に知っていたが、その量と美しさに改めて驚かされ、ここブバネシュバールが紛れもなく「緑の街」であると知った。

この緑の景色を見られただけで、この石窟に来てよかった、と思いながら岩の上から降りてくると、ひとりの男が近寄ってきて、突然この遺跡の説明を始めた。彼は探していた自称ガイドであった。たいして見るものもなさそうなので、ガイドを断ろうとすると、彼は私が見ていたのとはまったく別の方向に歩き出し、ついてくるように言った。そうか、この遺跡はそっちの方に見る所があるのか、と知り、彼の後をついて行った。

ここはジャイナ教徒が修行をした石窟群との事で、彼に連れて行かれた場所には、2階建てになった石窟の1階の入り口上部に、素晴らしい浮き彫り彫刻が見られた。他にも古い彫刻の施《ほどこ》された石窟がいくつもあり、それらの石窟群を一周した後ガイドは、「次はカンダギリに行きます」と言った。

さっきから説明の中にウダギリだのカンダギリだの、日本人の苗字のような言葉がよく出てきてい

パンジャビードレスを着てカンダギリ石窟で

て、どこかの地名かと思っていたが、ガンダギリに行くと言われてカンダギリとは何かと聞いてみた。

「ここはウダギリで日が昇る丘、カンダギリが日の沈む丘です。カンダギリにはジャイナ教の寺がありますす」

さっき石窟の岩の上に立った時、向こうの丘の上に赤い壁の寺が見え、人がそこへ続く階段を上って行く姿が見えた。あそこがカンダギリか、と思い、行ってみる事にした。

カンダギリはウダギリよりも高い丘で、何段もの急な石段を上って行くのはかなり汗だくになったが、階段を上りきると、ウダギリ石窟の全景や、緑豊かな景観がさっきにも増してはるか彼方まで見渡せた。その眺めの良さに、テラスの囲いの上に腰をおろして見入り、本当なら今頃どこまでも続くガンジス川を見ているはずだったのに、どこまでも続く緑の景観を眺めている事を、残念に思う気持ちが湧いてこなかった。

カンダギリには、ジャイナ教のお寺の他に石窟もあり、そこでもまた沢山の古い浮き彫り彫刻が見られた。

次に行ったのは、ラジャラーニ寺院というヒンドゥー教のお寺であった。その寺院は、目にも鮮やかな緑の芝生が一面に敷き詰められ、所々に花が咲いている美しい公園の中に建っていた。何組かのインド人カップルが草の上に座って談笑していて、平和で穏やかな雰囲気、オレンジ色に染まる夕暮れの空をバックにたたずむ寺院、整然と手入れされた緑と花、とすべてが調和してひとつの美しい風景を作りだしていて、思わず、「綺麗！」と感嘆の声をあげた。

ラジャラーニ寺院

寺院は20メートルの塔を持つ本殿と、小さな拝殿の2つに分かれていた。本殿近くに寄ってみると、石造りの外壁にびっしりと彫刻が施され、その素晴らしさにひとつ一つをじっくり見ているといくら時間があっても足りない位であった。

それからムクテーシュワラ寺院、パラシュラーメシュワラ寺院、ヴァイタール寺院を訪れた。いずれの寺院もそんなに大きくはないが、外壁を埋め尽くす彫像、装飾彫刻の数々に感激し続けた。石の外壁を彫刻で埋め尽くすのが、この地域の寺院の特徴のようだ。神々や天女の彫像はどれも表情豊かに微笑みを湛《たた》えていて、その笑みを見ていると、不思議な位穏やかな気持ちになった。

どこの寺にも必ず自称ガイドが現れ、寺の規模により20~30ルピーのガイド料を払って説明を聞いた。インドの自称ガイドは本当に役に立ち、ガイドブックがいらなくていい。難を言えば、英語の発音が適当で聞き取りが少し大変なのと、知識が100パーセント正確かは定かではない（ガイドブックに書いてある事と違う事がある）事だろうか。

どこも素晴らしくてついつい長居して見てしまい、いちばん大きなリンガラージ寺院に到着した時にはすっかり暗くなっていた。ここはヒンドゥー教徒以外は中に入れないが、塀に囲まれた境内を見渡せるプラットフォームがあると、トラベルデスクで教えられていた。そのプラットフォームに上がろうとすると、行く手を阻むように少年が現れ、記帳をするようにと言ってノートと鉛筆を渡された。これはトラベルデスクで事前に聞いていて、「名前と住所を嘘でも本当でも好きな方を書けばいい」と言われていたので適当に書くと、次にお金を要求してきた。「記帳を求めてきた人にお金を払う必要はない」とも教えられていたので、無視してプラットフォームの階段を上がると、少年はすぐにどこかへ行ってしまった。トラベルデスクの男性の情報は全てとても役に立った。

プラットフォームからのリンガラージ寺院の眺めは、全く予想していない壮大なスケールのものであった。広い敷地に数えきれない位の拝殿と本殿があり、その数はガイドブックによると、全部で108あるという。薄暗いライトに照らされた境内は幻想的かつ神聖な雰囲気が漂い、ひとつ一つの建物が持つ芸術的美しさと一体となって、独特の神秘的空間を作り出していた。ひときわ空に向かって高くそびえる塔（シカラ）にも、上まで規則的な模様の彫刻がびっしりと施されており、その迫力に圧倒された。もう一度明るい時間に来て、じっくりみてみたくなった。

　この街がまるで東洋のルネッサンスとでも呼ぶべく、素晴らしい宗教芸術の宝庫である事にただただ驚き、感激し、興奮冷めやらぬ状態でホテルに戻った。私はフロントに直行し、チェックインをしてくれたフロントマネージャーに言った。

「この街にこんなにたくさん素晴らしいお寺があるなんて、全く想像していませんでした」

「この街には実際かなりの数の寺院があって１日では見切れない位です。コナラークの寺院はここよりもっと素晴らしいですよ。きっと気に入ります」

　彼は眼鏡の奥の優しい目を細めて笑みを浮かべた。このホテルにチェックインした時はまだベナレスに対する未練があったが、たった半日のこの街の滞在によって、未練どころか興味まで失ってしまった。ここの歴史的、芸術的価値のある遺跡や寺に比べると、ガンジス川やそこで沐浴《もくよく》する人々を見るだけの事が、全くつまらない事に思えた。

　私は時々、記憶というものが、予知能力があるのではないか、と思う事がある。自分がその時、妙に記憶に残ったものや人が、その後、偶然目の前に現れるという事が以前からよく起こり、この太陽寺院もそのケースに当てはまる。人は起こる事のヒントを記憶によって与えられている気がするのは、私だけだろうか。

　それにしても、今日のように全く何も知らないで訪れた場所に、素晴らしいものが現れると、予想していなかった分その驚きが大きく、感動も大きくなる。今までいつも用意周到に旅の計画を立てて旅行してきたが、こういった行き当たりばったりの旅のスタイルも結構面白いかもしれない。「ブラインド旅行」とでも名づけるべきか。これは新たな刺激となる、新しい自分の旅のスタイルと出会えた、という気がした。

太陽寺院

翌朝、車を手配してもらった時間に10分程遅れてホテルの外に出ると、コング君（昨日と同じキングコング似のドライバー）が車の傍に立って私を待っていた。

「時間に遅れてごめんなさい」

彼はその言葉に驚いたような顔をして時計を見た後、笑って言った
「ハハハ、この位、遅れたとは言いませんよ」

ここでもインドタイムは健在だ。私は車に乗り込み、一路コナラークへ向かった。

昨日と同じ道を走っている途中で、車が渋滞で動かなくなった。こんな田舎町でも朝は渋滞するのか、と思っていると、コング君が言った。

「カメラを持っていますか？」

「持ってるけど」

「いい写真が撮れますよ」

彼が何の事を言っているのかわからず、渋滞の先に動物の大群でもいるのか、と思っていると、暫くして彼が言った。

「車を降りて見てきてごらんなせえ」（コング君の雰囲気から、こんな風な喋り方をしているように感じる）

言われるままカメラを持って車を降りた。すると、橋の上から人々が下を見ていて、私もそこへ行

ってみると、橋の下に大勢の男性たちと5頭の大きな象が道をふさいでいるのが見えた。渋滞の原因はこれであった。5頭の象の上にはそれぞれ人が乗っていて、先導されながら、少しずつ前に進んでいる。そのすぐ後ろには人だかりがしていて、中心に槍のような長い棒を持った人達がいた。鈴や太鼓の音が聞こえるので、何かのお祭りかと思いビデオを撮っていると、突然大きな音がし、それが合図であったかのように、棒を持っていた人たちがいっせいにそれを激しくぶつけ合って戦い始めた。

その様子に驚き、これは祭りではなく、何かの争いかと思い、急いでビデオを止めてショールの裏に隠した。見張りの人がいてテープを没収されてしまうと困る。私は橋の手すりの所に隠れるようにかがみ、隙間からその様子を窺っていたが、気がつくと辺りには人がいなくなっていた。その時また大きなバクチク音が連続して響き、それが銃声のようにも聞こえた。怖くなって慌てて車に戻ろうとすると、警官が何人も現れた。青ざめて車に乗り込むとコング君はあっけらかんとして言った。

「Good picture?」

そのひと言に拍子抜けした。

「いったいこれは何の騒ぎ?」

「頭のおかしい連中ですよ。でもお陰で面白い写真が撮れましたね」

コング君は橋の下で何が起こっているのか知っているようであった。時々起こる事なのだろうか？それにしても別に私は報道カメラマンでも写真家でもないので、危険な場所に写真を撮りに行く必要もないのだが……。

それから車はバックして迂回させられ、暫く走ると昨日にも増して緑豊かな田園風景が広がってきた。川や池が随所にあり、ここが緑だけでなく、水も豊かであることを知った。この辺《あた》りの手付かずの自然の素朴な美しさは、実に心を和ませてくれる。

太陽寺院全景

車がいちばん初めに寄ったのは「ダウリ」という白いストゥーパを持つ仏教の巡礼地のひとつで、そこから植物園に寄った後、コナラークまでは2時間ほどのドライブであった。
コナラークに到着し、車を降りると即座に60歳前後の小柄な男が近寄ってきて、オフィシャルガイドの証明書を提示しながら、自分を雇うようにと勧誘してきた。確かにその写真付き身分証明書には「オフィシャルガイド」と書かれていて、スタンプも押されているが、こんな所で勧誘してくる事自体、「自称ガイド」の証明だ。身分証明書などインドでは簡単に偽造できるに違いない。
エローラでは、チケット売り場でオフィシャルガイドの申し込み受付をやっていた。ここでもこの遺跡についての正確な知識を持ったオフィシャルガイドの受付窓口があるはず、と辺りを見回したが、自称ガイドが纏わりつくかのように、素早く私の正面に回りこんできて必死に勧誘を続ける。彼の懸命な売り込みに根負けし、私が「ＯＫ」と言うと、彼は「Come（ついて来い）！」と言って勢いよく歩き出し、私は彼の後に続いた。

この辺りではパンジャビードレスを着ている人を殆ど見かけない上、私の着ているドレスはひと際派手で、ひとり浮いているような気がした。パンジャビードレスも、綺麗なものだけを喜んで着ているのではなく、ちゃんとＴＰＯを考えて着なくてはいけない。それにしてもこのドレスは体をすっぽり隠しているが、全く暑いと感じず、暑い所に来れば来るほど、その快適さを実感する。やはり、その土地の人々が着ているものを着るのが、その土地の気候に合っていていちばん快適だ。

寺院に続く道から太陽寺院の一部が見え、想像していたよりずっと大きかった。皆この寺を英語で「Sun Temple」と呼んでいるが、正式名称は「スーリヤ寺院」で、太陽神スーリヤを祀る寺院とのことであった。

ガイドは入口に着くと、すぐに入らず、寺院の敷地の囲いに沿って歩き出した。寺院はかなり大きいので、確かにこうして離れたところから見たほうが、全体がよく見える。寺院全体を眺めると、車輪の彫刻がかなり小さく見えた。敷地内は昨日訪れたラジャラーニ寺院と同様に、きちんと手入れされ、短く刈られた草に一面覆われていて、その明るい緑色がこの寺院の美しさをいっそうひきたてていた。私が見た太陽寺院の写真はどれも寺院そのものしか映っていなかったが、この手入れされた美しい庭も、ここを訪れる者を惹きつけるもののひとつである事は間違いない。

寺院の周りを一周し、漸《ようや》く正面入り口から中に入ると、そこにおびただしい数の彫刻が施された大きな建物が現れ、「これがダンスホールです」とガイドが得意げに言った。

ダンスホールは、外壁、内壁、柱と全てにびっしりと彫刻が施されていた。外壁には踊っている人の像が多数彫刻されていて、楽器を弾いていたり、踊っていたり、皆それぞれ違うポーズをとっており、ガイドによると「１２８のダンスのポーズ」がここで表現されているという。

スーリヤ寺院（太陽寺院）ダンスホール

踊っているのは、神様であったり、踊り子であったり、その表情はどれも楽器の演奏やダンスを心から楽しんでいる、という事が伝わってくる笑みを浮かべていて、見ているこっちも自然と微笑んでしまう。ブバネシュバールの寺院もここでも、外壁に彫刻されている女性達に共通点があり、大きな胸にくびれたウエスト、大きなヒップ、という抜群のプロポーションを持っていて、それが見ている人を男女問わず惹きつける。その抜群のプロポーションで踊っている踊り子達は、とてもセクシーであった。

ダンスホールは細部にわたって装飾彫刻が施されていて、全体として見た時、その美しさ、華やかさに圧倒される。ダンスホールを見られただけでも、ここを訪れた価値が十分あったと思えるのだが、ここを過ぎると、さらに大きな建物が目の前に聳《そび》え、その彫刻の数たるや、ダンスホールの比ではない。それこそが私を呼んだ太陽寺院であった。

太陽寺院は全てにおいて圧巻であった。そのデザインは、７頭の馬が大きな車輪のついた戦車で寺院を引っ張っていて、太陽神スーリヤが馬に引かれる戦車で天空を翔ける、という発想から来ているそうだ。残念な事に、馬の像はほとんどが壊れてしまっているが、完全にその姿をとどめている時に見ていたら、今にもこの寺院が馬に引かれて天高く上って行きそうに感じたに違いない。

私のいちばんのお目当てであった車輪の彫刻は、期待を上回る素晴らしいものであった。寺院自体がとても大きいので、写真や、遠目にこの寺を見ていた時は車輪が小さく見えたが、実際は直径が２メートル以上ある大きなものであることに驚かされた。寺院の両側に12個ずつ、合計24個ある車輪の彫刻は、完全な形のままのものこそ少ないが、どれも結構ちゃんと残っている。上半分が壊れてしまっている車輪でも、それはそれでまた、長い年月を経て存在してきたという風情が感じられて趣がある。

太陽寺院　車輪

完璧なまでに均整のとれた形、車輪を構成するデザイン、全体に施された繊細な彫刻、と全てが見事で、実際に走らないとは言え、「世界一美しい車輪」という評価を与えたくなる。車輪は日時計の役割も果たしていて、ガイドは真ん中の軸にあたる、突き出た棒の影の位置を見て、見事に時間を言い当てた。

車輪の傍には柵がある上、ロープも張られていて、必要以上に近寄れないようになっていた。時々警備の人も見回りに来る。ガイドは警備の人がいない隙に、私に保存状態がいちばん良い車輪の傍に立つように言い、様々な角度から写真を撮るために、大胆に柵の中まで入って撮ってくれた。しかし警備員に見つかって注意され、私達は謝って逃げるようにその場を後にした。

それから太陽寺院全体を見て周った。昨日ブバネシュバールで見た寺院の彫刻も素晴らしかったが、ここはその素晴らしい彫刻が昨日見た寺院の何十倍ものスケールである。ウメシュの写真を見た時、車輪の彫刻に惹かれたが、この寺院は車輪以外にも見所が沢山ある。

寺院の外壁の彫刻をひとつ一つよく見ていると、その中に男女のエロティックな彫刻が随所に見られる事に気がつく。それらの彫刻を前にし、珍しく神妙な顔をしてガイドが言った。

「この寺院の彫刻の中には男女交合の体位が68示されています。だからここの寺院を訪れて、『なんて下品な寺だ』と言う人も大勢いますが、私はそうは思いません。なぜなら、それは生きることの本能であり、自然な姿だと思うからです。ここは多くのカップルが新婚旅行に訪れます。あなたも結婚したら新婚旅行でもう一度ここを訪れるといいですよ」

〈えっ、インドに新婚旅行で来るのはちょっと……〉

男女のエロティックな彫刻は、ひとつ一つリアルに作ってあるので、ガイドと一緒に見るのは何だか恥ずかしかった。しかし、映画のキスシーンすら未だ禁じられていて、外では手をつないでいる男女すら見かけないような国なのに、こういった像が公の場にあって誰でも見られる、というのも何か矛盾を感じてしまう。

彫刻には、夫の浮気現場を見つけた妻が怒って夫の髪を引っ摑んでいる、という場面や、家に帰ると夫が他の女と浮気をしていて、妻が驚いている場面など、男女に関するストーリー性のあるものが多く、ガイドの説明と共に見るのは面白かった。彼の説明の中には、時として自分で創作したのではないかと思われるようなものがいくつかあった。

例えば、寺の底石の部分に多数の象が彫刻されている事に、「子供がこの寺院を訪れても退屈しないように、こういった象の彫刻も作られた」と説明したが、この（R-15指定のような）寺に子供を連れて来る事を考えて、象の彫像を沢山作ったという説は疑問だ。また、戦車を引く馬の像の数が拝殿に向かって左に4頭、右に3頭と同じ数でない理由を、左側は海風が吹いてきて潮で石像が痛みやすいため、右側より1頭多く作った、と説明した。しかし後でガイドブックを見ると、「カレンダーの役割で1週間を表している」と書いてあり、車輪が片側に12ついている（月を表す）事、時計の役割を示している事などから、馬の7体は1週間と考えるほうが妥当だ。

その他にも、この寺院の彫刻の中によく現れる「ポリガミ」という王様は、「2000人の妻がいて（最初に聞いた時より妻の数が段々増えていってる）、1年かかっても全ての妻を愛する事が出来ないので、1晩に何人もの妻の相手をした」と言ってハーレムのような彫刻を指差したが、そこに彫刻されている男性がポリガミという根拠はない。彼自身で考えたのか、誰かに聞いたのか。

彼は関西弁で言えば「けったいな人」という表現がピッタリな面白い人で、私は彼の話に時として大笑いし、時として疑いながら説明を聞いた。不思議なもので、彼は日本語が理解できないはずなのに、私が「なるほど」と言うと、「イエス、イエス」と嬉しそうに答え、「本当かなあ？」と疑いの言葉を漏らすと必死になってもう一度説明を繰り返した。

ガイドは私に何の断りもなく、「これを1枚」といいながら、自分の肩に下げた私のカメラで勝手に彫刻の写真を何枚も撮っていた。この寺院を熟知している彼なら写真に撮っておくべきものをしっかり撮っておいてくれるだろう、と何を撮っているのか気にもせずに任せっぱなしにしていたが、それらを後で現像してみると、殆どが男女交合の体位に関する彫刻の写真であった。私が独身女性と思ってこれらの写真を沢山撮ってくれたのだろう、と彼が熱心にその写真を撮っていた姿を思い出し、思わず苦笑した。

寺院の見学は3時間に及び、長時間に亘って見所をくまなく説明し、写真やビデオも多数撮ってくれたガイドの働きぶりに感謝し、今までにない高額の150ルピーのガイド料を払った。彼と一緒にこの寺院を見学出来て楽しかった。

ガイドが行ってしまった後も、ここを去り難く、しばらく寺院を眺めていた。ここまで見事なものを作ったのがインド人であると思うと、インド人自体をとても尊敬したい気分になった。

海辺の街プーリー

寺院見学の後、コング君に教えてもらったレストランへ行ったが、そこに入った瞬間、彼に「どこか清潔なレストランはあるか」と聞かなかったことを失敗した、と思った。そのレストランは、汚れたテーブルの周りに虫がたくさん飛び回っていて、寄ってきた店員に思わず他にこの辺に店はあるか、と聞いてしまった。隣にあるベジタリアンレストランを教えてもらいそこへ行ってみると、そこもさっきの店とたいして変わらなかった。しかし、ウエーターがにこにこしていて感じが良かったので、ここで食べる事にした。

メニューは一種類しかなく、最初はこんな店、と思ったが、店員の気配りには感心させられた。食事を待っている間に水を飲もうとミネラルウォーターを取り出すと、すかさず空のコップを私の目の前に差し出し、ターリー（セットメニューで、大きなお皿の真ん中にご飯があり、その周りに惣菜《そうざい》の小さな器がいくつものっている）が運ばれてきた時、服を汚さないようにハンカチを取り出そうと鞄のファスナーに手をかけると、逸速《いちはや》く察知してペーパーナプキンを３、４枚手渡してくれ、野菜の揚げ物がおいしくてペロッと食べてしまうと、おかわりを何度も皿に盛ってくれ、そのタイミングときたら、まるでわんこそばのようであった。私がお礼を言うたびににこにこする。

〈こいつぁ、接客のプロだ〉

思わず尊敬してしまった。

チェックの金額が運ばれてきた時、「25ルピー（60円）」と書いてあるのを見て、あんなに野菜をお代りしたのにこの安さで驚いた。ターリーはおかわり自由で、値段は定価のままというお得なメニューだそうだ。店員は店の外まで出て私を見送ってくれ、恐れ入った。

昼食後、プーリーへ向かった。比較的大きな村を通った時、踏み切りがあり、遮断機が下りているのに皆平気でその下をくぐって渡っていた。危ないなぁ、と始めは思ったが、実際に電車が近づくと大きな警笛が響き渡り、電車が来ることがすぐにわかった。

車を降りてビデオを撮り、遮断機が上がった後も辺りを撮っていたが、ビデオを止めた時、踏み切りを渡る黒い塊が見えた。近眼の私には、それが何の動物の大群かよく見えなかったが、はっきり見えるくらい間近に来たとき、思わず悲鳴を上げた。

「猪！」

全身真っ黒で、濡れているかのような黒光りをしていて、顔は猛々しい。その大群が私のすぐ傍を通って行く間、私の息は止まり、フリーズしていた。彼らが去った後、青ざめた顔で車に戻りコング君に言った。

「い、いのししの大群がいた、……真っ黒の……」

「Good picture ?」

その言葉にまた拍子抜けした。この地で彼の言う「いい写真」を撮り続けていたら、私の寿命は10年位縮まってしまうだろう。（後に黒猪と思ったこの動物は、猪そっくりの黒豚と知った）

プーリーはビーチリゾートとして知られている他に、多くのヒンドゥー教徒が巡礼に訪れるジャガンナート寺院のある地で有名との事であった。この寺もヒンドゥー教徒しか入れないが、寺の近くにある図書館の屋上から中を見る事が出来ると、トラベルデスクで教えられていた。

私は、プーリーをブバネシュバールのような雰囲気の街かと想像していたが、全く違い、寺院に続く長い大通りには露店が多数並び、大勢の参拝者が行き交い、その中をリキシャーが人を避けながら走り過ぎて行く、ブバネシュバールにはない門前町の活気と賑わいがあった。

その大通りの真ん中で突然車が止まった。

「これ以上車は中へ入れないので、ここから寺院まで1キロほど歩いて行っておくんなせえ」

この混沌とした人ごみの中を、ひとり歩いてゆくのは何だか腰の引ける思いがしたが、車を降り、寺のほうへ歩いていった。辺りは外国人の姿など一切見かけず、参拝に向かう大勢のヒンドゥー教徒の中で、私だけが異教徒で外国人であること、女ひとりである事に、場違いな所に紛れ込んでしまったようなきまりの悪さを感じた。しかも私のパンジャビードレスはここでは完全に派手で、ひとりだけ寺院ではなく、パーティーにでも向かっているかのようだ。それがきまりの悪さに拍車をかける。

しかしそこでひるまないのが私のいい所で、暫く歩いているうちにこの雰囲気に慣れ、こんな場所に紛れ込んだ自分の旅を面白く思った。

ジャガナート寺院は質素な色使いのリンガラージ寺院とは違う、明るい色使いが特徴的な寺院であった。門の外から中を見ると、日本の初詣位、沢山の人々が行き交っていて驚いた。門の前を通り過ぎると、大通りは建物に突き当たって行き止まりとなり、図書館を見つけられないでいると少年が声をかけて来た。

「君はジャガナード寺院に入れないよ。展望台に連れて行ってあげるよ」

「それって、図書館の事?」

「図書館は今閉まってるんだ。でもロッジの屋上から同じように見えるから、そこに案内してあげるよ」

インド人の「閉まっている」という言葉ほど信じられないものはない。しかし図書館を見つけられそうにないので、彼にロッジに連れて行ってもらう事にした。

案内されたロッジには、入り口をふさぐように置かれた椅子に女性が座っていて、屋上に上がるのに20ルピー払うように言われた。さすがにここの事はトラベルデスクから何も聞いていなかった。本当にここから寺がちゃんと見えるのかわからないのに、お金を払って中へ入る事を躊躇《ためら》っていると、少年が「満足出来なければお金を返してくれなくていい」と言って私の替わりにお金を彼女に払ったので、そのまま中へ入り、屋上へ上がった。

屋上からの眺めは確かに良く、寺の美しい白い3つのパゴタと、その後ろに建つシカラが間近に見えた。オリッサ州の寺院の外観はどれも本当に綺麗なものばかりだ。中に入れないのは残念だが、どれも外観を見ただけで満足出来る。

少年に20ルピー払い、車に戻るとコング君に聞いた。

「ここのお寺の中に入った事ある?」

「ありますよ」

「いつもあんなに沢山の人がいるの? それとも今日は何か特別な日?」

「普通の日ですよ。いつも沢山の人がいるんです」

「皆、中でどんな事をしているの?」

「ショッピング」

私はまたズッコケそうになった。お祈りをしている、と言わない所が彼らしい。

そこから5分ほど走ると、海とビーチが見えてきた。ベンガル湾に足をつけてみたいと思い、車を降りて浜辺を散歩する事にした。浜辺にも沢山の露店が出ていて、夕暮れ時にもかかわらず、人も沢山いた。この街は人が多くて少し疲れる。

砂浜で脱いだ靴を手に持ったまま波打ち際近くまで行くと、巡礼に来たと思われる、白い布を頭から全身に纏った3人の老女がおぼつかない足腰で立っていた。その中のひとりと目が合うと、彼女はにっこり笑った。しわだらけの顔に浮かんだその穏やかな笑みは、天女の彫像の笑みを思わせた。インドの人々の優しさは、その厚い信仰心からも来ている気がする。

私は海辺の雰囲気を十分味わった後、すっかり満足して帰路に着いた。

ブバネシュバールに戻る途中、プーリーの海辺では雲で見えなかった夕日が見えてきた。私はコング君に車を停めるよう頼み、そこで暫く沈み行く夕日を見ることにした。

鳥のさえずりだけが時折響き亘る緑豊かな田園地帯は本当に静かで、夕日が沈む音が聞こえるのではないか、とすら思う程であった。夕日が豊かな水と緑の木々の色を徐々に変えて行きながら、平和を痛感する静寂の中に溶け込んでゆくかのように、緑の地平線に沈んで行く姿は本当に美しく、全ての自然が一体となった瞬間に思えた。この自然の美しさの前で、生きる上での悩みも苦しみもごく小さな事で、この世に生を受けた事がどんなに幸福なのかを感じずにはいられなかった。

ブバネシュバールの街に戻ると、もう7時半であったが、コング君は他にどこか行きたい所はないかと聞いてきた。もう少し地味なパンジャビードレスが欲しいと思い、そう言うと、ショッピングエリアに連れて行ってくれた。彼は女性ものの服の店など当然知らなかったようで、ゆっくり走りながら通りの両サイドを見て店を探してくれ、ショーウインドウに綺麗な生地の飾られたお洒落っぽいお店を見つけると、言った。

「この店に入ってみますか?」

「待っていてもらっても大丈夫? 随分長い間運転してくれて、疲れているんじゃない?」

彼は私のためにもう11時間以上も働いていた。

「あっしはこの位で疲れたりしませんよ、ハッハッハッ」

彼は車を停めると、言った。

「ここで待っていますからゆっくり買い物して来て下さい」

コング君は本当にいい人だった。車のチャーター料金も、時間制ではないので長く働いても支払い金額は変わらないのに、労力を惜しまずに働いてくれる働き者であった。

その店にパンジャビードレスはあったが、ムンバイの店のように地味でも洗練されたデザイン、というものがなく、結局何も買わないで店を出た。コング君は何も買わなかった私を見て、他の店を探そうとしてくれたが、彼に悪いので、ホテルに戻るように頼んだ。

ホテルに着く少し前に珍しく彼から私に質問をしてきた。

プーリー　シャガナート寺院

「マダムは、結婚しているのですか?」

「独身だけど、あなたは?」

「あっしは来年の二月頃に結婚します」

「そうなの?　おめでとう!」

「多分、ですけどね、多分」

「どうして多分なの?」

「まだ出会って間もないので」〈本当に婚約しているのかな?〉

「彼女はいくつ?」

「21歳です」〈若い!〉

「あなたは?」

「あっしは31歳です」

「随分と年が離れているのね」

「本当は27か28歳位の女性と結婚したかったんですがね、21歳の子しか見つからなかったんです」

〈そんな贅沢な……〉

「それは誰かの紹介?」

「ママの」

　日本だったら、マザコンともとられかねないような言い方が面白くて、噴き出しそうになった。

それに、歳が近いお嫁さんの方がいいなんて、こう見えて意外と現実的だ。

「その人とうまくいくといいね」

「はい」

この結婚は、彼の希望的観測のような気もするが、彼はとてもいい人なので、無事その人と結婚して幸せになって欲しい。別れ際、手をふる私の姿が見えなくなるまで、コング君は相変わらずの人懐っこい笑顔で車の傍に立っていた。

インドに呼ばれて

夕食をホテルのレストランで取ったが、食事中、私の隣のテーブルに2人の男性がやってきて座った。チラッと2人を見ると、ひとりはインド人男性であったが、もうひとりを見た瞬間、あっ、と思った。彼は、ムンバイの空港のエグゼクティブラウンジにいた日本人ビジネスマンだった。彼が同じフライトに乗ってきて、通路をはさんだ斜め後方に座った事は知っていたが、自分が間違った飛行機に乗っていることに気づいた時、そんな事はすっかり忘れるほど舞い上がっていた。そうだ、あの時彼に助けを求めていればよかったのに、と思ったが、すぐにその考えを打ち消した。

ここでの滞在は、彼に助けてもらわなくても十分に素晴らしかったし、助けてもらわなかったからこそ、ここまで素晴らしいものになったのかもしれない。すべてがひとつの見えない力によって、私にとっていちばん良い方向に導かれていったような気がする。その力とは、この地が私を呼んだ力なのだ。出来れば、もう少し優しい方法で呼んで欲しかった所だが。

最初の訪印の時、感じた「インドの呼び声」は自分の好奇心だった、と思った。でも今回の事を通じて、インド自身が本当に私を呼んだのかもしれないと思えてきた。インドは「行く」のではなく、「呼ばれて行く」とそこに多くの感動が待っている。少なくとも私にとってはそんな特別で、不思議な国の気がする。

翌日の午前中、またタクシーをチャーターして、1日目にもう一度明るい時に見たいと思ったリンガラージ寺院と、ムクテシュワラ寺院を廻った。朝の明るい日差しに照らされた寺は、どれもまばゆいばかりに堂々と美しく輝いていて、夜に見た時よりさらに感動した。

その後ドライバーの薦めに従って国立博物館に行った。そこは小さな博物館で、2ルピーという入場料からしても、あまりたいしたものはないだろうと思っていたが、中はインド中のヒンドゥー寺院から集められた神々の彫像があり、どれも期待を上回る芸術的逸品ばかりであった。ひとつ一つ見入りすぎて最後の方は時間が足りなくなり、駆け足で見る事となった。ブバネシュバール観光だけでも最低2日は必要で、全く時間が足りなかった。

ホテルに戻って急いで荷造りをしながら、今日、これからインドを去るかと思うと言いようのない寂しさがこみ上げ、この1週間でインドに対する愛着がとても強くなった事を改めて感じた。

チェックアウトを済ませ、正面玄関に出ると、毎日顔を合わせていたポーターが、職業的なものではなく、彼の人間性を感じさせられる笑顔を私に向けた。私が間違ってこの街に来た事は、フロントマネージャーだけでなく、（なぜか）ホテルのスタッフの多くが知っていて、私の動揺を鎮め、不安を和らげるかのように誰もが親切によく声をかけてくれた。それにどれだけ安心させられ、明るい気持ちになった事か。私は車の後部の窓から、オベロイホテルが見えなくなるまで眺めていた。心の中

ブバネシュバール　リンガラージ寺院

で何度も「ありがとう」とつぶやきながら。

ブバネシュバールの空港で飛行機のタラップを上がる前、名残惜しくてもう一度ターミナルを振り返った。すると、太陽寺院の車輪のレプリカがターミナルの建物についているのに気付いた。ここに着いた時はそれどころでなく、全く気付かなかった。あの美しかった車輪をもう一度思い返し、たとえこの地に2度と戻ってこられなかったとしても、太陽寺院を、神々の微笑みを、ここで出会った心優しい人々の事を決して忘れはしまい、と心に刻んだ。

デリーに到着すると、飛行機の出発時間までまだ4時間あるので、紅茶を買いに街の中心部へ行く事にした。先にフライトのチェックインを済ますために、国際線ターミナル行きシャトルバスの乗り場へ行くと、そのすぐ傍に何台かのオートが止まっていて、ドライバーのひとりが近寄って来て言った。

「国際線行きのバスは行ったばっかりで、1時間後にしか来ないから、オートに乗ってかないか?」

空港でインディアン航空の女性職員に、シャトルバスは30分毎で次は4時に来る、と教えてもらっていたので、それが嘘とすぐにわかった。

「飛行機の出発までまだ十分時間があるし、バスなら無料だからバスを待つわ」

「時間があるなら買い物に行かないか? 安くていい土産物屋に連れていってあげるよ。君が着てるパンジャビードレスのいい店も知ってるよ」

私がいくら断っても、彼はしつこく買い物に行く事を勧誘し続けた。他の街ではこんなことは一切ないのに、デリーにはこういった客引きが多くてうんざりする、と思った。

ようやくそのオートドライバーが勧誘を諦め、私から離れたすぐ後に1台のバスが来た。まだ時間が早い事を疑問に思い、不安げに周りを見ると、目の合ったさっきとは別のオートドライバーが、「これがターミナル行きのバスだ、乗れ」といわんばかりにあごをしゃくって私に合図をした。

緩いスロープを、荷物がカートから落ちないよう、必死に押さえながら下ってバスの傍へ行き、荷物を降ろしてバスに乗せてもらおうとすると、そのバスのコンダクターが言った。

「どこまで行くのかね?」

「国際線のターミナルまで」

「これは、街へ行くバスだよ」〈ええっ!?〉

私は即座にこのバスに乗るように行ったオートドライバーの方を見た。すると、彼は私を見てニヤッと笑った後、悪びれずにそっぽを向いた。彼は知っていてわざと嘘を教えたのだ。人が大変な思いをして重い荷物を運んでいるのを見て面白がるなんて酷い、と腹立たしく思った。

それから15分位してまたバスが来た。すると今度は、しつこく勧誘してきたオートドライバーが私の傍に戻って来て、「このバスだ」と言った。さっきの事があったので、荷物を置いたまま、バスのコンダクターに行き先を確認すると、今度は国際線ターミナル行きだった。安心して荷物を運ぼうとすると、そのオートドライバーがすでに私の荷物をバスの傍に運んでくれていて、バスに積み込むのも手伝ってくれた。どうせチップでも要求するのだろう、と思っていると、彼は私に向かって言った。

「気をつけてお帰り」

そしてまったくチップをねだらずに離れて行った。彼は私がさっき他のドライバーに騙される様子を見て同情し、バスを教え、荷物を運ぶのも手伝ってくれたのだろう。デリーの駅や空港には、インド人に対するイメージがことごとく悪くなるような人もいるが、やはりインド人は優しい人が殆どなのだ。

国際線ターミナルでチェックインを済ませた後、到着階に降りてプリペイドタクシー乗り場に行った。腹立たしくも懐かしいプリペイドタクシー。騙されて頭にきたのが、もう遠い昔の出来事のように思えた。今日は騙されることなくタクシーに乗れたが、またも被害に遭うのだった。

タクシードライバーは20歳位の若い男性で、走りだして少ししてから助手席に座るように言ってきた。私は後ろのままでいい、と言ったが彼が車を止めてまでしつこく言ってくるので、仕方なく彼の隣の席に移動した。再び走り出し、公園前を通った時、彼が言った。

「ここの公園は、皆がデートしてキスしてるんだ。僕は今21歳なんだけど、ガールフレンドを持った事もなく、寂しい毎日を送っているんだ。僕のガールフレンド第1号になってくれない？」

彼の言葉に何か嫌な予感がしたが、その後一切そういった話はせず、ちゃんと紅茶屋に送り届けてくれたので、また空港まで送ってもらう事にした。

空港へ戻る途中に日は暮れ、暗くなった。

「僕は日本人の友達がいないから君が日本人第1号の友達だ。君の写真をくれないかい?」

「今は持ってないから、日本から送るわ」

「じゃあ今一緒に写真を撮ろう」

一緒に撮ると言っても、どこかに車を止めて人に頼まなくてはいけないし、渋滞していてそんな時間の余裕もない。

「写真を一緒に撮るのは無理だから、その替わりにビデオを撮ろう」

そう言って私は鞄の中からビデオカメラを取り出したが、これが大きな失敗であった。彼の姿を撮ってあげると、彼はその映像を見たがった。私が再生をすると、運転しながらそれを見始め、危ないから運転中はビデオを見るのをやめるように言っても「少しだけ、少しだけ」と言って全く言うことを聞かない。そして私が撮った他の映像まで見だし、彼の運転が気が気ではなく、私はハンドルを押さえ、他の車にぶつからないよう前をずっと見ていた。彼はビデオを見終わると、今度は2人の映像を撮ろう、と言い出してきかず、少しだけ撮ると、その映像を見ながら言った。

「今度は君が僕にキスしてくれる画像を見たい」

「冗談じゃない!」

「お願いだよ、お願い」

「運転中は危ないから」

「じゃあ今から僕の家に行こう。僕の家から空港は近いから、この車で送ってあげるよ」

「悪いけど時間がない」

「飛行機は7時半だろ。十分時間はあるよ。僕の家族に君を紹介するから家に連れて行くよ」

僕の家、と言っても本当に自分の家へ連れてゆくのかわかったものではない。断っても、彼は家に連れて行く、といい張り、とんでもないドライバーに当たってしまった、と紅茶を買いに行った事を後悔した。断り続けていると彼が言った。

「じゃあ替わりに何か買ってくれ。そうだ、僕の家は貧しくて、もう2年も新しい靴を買ってないんだ。この可哀想な僕に靴を買うお金をおくれ」

「働いているんだから、自分でお金を貯めて買えばいいじゃない」

「どうしても今欲しいんだ。お願い、お願い、お願い」

彼のしつこさにもううんざりしていた。

「靴はいくらあったら買えるの?」

「1000ルピー」

呆れて車から降りようかと思った。しかしここはハイウェイのど真ん中で、降りるに降りられない。嫌でも彼に空港に連れて行ってもらうしかない。

それからも彼は靴を買ってくれだの、キスしてくれだのしつこく言い続け、私の足を何度も触ってくるので、それをかわしながら、空港ターミナルの明かりを祈る思いで探し続けた。そしてオレンジ色の光に照らされた空港が見えて来た時、ほっと胸をなで下ろしたが、それも束の間であった。

「僕の家はこの向こうで、ここから10分で着くから」

「そんな時間はないから、お願いだから空港に行って頂戴」

「大丈夫。今から僕の家に行くよ。飛行機の時間までにはちゃんと空港に送って行くから」

身の危険を覚え、空港が果てしなく遠くに感じた。この先の分かれ道で空港の方へ入らないようら、力ずくでもハンドルを右に切って空港に行かせるしかない。彼はかなり細い体つきで、何とかそれが出来そうに思え、空港への分かれ道がすぐ前に現れた時、私は身構えた。すると、彼は意外とすんなり空港の方へハンドルを切り、その瞬間、体の力が全て抜ける程ホッとした。

彼はそれからも、私が車を降りるまでしつこく同じ事を言い続けていた。結果的に何事もなかったとはいえ、プリペイドタクシーにはまた被害を被った形になり、プリペイドタクシーはこの旅の唯一の汚点となった。


ターミナル内に入ると、もうすぐに出国手続きを済ませた方がいい時間であったが、アンディに電話するために、公衆電話のブースへ行った。インドの公衆電話は、受付窓口で使用後に使った分だけお金を払うシステム、とアンディに教えてもらっていた。私はあと150ルピーしか持っていなかったので、窓口の女性に尋ねた。

「150ルピーで、オーランガバードと何分位話せますか?」

「5分くらいかしら」

150ルピーあればもう少し話せると思ったのに、インドの市外電話は意外と高い。

私はアンディに電話をした。

「今デリーの空港で、あと30分もしたら飛行機に乗って、アンディが寝ている間に日本につくよ」

「紅茶はどこかで買えた?」

「買えたんだけど、変なタクシードライバーに当たって、ひどい目にあったわ」

「何があったの?」

私はさっきの経緯を話し、もっと他に話さなければいけない事があったのに、このくだらない話に時間を使ってしまった。その事に気づいたのは、電話窓口の女性の、「もうすぐ5分よ」という言葉だった。

「もう電話を切らなくちゃいけないからお礼を言わなきゃ。本当に色々ありがとう」

「どういたしまして」

「アンディ、覚えてる？　これから先、貴方に何か悩み事が起きたら、必ず私にも話して、私も貴方と一緒に考えるから、って言ったこと。忘れないで」

「ＯＫ」

「さよなら、アンディ」

彼は一瞬の間を置いて、最後に言った。

「カヨコ、いつも君の事を思ってるよ」

その言葉に、この間のような切なさとは違う、温かい気持ちに包まれて行くのを感じ、この旅は本当に素晴らしかった、と満足感で一杯になりながら受話器を置いた。と、その時、窓口の女性が大きな声で言った。

「ベリーグッド！　ベーリー　グッド‼」

それはまるで今の私の心の中を読んだかのようなタイミングと言葉であった。驚いて彼女を見ると、不思議なまでににこやかな笑みを浮かべて、私の目をじっと見てもう一度繰り返した。

「ベリーグッド」

その言葉は、１週間のこの旅全てと、私とアンディの友情に対する天からの総評のように聞こえた。

そしてその瞬間、これが紛れもなく、インドが私を呼んだ声の正体だと感じた。

第3章——再会

3度目の訪印

インド旅行から帰国した私は、ホームシックならぬインドシックに掛かっていた。日本の他人事に無関心な都会の人々に虚しさを感じ、貧しいながらも心豊かに暮らし、人への愛情に満ちたインドの人々を思い出してはインドへ行きたいと思った。私はインド旅行から帰国した翌月、会社にリフレッシュ休暇（一ヶ月間、無給で休暇をもらえる）の申請を出し、その申請が通った翌年の2月に、1ヶ月のインド旅行に出かける事にした。

今回は、旅の目的地を仕事では行けない南インドを中心に組み、親友の住むミャンマー（ご主人の赴任先）にも足を伸ばすことにした。

そんな折、ババからメールが届いた。インド旅行から帰国後彼にメールを送り、「メハラ宛に私のパンジャビードレス姿の写真を送った」と書き、最後に「土産の時計は受け取ったか?･」と書き加えた。それに対する彼からの返事に、「時計を気に入って使っている。お礼の品を送りたいので、住所を教えて欲しい」と書いてあったので、「メハラに送った手紙の裏に書いてある」と書いて返信した。今回はそのメールに対する返信であったが、その内容は意外なものであった。

「実は僕はまだメハラから君の時計をもらっていない。気付いていると思うが、メハラは僕の本当の兄ではない。僕が10年前にデリーに出てきた時にメハラに出会って、その時彼がお前は私の実の弟のようだ、と言って可愛がってくれたから一緒に仕事を始めた。でも僕が自分の店を出した事に嫉妬して、君が僕にくれた時計を渡さないだけでなく、君の写真も住所も一切見せてもらえない。どうかもう一度君の写真を僕の新しい店宛に送って欲しい、住所も教えて欲しい」

ババがメハラの実弟とは思っていなかったが、お姉さんの弟でもない事を知り驚いた。初めてババに会った時、メハラの事を「兄だ」とは言わず、お姉さんに会った時、「僕の姉だ」と言ったので、てっきり彼女をババの実のお姉さんで、メハラを義理の兄と思い込んでいた。実際は彼らは赤の他人だったのだ。

しかしババは前のメールの中で、「時計を受け取った」と書いていたのに、どうして今になってもらっていないと言い出したのか、本当にメハラはババに嫉妬して時計を渡さなかったのか、なぜババは長く一緒に働いてきたメハラと袂を分かち、気まずくなってまで新しい店を出す事にしたのか、と次々に疑問が浮かんだ。この事実関係をデリーではっきりさせようと思った。

デリー行きＪＡＬ４７１便は今回も空《す》いていた。通路を挟んだ隣の席に、サリーを着たインド人女性が座っていて、私は彼女が着ているサリーがずっと気になっていた。１枚の布をどうやってこんな風に綺麗に体に巻きつける事ができるのか。しかも、ちっとも着崩れしていない。私は食事の後、思い切って彼女に話し掛けてみた。

「そのサリー、とても素敵ですね。着るのは難しいですか？」

「いいえ、ちっとも難しくないわよ。プリーツの作り方さえマスターすれば、あなたも簡単に着られるようになるわ」

「既成のプリーツがついたサリーは売っていないのですか？」

「あるけど、値段が高いし、一般的ではないわね」

「インディアン航空の乗務員の女性達がサリーを着ていましたが、あれは既成のプリーツのサリーですよね」

「いいえ、あれは既成ではないと思うわ」

「ええっ、あの忙しく動き回って働いているのにちっとも形の崩れないプリーツが!?」

乗務員がどれだけ体を動かして働くか、わかっている私には信じられない事であった。

「プリーツの作り方を教えてあげましょう」

彼女は笑いながらそう言って機内の毛布を手に取り、私にも手に持つように言った。

「まず小指と親指で布の端を持って、それからプリーツの幅を決めて中指と人差し指で布を挟み、交互に布を折りたたむ」

彼女のする通りにやってみたが、うまくいかない。しかし、何回か練習するうちに、プリーツを作る指使いがわかってきた。彼女は、私が持っているガイドブックに書いてあるサリーの着方が、「ちょっと違う」と言って本に書き直し、口でも説明してくれた。今回はサリーに挑戦してみようと思っていたが、彼女に教えてもらった事で一層その決心が固くなった。

私はその後も彼女と色々話をした。50歳位の女性で、家も会社のオフィスも日航ホテルの近くなので、いつでも連絡を頂戴、と言って名刺を下さった。

飛行機は定刻に着陸した。インド旅行も2回目となると落ち着いて事に当たれ、プリペイドタクシーにも騙されず、無事日航ホテルに着いた。ホテルでチェックインの際、一通のメッセージを受け取り、それは前回、インディアン航空の機内で出会った「生まれ変わり」説のモディ氏からであった。彼は初めて会った時以来たびたびメールをくれ、私は彼を「ヴィネイ」とファーストネームで呼ぶようになり、今回デリーに行く事も知らせていた。彼からのメッセージは、ホテルに着いたら連絡を欲しいとの事だったので、早速電話をし、明日の1時にホテルのロビーで会う事になった。

翌朝、時差で早く目が覚め、窓の外を見ると丁度朝日が昇って来るところであった。空が赤く綺麗で、その様子をビデオに撮りながら、この1ヶ月間、一体どんな映像をこのビデオカメラに収めてゆくのだろうかと楽しみに思った。

朝食後、ジャイプールへ行く切符を買いにニューデリー駅へ行った。約1年ぶりに来た駅は、以前より整備され、大きな英語の案内表示板も出来ていた。嘘つきインド人は誰ひとり私に声を掛けてこなかった。彼らはこの駅に慣れていない旅行者を狙い打ちするのだろう。

切符を買うのも2回目なので問題なく事が進み、何もかも順調、と思った矢先に水を注《さ》された。ジャイプールまで往復シャタブディで行く事を希望していたが、帰りの予約が一杯で取れないと言われた。窓口の女性に、他の列車は時間がかかりすぎるので、デラックスバスで帰ってくる事を勧められ、そうする事にしたが、何事も思うようにいかないこの国の事。不安が残った。

その後メハラの店へ行った。2ヶ月半ぶりに会った彼は髪を短く散髪していて、すっきりとした感じになっていた。彼に会う前は時計の事がずっと気になり、会ったら開口一番に聞こうと思っていたが、いざ会うと、このメハラが時計を盗ったりするはずがない、何かの行き違いだろうと思え、時計の事を切り出す気が失せてしまった。

「今日はお願いがあります。是非サリーを買って着てみたいと思っているので、貴方の奥さんにそれを手伝ってもらいたいのですが」

「彼女はサリーを着ないから着方を教えることはできないけど、彼女の友人でサリーを着ている人がいるから、着方はその人に教わるといい。サリーはオールドデリーに行けばきっと気に入る物が買える。彼女と一緒に行くといい」

お姉さんはインド人なのにどうしてサリーを着ないのだろう、カーストと何か関係があるのだろうか、と思った瞬間、ハッとその心当たりが浮かんだ。初渡印の後、カシミール紛争について知った時、カシミール人の多くがイスラム教徒である事を知り、ババ達もイスラム教徒かもしれないと思った。インドは人口の1割がイスラム教徒で、1億人という大勢のイスラム教徒が暮らしている。イスラム教徒であるならインド人であっても、女性は肌を露出するサリーは着ないと考えるのが妥当だ。メハラに聞いた。

「あなたがた一家はイスラム教徒?」

「ああ、そうだよ」

やっぱり、と思った。

「サリーを着ないのに、サリーを買う手伝いを頼んでも差し支えないでしょうか?」

「問題ないさ。今から家に行こう」

そう言うとメハラはすぐに立ち上がって階段を降り始め、私も彼の後に続いた。

家にはお姉さんはおらず、ナハナーズと次男がいた。ナハナーズは私の顔を見るとすぐに誰だかわかり、飛びつくように抱きついてきた。暫くしてお姉さんが戻って来て、快くサリーを買いに連れて行ってくれる事を承諾してくれた。

お姉さんにカシミール女性はどんな服を着るのかと尋ねると、アルバムを持ってきて、カシミールでの結婚式の写真を見せてくれた。女性はパンジャビードレスに似た長袖の服を着ているのだが、色も明るく華やかな柄で、大ぶりのアクセサリーをつけ、とても綺麗に着飾っていた。花嫁は皆よりいっそう豪華に飾りのついたドレスを着て、沢山の金のアクセサリーを身につけていた。カシミール地方のイスラム教徒はどこもこの位派手に着飾って結婚式を挙げるらしい。ムスリム（イスラム教徒）女性は、黒装束の下は派手な服を着ている、と聞いた事があるがやはり派手好きのようだ。私が仕事でクエートに行った時、シャネルのブティックで黒装束の女性達がシャネルのあの大ぶりで派手なアクセサリーをいくつも買っているのを見て、地味なイメージとあまりに違って驚いた事があった。

メハラは、ここで昼ごはんを食べてからオールドデリーに買い物に行けばいい、と言ってくれたが、ヴィネイとの約束があったので、4時頃戻ると言って家を出た。ババの店にはサリーを買いに行った後に行く事にした。

サリーに初挑戦

ホテルに戻りパンジャビードレスに着替えてロビーに降りると、既にヴィネイがラウンジのソファーに腰掛けていた。仕立ての良い高級そうなスーツを着ていて、前回飛行機の中で会った時より一層裕福そうな印象を受けた。再会を喜び合って握手を交わした後、彼が言った。

「どこかに昼ごはんを食べに行くかい、それとも私の家で何かご馳走しようか？」

彼は独身と聞いているので、家に行くのは躊躇《ためら》われた。

「どこかこの辺でいいレストランを教えてください」

「じゃあ私の家はまたの機会にしよう。ところで明日、夕食も一緒に取れるかな？」

「明日はジャイプールへ行くので、残念ながら無理だと思います。ジャイプールから帰りの列車の切符が取れなくてバスで帰ってこようと思っているので、何時に帰るかもわからないですし」

「バス？　飛行機で帰ってくればいいじゃないか」

「飛行機は高いし、車窓からの景色も楽しみたいので」

その言葉に彼は返事をせず、携帯電話を取り出すとどこかへ電話をかけ、英語で言った。

「明日のジャイプール発デリー行きの夕方の便は何時があるかな？　よろしい、じゃあそのチケットを1枚取って、日航ホテルに届けてくれ」

私は慌てた。1ヶ月に及ぶ旅行なのでお金を極力節約しようと思っているのに、こんなところで飛行機を使うなんてとんだ無駄遣いだ。すぐにキャンセルしてもらわなくては、と思っていると、電話を切った彼が言った。

「私は旅行代理店も経営しているから電話一本ですぐにチケットが取れるんだ。往復で8時間も電車に乗るなんて時間の無駄使いさ。景色は行きの列車の中で楽しんで、帰りは飛行機でさっと帰ってきた方が絶対に楽さ。チケットは私がプレゼントするよ。明日、私のドライバーを空港に迎えにやらせるから、それから食事へ行こう」

お金があるなら彼の言う事は100パーセント正しく、チケットをプレゼントする、という言葉は、バスで帰ってくる事に不安を抱《いだ》いていた私にとって魅力的な申し出であった。彼と明日食事をするには飛行機で帰ってくるしか方法はなく、独身でお金持ちの彼にとって短距離フライトの片道チケット代など、はした金に過ぎないだろうと思い、厚かましいがここは好意を素直に受けさせてもらう事にした。

「よし、これで明日の予定も決まりだ。それじゃあランチに行こうか。コンノートプレスに私の経営するイタリアンレストランがある」

本業の他に、旅行会社、レストランといったいこの人はいくつ会社を経営しているのだろうか。初めて会った時、成功した実業家らしいと思ったが、「成功した」ではなく、「かなり成功した」実業家で、私の想像以上の人物なのかもしれないと思った。

彼の高級車に乗ってレストランに向かう途中、私は尋ねた。

「ヴィネイは一体、いくつ会社を経営しているのですか?」

「本業以外では、レストランはデリーに3軒、ボンベイに2軒、イタリアに1軒、航空会社、旅行代理店……」

彼の答えは長々と続いた。驚いたが、同時に全て本当の話だろうか、インド人のことだから少し大げさに言っているのでは、と少し懐疑的にもなった。しかしその話は全て本当で、彼がとてつもなく金持ちである事を、私はじきに知るのであった。

コンノートプレスはニューデリーの中心部にある高級ショッピングエリアである。そこにあるヴィネイの経営するイタリアンレストランは、彼の本業がガラスの会社という事がうなずける、ふんだんにガラスを使った、欧米によくあるモダンでスタイリッシュなレストラン、という感じであった。インドではお目にかかった事のないような綺麗な店で、こういった店をオープンすること自体、まだないものを逸速く取り入れる彼のビジネススタイルを感じる。

店に入るとレストランの責任者らしき男が飛んできて、私達をテーブル席ではなく、すわり心地の良いソファーのあるラウンジ席に案内した。そこでの食事は美味しかったが、「外国にあるイタリアンレストラン」という域を出ておらず、やはりインドではカレーを食べている方が美味しい。

食事が終わると彼が言った。

「これから何か予定はあるのかね?」

「インド人の友人女性にオールドデリーにサリーを買いに連れていってもらって、その後サリーの着方を習う予定です」

「丁度すぐこの近くにいいサリーの店があるんだ。オールドデリーよりずっと質のいい物が売っているから見てみるといい」

彼はそれからコンノートプレス内にある「グリーンウェイズ」というサリーのお店に連れて行ってくれた。しかし連れて来てもらったはいいが、サリーの事など何もわからず、きょとんとして立っていると、ヴィネイが女性店員に何かを言い、その後彼女が私に尋ねた。

「サリーの色と素材はどんなものがお好みですか?」

「明るい色のもので、シルクがいいです」

前回の訪印の際、ウメシュに連れて行ってもらった土産物屋で、シルクサリーを職人が織っているのを見て、その美しさにサリーを買うなら絶対にシルクと決めていた。店員はすぐに何枚かのサリーを出してきて、どれもシルク独特の光沢があり、綺麗な織り柄が全体に入っていた。特にショールとなる部分の柄はとても華やかで美しく、目を見張った。

私が明るい桃色のサリーを試着させて欲しいと頼むと、店員は紐を持ってきて私の腰に縛りつけた。

そしてサリーをその紐に挟み込み、器用にプリーツを作って簡略に着せてくれた。

馬子《まご》にも衣装とはよく言ったもので、そのサリーの美しさに、鏡に写った自分がとても素敵に見えた。これはちゃんと着たらさぞかし素敵に見えるだろう、と楽しみになった。それから他の２枚も試着してみると、どれも申し分ない程綺麗だったが、何か「これ」という決め手を感じなかった。

「赤い色の物はありますか？」

私がそう言うと、また別のシルクサリーを３枚持って来た。その中にひと際目を引いた深いワインレッドのサリーがあり、それを見た瞬間、「この色だ」と思った。試着させてもらうと、予想通り私の肌色に良く合い、顔映りを良く見せた。

「それが一番よく似合ってますね」

店員は即座にそう言い、ヴィネイも褒めてくれた。しかし、初めに着た桃色のサリーの方が若向きなような気もして迷っていると、ヴィネイが言った

「どっちか１枚をプレゼントするから、もし両方気に入ったのならもう１枚を自分で買ったらどうだい？」

２つのサリーの値札にはそれぞれ５５００ルピー、５８００ルピーと書いてあり、こっちのお金では大金で、ケタキが教えてくれたサリーの値段のいちばん高い金額のランクであった。

「お気持ちは嬉しいですけど、買って頂く理由がないので」

「私の唯一の日本の友人が、私の国を訪ねてくれている。記念にサリーを買ってプレゼントしたいんだ。さあ、早く決めなさい」

友人というより、父親が娘を急き立てるような口調で言われ、また好意に甘えさせてもらう事にしてしまった。買って頂くのであればヴィネイが褒めてくれた方にしようと思い、ワインレッドのサリ

ーに決めた。彼は財布を取り出し、唸るように沢山入ったお札の中から5500ルピーを取り出して払った。物価の安いこの国で、こんな大金を財布に入れて持ち歩いているなんてびっくりしてしまう。

サリーを着るには下に着るブラウスとペチコートが必要で、それも一緒に買おうと店員に尋ねた。

「ブラウスとペチコートは売っていますか？」

「この生地の中にブラウスの生地が含まれています。それをブラウスに仕立てて下さい」

「ここでブラウスに仕立ててもらうことは出来ないのですか？」

「ここでは出来ないので、仕立屋に持って行って作ってもらって下さい。そこでペチコートも手に入ります」

ブラウスもペチコートも既成のものを買うとばかり思っていた。仕立屋に持って行け、と言われてもどこにあるのかわからない。

「どこか仕立屋さんを知ってますか？」

ヴィネイに尋ねると、彼は店員に仕立屋の住所と電話番号を書いてもらい、私に渡した。

「ここにそのサリーを持ってゆきなさい。5、6ドルくらいで仕立ててくれるよ。友人女性に一緒について行ってもらうといい」

初めての事ばかりで何が何だかよくわからない。しかもサリーを売っている店でブラウスの仕立てを頼めない、というのも腑に落ちない。サリーを着ないお姉さんに仕立屋に着いて来て貰っても、ブラウスの事はわからないだろうし、ひとりで行った事もない仕立屋に行って、ちゃんとブラウスを作ってもらえるだろうかと不安に思った。

店を出た後、ヴィネイはもう会社に戻らなくてはいけないとの事で、私は彼にもし会えたら渡そうと思って買っていたブルガリのコロンを取り出した。彼が私に買って下さったものを考えると、気のひけるようなちっぽけなお返しだった。

「貴方はこんな物、いくらでも手に入ると思いますけど、今日のお礼に受け取って下さい」

「プレゼントは何をもらうかでなくて、誰にもらうかで嬉しさが決まる。君にもらったこの香水は君にもらった、という価値がある。他のどこを探しても手に入れる事は出来ない」

ヴィネイの言葉にはいつも妙に納得させられてしまう。インド人は頭がいいとよく言われるが、インドにいるとしばしばそう感じる。特にその合理的なものの考え方に、頭の良さを感じずにいられない。しかし、皆こんなに頭がいいのにどうしてこの国は貧しいのだろう、と常々疑問に思う。

ヴィネイと今晩も夕食を共にする約束をし、日航ホテル前で別れた後、ひとりオートで仕立屋に向かった。ドライバーに住所を渡し、連れていってもらった店に入ると、男性店員が私をじろっと見た。何かきまり悪い思いをしながら尋ねた。

「あの、ここでサリー用のブラウスを作ってもらえますか？」

「ここではブラウスは仕立ててないが、既成のものならあるよ」

それは話がちがう。もしかすると店が違うのかもしれないと思い、店の名前と住所の書いてある紙を取り出し、店員に確認した。

「ああ、これはこの裏通りにある店だよ。店の番号が64と書いてあるだろう。その番号で探すといい。」

いい加減なオートドライバーめ、と思いながらその店を出て、教えられた道とは言えないような道を通って裏通りに出た。そこはあのコンノートプレスにある高級サリーショップが紹介したお店があるとは思えないような、小さく古めかしい店が軒を連ねる場所であった。まさしく地元庶民が利用するような所だ。こんな場所で着たこともないサリーを持って、来たこともないお店を探しているというのも、なんだかすごい冒険をしているかのように思えた。

どの店も手書きの看板に店の名前と店番号が書かれていて、それを頼りに教えられた仕立屋を見つける事が出来た。しかし、そこは小さな店で扉もなく、本当にここでちゃんとブラウスを仕立ててくれるのだろうかと心配になった。中に入ると、カウンターに前かがみにもたれかかっている、髭を生やした店主が眼鏡をずらし、上目遣いに私を見た。何かもの珍しいものを見るようなその目つきにめげそうになったが、ここはインド。気後れしていては何もできない。

「サリー用のブラウスを作って欲しいのですが」

彼は体を起こし、眼鏡を掛けなおしながら言った。

「サリーを見せてもらえるかな」

サリーを渡すと、彼はそれを広げ、布地の端を示しながら言った。

「この部分がブラウス用だね。サイズはわかるかい?」

「いいえ。初めてのことなので」

「じゃあ採寸しよう」

彼はメジャーを取り出し、私の体に当てながらいくつかの質問をしてきた。「袖はどのくらいの長さがいいかい?」、「袖は長めと短めとどちらが好きかね?」、「着丈はどの辺がいいかい?」、「背中のあき具合は?」

半袖の袖丈など適当で、聞かれると思っていなかった。よくわからないので、「標準的」という長さにしてもらった。サリーを着ている女性のブラウスの着丈、背中の開き具合が実にさまざまである事はいつも感じていて、着丈は短めの方が、背中の開き具合は深めの方がセクシーだが、高級サリーを買ったのでここは上品に、着丈も標準的長さで、背中の開き具合は少し浅めにしてもらった。ペチコートも必要かと聞かれたので、「はい」と返事をすると、彼は私の腰から踵までメジャーを当て、サイズを測りながら言った。

「背が高いね、君は。こんなに長いペチコートを作った記憶がないなあ」

確かにインドはあまり背の高い女性がいない。この仕立屋一長いペチコートを作ってもらうというのも、光栄というべきか。

採寸が終わると、胸元のカットのデザイン画を見せられ、選ぶように言われた。チャイナ服のようなカラー、大きく丸く開いたカット、四角いカット、六角形の半分、花びらのようなカットなど20種類位あって迷った。初めて着るものなのでとりあえずオーソドックスな形にしておこうと思い、店員に訊いて六角形の半分の形を選んだ。

「あと、このサリーはシルクだからブラウスに裏地をつけたほうがいいのと、ショールの部分は裏側に出ている糸がひっかからないように、そこだけネットを普通張るのだけど、どうする？」

シルクだから汗染みが出来ないようにちゃんとブラウスに裏地をつけると知り、感心した。サリーの肩から後ろに長く垂らすショールとなる部分は、模様が沢山入っている分、糸が多数裏側にわたっていて、ここにひっかかり防止のネットが必要というのは頷けた。両方をお願いすると、彼はレシートを記入し出し、漸く全てが終わったようであった。ここまでのやりとりに結構時間がかかり、緊張に店内の蒸し暑さも手伝って、汗を掻いていた。

「全部で800ルピーです」

レシートを書き終わった店員が言った。ヴィネイは5、6ドル（250ルピー前後）と言っていたし、インドの物価を考えても高く感じた。外国人が高級なサリーを持って来たのでぼられているのではないか、と疑ったが、ヴィネイは男だから裏地やネットのことまで知らなかったのだろうと思い、その金額を払った。今日中には仕上げられないとの事で、明日の夜にホテルに届けてもらう事にして店を出た。初体験の事ばかりで緊張したが、うまく行ってホッとした。

店を出るともう4時半で、急いでオートでメインバザールに向かった。メハラの家に行くと、パンジャビードレスを着た私を見て、お姉さんとナハナーズは大層驚き、まじまじとドレスを見ながら言った。

「綺麗なドレス！　とっても貴女に似合っているわ。高かったんじゃない？　何処で、いくらで買ったの？」

「ボンベイで、2500ルピー位で買いました」

「2500ルピー!?」

「高いですか？　初めて買ったので、相場がよくわからなかったんだけど」

2人はそれについて何も言わなかった。お姉さんは立ち上がって大きな声で言った。

「それじゃあ今度は私がカシミールドレスを見せてあげるわ！」

彼女はクローゼットを開け、そこから取り出した服は、目にも鮮やかな真っ赤なドレスであった。

〈やっぱ、派手だ。ムスリム女性〉

その瞬間、確信した。そのカシミールドレスはパンジャビードレスと似ているが、生地が厚く、七分袖であった。ムスリム女性は半袖も着ないようだ。お姉さんはそれに着替え、髪をアップにして服と同じ色の赤い口紅をつけた。やっぱり彼女は綺麗で、思わず見とれてしまった。

私はナハナーズも誘い、3人でオールドデリーへ出かけた。お姉さんが通りでオートを捕まえようとしたが、ドライバーは彼女と話すとすぐに首を振って行ってしまう。最初はもう夕方だからドライバーは渋滞するオールドデリー方面には行きたくないのか、と思ったが、どうやらお姉さんの交渉金額が安すぎて値段の折り合いがつかないようであった。彼女は喧嘩ごしの強い口調でドライバーと交渉するので、美人だけに少しきつく見える顔立ちが一層キツイ顔つきになり、「気迫」というか「鬼迫」の交渉といった感じになる。それから10分以上探し続けて、漸く交渉が成立したオートに乗ってオールドデリーに向かった。

オールドデリーのショッピング街でオートを降りると、お姉さんはドライバーに40ルピー支払った。40分もかかったここまで、たった40ルピーで交渉成立させた事に驚いた。私などメインバザールから10分の日航ホテルまで20ルピー払うのに。さすが「鬼迫」のお姉さん。

オールドデリーのショッピングエリアは、ニューデリー駅前のメインバザールとは比べ物にならない程大規模で、渋谷駅前の交差点のような人ごみであった。

お姉さんについて歩いていると、ひとりの男が私たちに声をかけて来た。お姉さんは彼を最初は無視していたが、暫くしてから話し出し、彼に店に連れて行ってもらうことになった。こんな客引きに付いていっても大丈夫だろうか、と思いながら連れて行かれた店は、表通りから奥に入った所にあり、同じような生地屋が何軒も軒《のき》を連ねていた。どれもヴィネイに連れて行ってもらった店とは全く違い、ショーウインドウもなければ扉もない大衆的なサリーの店であった。

私たちが店に入ると、絨毯の上にあぐらをかいて座っていた店主が立ち上がり、お姉さんに話しかけた。サリーを買うのが私だとわかると、英語でどんな色のどんな素材の物がいいのかと聞いていた。シルクがいいと答えると、彼はサリーを何枚か取り出して言った。

「シルクはないが、これはクレープシルクで、デザインも色もいいだろう。どうだい?」

クレープシルクとはどんな素材の物なのかよくわからなかったが、シルクに近い手触りと光沢があった。私はその中からモスグリーンで、ショールの部分に房がついている、一風変わったデザインのものを試着させてもらった。派手さや高級感はないが普段着にいい感じで気に入り、850ルピーで買った。その際、もしかしたら、ここではペチコートやブラウスも売っているかもしれないと思い、尋ねた。

「ペチコートとブラウスは売ってますか?」

「それはこの先の店で既製品が売っているから、そこで買えるよ」

やはりサリーの店では、ブラウスとペチコートを手に入れることは出来ない。サリーを買いに行けばその店で全てを取り計らってくれると思っていたが、インドはカーストで仕事の区分が細かく決められているためか、何もかもをひとつの店が取り計らってくれるわけではないのだ。サリーを売る店は布地を売るだけ、ブラウス等の縫製が必要なものは、自分で仕立屋を選んでやってもらう、既製品のブラウスやペチコートはそれを売る専門の店がある。その事がよくわかった。

それから既製のブラウスが売っている店に行き、お姉さんがサリーと同じ色のベルベット調のブラウスとペチコートを見つけてくれた。値段を若い店員に尋ねると、英語で「800ルピー」と答えた。確かにそのブラウスは特殊な生地で作っているし、大きく開いた胸周りにはかわいい刺繍が施されていたが、800ルピーと言えばさっき買ったサリーと同じ金額だ。高い、と思った瞬間、お姉さんがオートドライバーとの交渉にも増した剣幕で彼に何かを言い出した。値段交渉をしてくれているのだと思い、2人のヒンディー語での言い合いの行方をじっと見ていたが、値段交渉というよりまるで喧嘩しているかのようで、声高な言い合いが続いた後、お姉さんは怒ったように、私のサリーが入った袋に店員が勝手に押し込んだ、ブラウスとペチコートを摑んで返そうとした。すると彼は英語で言った。

「OK、OK。450ルピー」

一気に半額近くになって驚き、まだ少し高いような気もするがそれでいいかと思っていると、お姉さんはちらっと私の顔を見た後、まだ高いと思っているのを察したかのように、「鬼迫」の勢いを増して店員と激しく言い争い出した。双方譲らない喧嘩ごしの交渉に私は呆気に取られ、まるで他人事のように2人の様子を眺めながら、十数年間アジアの諸外国で培ってきた私の値段交渉術など、これに比べたらまだてんで子供のようなレベルだと思った。

お姉さんが再度、ブラウスとペチコートを摑んで返そうとすると、彼はそれを遮りまた英語で言った。

「OK。350ルピー」

私はすごい、と思ったが、お姉さんは私の顔を見もせずまだ何かを言い続け、ついには振り上げた指先から稲妻でも呼び寄せそうな剣幕になってきた。インド人女性は普段は物静かでおとなしそうに見えるが、内に秘めたる感情は激しく、ここぞと言う時には、日本人女性よりよっぽど喜怒哀楽をダイレクトに表現するものなのかもしれない。

「ラストプライス。300ルピー」

店員が開き直ったように言ったその言葉にお姉さんは私の顔を見た。私は即座にそれでいい、と言った。これ以上交渉したら、彼もじゃあ売らない、と言いかねない。300ルピーを出すと、彼は少しふてくされた顔でそれを受け取り、すぐにどこかへ行ってしまった。

店を出ると、お姉さんは英語で言った。

「始めに800ルピーなんて言って、とんでもない奴だわ。300ルピーにまで下げられるなんて」

お姉さん、そりゃあ、あなたのあの稲妻の鬼迫で詰め寄られたら、誰でもビビって300ルピーで売ってしまいます、と心の中で思いながら、

「お陰で安くて買えてとてもラッキーです。ありがとうございました」
と言うと、彼女は満足気ににっこり笑った。目には目を、歯には歯を、インド人にはインド人をか（ちょっと意味は違うが）、と思った。

その後、通りかかった店でオレンジ色のサリーを買った。それもクレープシルクとやらで、350ルピーという値段のわりにとても綺麗で気に入った。お姉さんもメハラと息子達の洋服を買うのに何軒かの店を廻ったが、あの稲妻交渉は他ではみられず、普通に交渉し、気に入っても350ルピー以上だと諦めていた。その様子を見て、彼女が私のパンジャビードレスの2500ルピーという値段を高いと思った事を知り、そんな服を着てきた事を後悔した。

オールドデリーは時間が遅くなるにつれて一層人が増えた。ナハナーズは私の買い物袋を全て持ち、はぐれないように何度も振り返ってくれる、両親に似て優しい子であった。途中から彼女と腕を組んで歩き、店を見ながら話しているうちにすっかり仲良くなった。

ここには、同じ種類の店が同じ所にかたまってあった。靴屋の周辺は靴屋ばかり、サリーショップの辺りはサリーショップばかりで、これもカーストと関係するのか、買い物をする方としては便利だ。香辛料や米などの食べ物の店から日用雑貨に至るまでの実に様々な店があり、値段も格段に安くて、ここで買い物をしていたら1日いても厭《あ》きないだろう。コンノートプレスよりずっと楽しかった。

帰り道はかなり渋滞していて1時間かかり、メハラの店に着いたのはヴィネイとの約束の時間の8時を過ぎていた。もうクタクタな上、汗と埃で汚れたままこれから食事へ連れていってもらうのは気が引け、電話屋からヴィネイに電話をし、謝って今日の食事の約束をキャンセルさせてもらった。

メハラの店へ戻ると、家族全員と店員が集まって座っていて、私もその輪に加わって、お姉さんの稲妻値段交渉の話や買い物の話を楽しくし、9時半になった所で帰ることにした。

メハラは私と一緒に店を出て、いつものように通りでオートを捕まえてくれた。

「じゃあまたあさって、来ますね」

そう言ってオートに乗ろうとした時だった。私の名前を呼ぶ声が聞こえ、突然、メハラの背後から人が現れた。それは何と、ババだった。

時計の行方

ババは、割り込むようにメハラの前に立つと、真顔で言った。

「いつ来たんだい?」

「昨日来たの」

「どうして僕の店に来てくれなかったんだい?」

「店の場所がよくわからなくて」

「今から時間、少しある?」

「今日はもうホテルに帰るところなの。あさっての午前中にまたここに来るわ」

「少しでいいんだ。店に来てお茶でも飲んで行ってくれ」

「ごめんなさい。今日はもう疲れてるから」

「じゃあ、車で送るよ。今鍵をちょうど持ってる」

彼が車など持っているはずがなく、疑わしいと思った。

「もうオートを捕まえてもらったから、このオートで帰るわ。ごめんなさい。明後日にまた来るし、その時には必ず寄るから。それじゃあまたね」

ババは不満そうな顔をしていたが、私はオートに乗り込み、2人に手を振った。

走り出したオートに揺られながら、ババに悪かったかな、と気になった。正直、時計の事をメハラに切り出せなかったので、彼に対してばつが悪かったのだ。

と、その時だった。ごった返す道の曲がり角でスピードが落ちた所に、突然、ババがオートに飛び乗って来た。

「お願いだ。僕の話を聞いてくれ」

私がびっくりしていると、ドライバーがオートを止め、ババに向かって怒鳴った。

「おい、降りろ。お前が降りなきゃ動かないぞ」

ドライバーはメハラの店の前での、私とババの会話を聞いていたのだろう。

「ホテルに着くまででいいんだ。お願いだから僕の話を聞いてくれ」

私は困ってしまった。話がホテルに着くまでに終わるとは思えないし、込み入った状況の話をされるには疲れすぎていた。

「早く降りろ、って言ってるのがわからないのか！」

ドライバーは運転席から降り、ババの腕を摑んだ。

「カヨコ、ドライバーに僕もホテルまで一緒に乗っていってもいい、と言ってくれ」

ドライバーもなかなか親切な男だ。私はババの必死な目を見て観念し、ドライバーに言った。

「彼も一緒に乗せてゆくわ」

「いいのかい？」

ドライバーはババの腕を放し、運転席に戻った。

「はい」

「メハラに時計の事は聞いてくれた？」

「メハラにはまだ何も聞いてないし、メハラもババの事は何も言わなかった」

「僕はメハラが君に何か僕の悪口を言って、君が僕の事を嫌いになって店に来てくれないんじゃないかって心配してたんだ。だから今日、メリディアンに行ってホテル前でずっと君を待ってたんだ」

「私がデリーに来ている事、知ってたの？」

「メハラの息子が僕に知らせに来てくれたんだ」

「一体メハラと何があったの？」

「彼は僕の店にやきもちを焼いて、もうお前は俺の弟じゃない、って言ったんだ。君の写真と時計をメハラの所にもらいに行った時も、もう弟じゃないお前にどうして時計をやらなきゃいけないんだ、って言ってどんなに頼んでもくれなかった。じゃあせめてカヨコの写真だけでもくれって頼んだんだけど、写真も住所も見せてもくれなかった。悲しくて、くやしくて、店に帰って泣いてしまった」

「でも私に送ってきたメールに、私があげた時計をすごく気に入っているって、時計を受け取ったかのように書いてたじゃない。時計を受け取ってなかったのなら、どうしてそんな風に書いたの？」

「時計と写真の事が君からのメールに書かれているのを読んで、その場でお礼を書いてからメハラの家に取りに行ったんだ。そしたら彼は時計も写真も渡してくれなかった」

彼のように自分のパソコンを持ってない人が、インターネットカフェでメールを読んだついでに、お礼を先に書いてしまったことは考えられた。

「メハラはどうして時計を渡さないのかしら？　それはババが店を出した事とは関係ないと思うんだ

けど。ババに渡してくれって頼んだんだから、それが嫌だったのなら、あの時私に自分で渡してくれって言えばよかったのに。それに何らかの理由でまだ渡していなかったのなら、今日時計を私に返す事も出来たはずなのに」

「すべてはメハラの僕に対するジェラシーから来てるんだよ。僕が店を出せたことは神の意思であって、僕が神に祝福されて出来たこと。その事にメハラは嫉妬しているんだ」

〈かなりイスラム教思想が入っているなあ〉

ババの話をそこまで聞いたところでオートはホテルに着いた。私はもう少し彼の話を聞いたほうがよさそうだと思い、ホテルのラウンジで話の続きを聞く事にした。

「それであなたはどうしたいの？」

「君が僕のために買ってくれた時計を取り戻したいんだ」

「本当に時計を持っているのはメハラなの？」

「神に誓って」

ババが神に誓うなら本当だろう、と思えた。

「でも、もし私がメハラにそのことを話しても、彼はバツが悪くて本当の事を言わないかもしれないし、私にはどうしても、彼が焼きもちだけでそんな事をする人とは思えない。でもその理由を私には話さないかもしれないし」

「メハラはいい奴なんかじゃない！」

何だか私の知らないうちに2人の間に随分大きな溝が出来てしまったようだった。時計の事が彼らの関係をさらに悪化させてしまったのなら、私にも責任がある。

「仮にメハラが時計を返してくれたら、これからはメハラと仲良くできる？」

「それはメハラ次第だな。あっちがもうお前は弟じゃないって言って突き放したんだから」

「とにかくあさって一緒にメハラのところへ行きましょう。あなたを前にしたら彼も嘘はつけないだろうし。事実を確認した上で時計を返してもらうから。明後日、メハラの店に行く前に電話を入れるわ」

「わかった。そうしよう」

私が初めてインドに来た時に撮った2人一緒の写真は、まるで実の兄弟のように仲良さげに写っていたのに、今こんな風に仲がこじれてしまっていることがショックだった。話を聞いたからには、2人の仲を少しでも修復出来るように、やれるだけの事はやってみようと思った。

ババが帰った後、フロントにヴィネイの旅行代理店から飛行機のチケットが届いている事を知らされた。それを受け取って部屋に戻りながら、デリーの滞在を1日延ばそうと思った。メハラとババとの話し合いに時間がかかりそうだし、何よりヴィネイに、買ってもらったサリーを着て見せたく、それにはもう1日必要だった。私はこの事を次の滞在先のオーランガバードで、私を待っているアンディに伝えるために電話をした。その際、メハラとババの話もすると、彼は言った。

「なんだかうさんくさい話だなあ。危険な気がする。関わらない方がいいんじゃないか？」

「どうして私が危険？」

「だって、結局その時計はメハラが盗ったって事だろう。もし、もう持ってないとしたら？　彼がどんな行動に出るかと思って」

「大丈夫よ。メハラはそんな人じゃないから。それに私は2人を仲直りさせたいの」

「とにかく気を付けて。危険な事はしない、って約束してくれ」

アンディらしい言葉であった。

事実は小説よりも奇怪なり。一体時計は今どこにあり、この話の結末はどうなるのだろうかと思いながら、初《しょ》っ端《ぱな》から盛り沢山の長い1日を終えた。

ジャイプールの思い出

翌日、シャタブディは30分遅れの10時半にジャイプールに到着した。駅構内にあるツーリストオフィスに行き、市内観光ツアーに申し込みをしようとすると、デスクの男性が言った。

「あいにく申し込みがそこに座っている男性ひとりだけで、ツアーを出す事が出来そうにないんだ。でももう少し待ったら人が集まるかもしれないから、30分ほど待っててもらえないかな?」

9・11の後、印パの緊張が高まって、パキスタン国境に接するラジャスターン州の州都、ジャイプールに観光に行く事は私も迷ったのだが、アンディやヴィネイがジャイプールは国境から遠いので大丈夫だと言うので行く事にした。きっと外国人観光客が少なくてゆっくり観光が出来ていいだろう、と思ったが、こういった事態に陥るとは想像していなかった。座っている男性を見ると、白人の20代半ば位の男性で、静かに本を読んでいて「オタクっぽい雰囲気の人」というのが第一印象であった。

椅子に座って待っていると、そこに70すぎ位の腰の曲がった老人がやって来て掃除を始めた。私が座っている椅子の前に置かれた机を、丁寧に何度も何度も端々まで拭く。途中、私と目が合うとにっこり笑った。その優しい笑顔に私も微笑み返した。老人はその後、デスクの男性の机を拭き始めたが、男性はお礼の言葉どころかその老人に目もくれない。その様子にインドではスイーパー(掃除を職とする人)は、カーストの4つの階層にも入れない人々である事を思い出した。

彼らはかつて触っては汚れる「不可触民」と言われ、人間として扱われていないような酷い差別を受けてきたそうだ。マハトマ・ガンディーが彼らの事を「ハリジャン（神の子）」と呼んで擁護し、今では差別撤廃、生活保護の対策も取られているが、差別は未だなくなっていない。

こんなに年をとっても一生懸命掃除をせねばならず、それでも人に対してこんな風に優しい笑顔で微笑む老人を、どうして差別しなくてはいけないのか、馬鹿馬鹿しすぎる差別だと腹立たしくなった。

結局30分待ってもオフィスには誰も来なかった。デスクの男性は私と白人男性を呼び、ツアーは出せないので2人で車を借りてはどうかと言ってきた。ガイドなしで車1台のチャーター料金が500ルピーとの事で、ガイドつき半日観光ツアーの70ルピ！と比べてかなり割高であったが、仕方がないので私も彼もそれで合意した。

「僕はマイケルといいます。スコットランド出身です」

白人男性が私に挨拶した。どんよりとした声でゆっくり話す。あまり冗談を言わない真面目そうなタイプであった。

車は始め中央博物館へ行き、マイケルと時間を決めて別々に見学をした。中は様々な種類の展示品があったが、その中に日本人形の展示があり、江戸時代の庶民の暮らしをモチーフに作られた人形が飾られていた。そこへマイケルがやって来たので、火消しや侍など人形が着ている服でわかる職業を彼に少し説明したが、あまりにも興味なさそうに聞いているので途中でやめた。

見学が終わり外に出た際、彼に宮殿を利用している博物館の美しい外観をバックに、私の写真を1枚撮ってもらえないかとお願いすると、少し迷惑そうな顔をしてカメラを受け取り、快く受けてくれた感じではなかった。悪かったかと気を遣い、彼に写真を撮りましょうかと尋ねると、「カメラを持っていないからいい」と素気なく言われた。どうして観光に来ていてカメラを持ってきていないのか

ジャイプール中央博物館

と思いながら、何だか彼とは少し波長が合わないように感じた。

次に風の宮殿へ行った。駐車場からマイケルと一緒に歩いていったが、宮殿内に入る前に博物館があり、観光局の男性が風の宮殿にある博物館は見る価値はないと言っていたので、通りすぎようとすると、マイケルが博物館の方へ向かった。私は彼を呼び止めた。

「この博物館は観光局の人が見る価値はない、って言ってた所だよ」

「でもたった5ルピーじゃないか。(入るか入らないかを)議論するまでもないよ」

そんな風に言われると「私は入らない」と言うのがすごくケチのようで、そう言えなくなる。それにここを見学する時間も違ってしまう。私は仕方なく彼と一緒に博物館へ入ったが、やはりその博物館にはたいした展示物はなく、2人とも5分とたたないうちにそこを出た。

宮殿は奥行きのない変わった形の建物であった。いちばん上まで上るとジャイプールの街が一望出来、想像していたよりずっと都会で、整備された大きな道路が縦横に走っていた。ここからは、あまり「ピンクシティー」という色合いが感じられなかったが、車に戻り、宮殿の正面側にある大通りに入ると、ピンク色の壁の建物が並んでいて、まさしく「ピンクシティー」という風情が感じられた。

宮殿を正面から見た窓の沢山ある姿は、インドを紹介する本やポスターなどによく見られるこの国のシンボル的風景のひとつであった。実物は写真で見たものより古めかしい印象を受けた。

車はその前を、速度を落として走行するだけで止まらないので、マイケルに言った。

「車を降りて宮殿を近くで見てみない？」

「僕はいいよ」

「写真も撮りたいから、見てきてもいい？」

「どうぞ。僕は車にいるよ」

〈あの博物館を５ルピー払ってでも見るのに、タダのこの有名な遺跡を見ないなんて、彼はやっぱり変わっている〉

そう思いながらひとり、車を降りた。

その後マハラジャが現在暮らしている宮殿（シティーパレス）へ行った。そこで私たちはガイドを１００ルピーで雇った。こういった有名は観光地はガイドも50ルピー位では応じない。

ガイドに宮殿内にある2つの博物館へ連れて行かれ、そのうちのひとつに歴代のジャイプールの王様の大きな肖像画が並べてあり、その王様達は皆が皆まるまる太っていた。ガイドは彼らを指差し、

「ジャパニーズ　スモー　レスラーのようですね」

と言った。私は思わず笑ったが、マイケルは何のことか意味がわからず、それは何かと私に聞いてきた。

「日本にはこんな風にとても太ったレスラー同士が戦う国技があるの。200キロくらいあるレスラーもいるんだけど、王様達がそのレスラーのようだ、って話」

マイケルはその説明に何の反応も示さなかった（日本のことには全く興味がないらしい）が、日本とはこの王様程ぶくぶくと太ったレスラー同士が戦うという、いかにもつまらなそうなスポーツが国技で、昔の人々は中央博物館で見た人形と同じ変な髪形と服装をしているという、実に変わった国だと思ったかもしれない。何だか自分でも日本は世界一変わった国のように思えてきた。

博物館の見学を終えると、ラジャスターン特有の絵の工房に連れて行かれた。工房には何人かの絵描きが絵を描いていたが、その中に「有名」とガイドが紹介した画家がいて、背後にはその絵描きが外国の要人と会っている写真が何枚か飾ってあった。マイケルはその絵描きにサインをもらっていた。彼が絵を描く様子を暫く見せてもらった後、お礼を言ってその場を去り、マイケルも私に続いて席を立った。工房の外に出ると彼が言った。

「今、彼にチップにあげようとしたら、断られたよ」

私は驚いた。それは当然だろう。この国ではチップは「喜捨」の意味が強く、サービス業でもなく、彼のようなプライドを持った絵描きがチップなど受け取るはずがない。

「この国は、チップは『施し』という意味が強いから、今みたいな時に渡す必要はないと思うわ」

彼は私の言葉に何も言わなかった。

全ての見学が終わり、ガイドに100ルピー払うと、マイケルはそれに上乗せしてチップを50ルピーあげた。私は自称ガイドには交渉した金額しか払わないし、仮に何か特別な事をしてもらってチップをあげるとしても、せいぜい20ルピーだろう。マイケルにチップの半分を渡しながら、彼とはことごとくチップの感覚が違うので、彼に合わせてチップを払って行くと随分予算オーバーな旅になってしまいそうだと思った。

車に戻ると2時で、ドライバーにレストランに連れて行ってもらう事にした。マイケルはボトルの水をガブガブと飲みそれを鞄にしまった。私は彼が水を買った時以来ずっと気になっているのだが、彼は車の中に置きっ放しにしている、鍵を掛けた鞄の中に、よく飲む水のボトルをなぜか1回1回しまい、ボトルが大きくて鞄にすっぽり入らないため、毎回鞄を閉じてロックをかけるのに奮闘している。そのうち鞄が破れてきてしまいそうだ。水のボトルを出したままにしておけばいいのに、と一度言ったが、彼はそれからもいちいち鞄にしまい続けた。異物を混入される事でも恐れているのか。私がローカルミネラルウォーターも一度煮沸してから飲んでいると彼に言った時、「それはまた随分用心深いなあ」と驚かれたが、彼の奮闘する様子を横目で見ながら、その言葉をそのまま彼に返上したい気分であった。

こんな風に彼とは考え方、感覚の違いを感じる事ばかりであったが、悪い人ではないので、友好的に接するように気をつけていた。しかしそう出来ているると思っているのは自分だけで、今日の彼の日記(をつけているのかどうかは知らないが)には、「いちいち人のする事に文句のありそうな顔をするジャパニーズガール」と書かれているかもしれない。

レストランでマイケルと食事を取った際、彼が医者の卵である事を知った。研修医の期間を漸く終え、これからロンドンで一人前の医者として働きだす前に、1か月インドを旅する事にしたという。最初南インドのトリバンドラムに入り、飛行機で北上してデリー、アグラ、ジャイプールと来て、今日これからゴアに向かい、最後にまたトリバンドラムに戻ると言う。

「ゴアへは何で行くの？」

「夜行列車で行くよ」

「もうチケットは買ってあるの？」

「いや、予約だけとってある。僕はロンドンで1か月のインドレールパス（列車周遊券）を買ってきてあるから、予約だけでいいんだ」

「インドレールパスって幾ら位なの？」

「200ポンド」

「え？　1等で？」

「2等で200ポンドさ」

私は言葉を失った。200ポンドと言えば現レートで4万円近い金額だ。デリーからジャイプールまで4時間乗って食事つきインド版新幹線が片道たった12ドルで、デリーからアグラまでの普通列車は1等席で5ドルだった。彼の旅程では1万円も電車代がかからない。インド人も真っ青なロンドンの悪徳旅行代理店で、売りつけられたのではなかろうかと思う金額だった。

「それはちょっと高すぎない？　インドの列車はとても安いから元が取れると思えないんだけど」

「でも、切符を買う手間が省けるから、いいんだ」

インドの列車は必ず予約をしないといけないので、予約の際に発券してもらうのと、もらわないのとでは手間はそう変わらない。その事は知らなかったとしても、インターネットでいくらでもインドの列車代を調べられるので、それでもこのパスを買ったという事は、チップの気前もいいし、きっとお金持ちの息子で、高くても手間がかからない方を選ぶタイプなのだろうと思った。

「マイケルはデリーではどこに泊まっていたの？」

「コンノートプレスのすぐ傍だよ」〈やっぱりお金持ちだ。デリーのいちばんの中心部に泊まってる〉

「じゃあ結構高かったんじゃない？」

「いいや、５００ルピーだった」〈？・？・？・〉

「そ、それって、部屋は清潔？・」

「ああ、とても清潔で綺麗だったよ。トイレとバスは共同だったけど」

ニューデリーのど真ん中で、１０００円ちょっとで本当に清潔で、安全で、綺麗な宿があるのだろうかと疑問に思った。可愛らしい家がたくさんあるスコットランド出身の彼がそう言うなら間違いないだろうが、漂うオタクの雰囲気がそれを懐疑的にもさせる。彼の金銭感覚がよくわからない所だが、何にお金をかけるか、という違いだろうと納得する事にした。

昼食後、湖に浮かぶ、マハラジャのサマーパレスとして使われている水の宮殿を見た後、丘の上にあるアンベール城へ行った。駐車場で車を降りた後、城の入り口まで歩いていると、ガイドが私達に声をかけて来た。するとマイケルが私に言った。

「僕達は今日、もう予定外にお金を使いすぎているから、ガイドはやめておこう」

〈あなたがチップをあげすぎでは……〉

私にとってガイドは他のことにお金を節約してでも必要な存在で、特に広い城内を短時間でガイドなしで見るのでは、見所を見損なう可能性がある。私はひとりでもガイドを雇おうと思い、彼と待ち合わせの時間を決めて別れた後、ガイドの元へ戻って頼んだ。

それから入場券を買いに窓口へ行くと、そこにマイケルが何をするでもなく立っていた。どうかしたのかと聞くと、キャッシャーの機械が壊れてしまったので今チケットを買えないという。私たちはその場で10分ほど待たされた。そしてキャッシャーの人が戻って来ると、待っていた人達が皆並ぶ事なく一斉に窓口へ詰め寄り、私も負けじと素早く皆の前に出て比較的早くにチケットを買えた。しかし私より早くから待っていたマイケルは要領悪く、人垣の後ろの方でまだ順番を待っていた。彼のチケットも一緒に買ってあげればよかったと申し訳なく思いながら、その場を一旦去ったが、折角ガイドを雇ったので、彼も誘って一緒に周ろうと思い直し、チケット売り場に戻った。するとまた彼がボーッと立っている。

「どうしたの?」

「またキャッシャーの機械が故障したんだ」

何と運の悪いマイケル。私は彼に言った。

「じゃあまた後で」

自分の冷たさが恥ずかしいが、広い城の見学に40分しかない時間をこれ以上待ち時間に費やせない。彼の日記には、「後から来たくせに、猛烈に窓口に割り込んで僕より先にチケットを買って、とっとと行ってしまったジャパニーズガール」と書かれているかもしれない。

それから私はガイドに駆け足で城を案内してもらった。この城も豪華で美しく、アグラ城を思い出した。見学途中でマイケルに会い、私のガイドの説明をじっと聞いているので、ガイドを雇ったから一緒に説明を聞こうと言うと、相変わらず返事をせずにただ黙って付いてきた。

ジャイプールの慌しい1日観光はこれで終わった。再び街の中心部に向かう車の中で、マイケルに尋ねた。

「南インドは気候とか、食べ物はどうだった?」

「僕はインドに来て、すぐにお腹の調子を崩したよ。薬を飲んですぐよくなったけどね」

「マイケルはお医者さんだから、沢山薬を持って来ているの?」

この質問はマイケルの医者魂に火をつけてしまった。それから彼は独特のこもるような声で延々と、自分が持ってきている何種類もの薬や、インドでかかる可能性のある病気、その症状の見分け方、予防法などを語った。これが大学の午後の講義であったら、私はまちがいなく机にうつぶせて眠っていたことだろう。聞いておいて損はないと思い、症状の見分け方はメモをしたが、あんまり病気の話ばかり聞かされると、本当に病気になってしまいそうで、彼の話が途切れると、即座に話題を変えた。

「インドに来て、いちばん驚いた事は何?」

「そうだなあ、こっちに来てからいろんな人に職業を聞かれたんだけど、僕が医者だと知ると皆急に、私は腰が痛いんだ、とか、膝が痛いんだ、と言って僕に診て欲しがるんだ」

彼は愉快そうにその話をしたが、私は「きっと医療費が払えない人が多いんだな、可哀想に」と思った。この国でマイケルがいちばん驚いた事がそういうことだったとは、「自然の美しさ」とか、「人々のフレンドリーさ、優しさ」である私とは異なる。

駅に程近い所で私は車を降りた。その際マイケルと握手を交わしたが、メールアドレスなども一切交換しなかった。彼とは価値観や感性が違うので、この先連絡を取ることもないだろうと思った。

しかし振り返って見ると、私は彼との感覚や性格の違いを結構楽しんでいたような気がする。そしてそれがこのジャイプールの旅のいちばん大きな思い出となっている。だから彼と出会えた事に感謝している。今頃一人前の医者となって、あの独特の口調で患者さんと話をしている事だろう。

ヴィネイの正体

ジャイプールからデリーまで飛行機で30分程と、あっという間だった。朝、列車であんなに時間をかけて行ったのは一体何だったのか、と馬鹿馬鹿しく思えてしまう。往復飛行機というのも味気ないが、疲れているかりが飛行機というのはかなり楽だ。

到着ロビーから外に出てヴィネイのドライバーを探したが、それらしき人が何度探しても見当たらず、ふと彼は昨日のドタキャンに気分を害して、私との約束を反故《ほご》にしたのかもしれない、と思った。かなり疲れていて、これから彼と食事に行く事が面倒に思えていたので、これ幸いとホテルに帰ることにした。

到着出口からターミナル内に逆行させてもらい、プリペイドタクシーのカウンターへ行った。そこで日航ホテルまで126ルピーと言われ、100ルピー札をカウンターに置き、少し手間取ってから10ルピー札を3枚出すと、ついさっき机の上に置いた100ルピー札がない。一瞬まだ出していなかったかと思ったが、すぐに「引っかかってはいけない」と気づき、言った。

「さっきここに100ルピー札を置いたんだけど」

彼は知ってたか、と言わんばかりに引出しの中から100ルピーを出してきた。ここのプリペイドタクシーも用心しなければと思い、全部で130ルピー払った後に彼がよこしたおつりをしっかり確認すると、3ルピーしかなかった。

「あと1ルピー足りないけど」

彼はちらっと私の顔を見た後、1ルピーを引出しの中から出しながら言った。

「手数料10ルピーを払ってくれ」

「はあ？　そんなお金、今まで払った事ないけど」

「手数料が10ルピー必要だ」

「じゃあ、そのレシートに記入して」

「これは、僕への手数料だ」

レシートに記入されない手数料があるのは変だし、さっきからお金をごまかそうとばかりしている彼の態度にも疑念を持った。しかし既にカウンターには私ひとりしかおらず、他に真偽を尋ねる人もいなければ、バウチャーも渡してもらえないので、仕方なく彼に10ルピー払い、外に出た。

タクシーに乗り、動き出してから窓の外を見ると、丁度ヴィネイが車から降りて急ぎ足で到着出口に向かうのが見えた。一瞬見なかった事にしようかと思ったが、彼が飛行機のチケットを買ってくれた事を考えるとそれはできなかった。車から降りて彼を呼んだ。

「やあ、遅くなってごめんよ。会議が長引いて。とりあえず私の家に行こう。ひと休みしてから食事に出かけた方がいい」

私はタクシードライバーに無駄になってしまったバウチャーを渡した後、ヴィネイの昨日とはまた別の車に乗り込んだ。車も何台も持っているようだ。

車の中でプリペイドタクシーに手数料を余計に10ルピー取られたことを話すと、彼は「それはおかしい」と言った。やはり騙された。プリペイドタクシーには毎度嫌な思いをさせられる。

空港から市の中心部とは逆方向に10分程走ると、まだあまり整備されていない地区に来た。そこに彼の家はあった。

重厚で、高い門の横に大きくV. K. Modiという名前の表記があり、2人の門番が彼らの身長の2倍位の大きな門を開け、中に入って少し走ると彼の家が見えた。車からは家の全景がよく見えなかったが、車を降り立った際、その豪邸ぶりに唖然とした。真っ白な壁に、ふんだんにガラスを使った玄関は、5つ星ホテル以上の豪華さだ。

「ここは何ていう6つ星ホテル?」

「ハッハッハ、ここが私の家だよ。正確には家のひとつだな。ニューデリーにはもうひとつ、街中に

マンションを持っているから」〈……〉

　中に入るとこれがまたすごかった。広いエントランスホールには絵画や彫刻などが多数置かれ、美術館のようだ。彫刻のひとつで、イタリアで買い付けたという代物は、ミロのビーナスそっくりの逸品だ。私はそれを彼が見ていない隙に急いで触ってみた。「触るな」とは書いていないのでいいだろう。こんな素晴らしい大理石の彫刻に触れるチャンスはそうそうない。

　エントランスホールの先のガラス張りの扉の向こうには、パーティーホールのような大きなリビングがあり、座り心地のよさそうなソファーの他に、趣味のいいアンティーク家具が置かれているのが見えた。リビングに入ると、2セットのソファーとテーブルが置いてある広さに驚かされ、奥に大理石のダイニングテーブルがあった。リビングの庭に面する壁が総ガラス張りになっていて、神戸で震災を経験している私には、耐震構造を心配してしまうような造りだ。

　ガラス会社の社長だけあって家の中に使っているガラスの量が半端でない。庭には高級リゾートホテルにあるような曲線型の大きなプールがあり、4つのライトがそのプールを美しく照らし出していた。暗くてどこまであるのか見えないが、とてつもなく広そうな庭には、プールの他にテニスコートとバトミントンコートが見えた。

「素敵なお庭ですね。明るい時に来て見てみたかったです」

「朝にはよく孔雀が飛んでくるんだ。」〈飛んでくる鳥の種類まで並じゃない!!〉

　ヴィネイは大きなガラスの扉を開けてそこから庭に出たので、私も後に続いた。プールサイドを通り抜け、庭に突き出た家の一角がここも総ガラス張りになっていて、中にビリヤード台とバーカウンターが見えた。カウンターの後ろには、お店並みにお酒がずらりと並べられている。

　それから再び部屋の中に入り、家の中を案内してもらった。私たちの後を使用人が付いてきていて、行く先々でタイミング良くライトをつけてくれるのだが、間接照明の柔らかい光に統一されていて、辺りを浮かびあがらせるように徐々に明るくなっていく。

1階にはリビングの他に会議室として使うという大きな部屋があり、その部屋の中央には6メートル位のテーブルが置かれていて、表面に真珠母貝で形作られた小さな花がぎっしりとはめ込まれていた。今まで見学してきた各国のお城でも、こんなに美しいテーブルは見たことがない。壁には、ヴィネイが現インドの首相と握手している写真や、ダライラマと撮った写真などトップVIPとの面会の写真がいくつも飾ってあった。

地下1階に下りると、オーディオルーム、2つの広々としたゲストルーム、空き部屋、そしてエレベーターまである。地下2階には、25メートルの温水プールがあり、その傍にジャグジー、マシーン、サウナなど高級ジム並の設備が整えられていた。

「温水プールはお金がかかるから、普段は使わないんだ」

今さらそんな一般人のような事を言われても、信憑性を感じられなかった。

地上2階にヴィネイの寝室があり、アンティークが好きなようで、作り付けの家具以外はすべてがアンティークで統一されていた。置物も高そうなものばかりだ。

「アンティークの家具や置物はインドで買ったんですか？　それとも外国で？」

「オークションで買ったものもあるが、殆どはインドで買い集めたものさ。インドではこういったアンティークはたいした金額じゃないんだよ」

ヴィネイの言う「たいした金額じゃない」は、私の高額であるのは間違いない。彼の寝室にあるバスルームを見せてもらったが、私が今泊まっているホテルの部屋より広く、自分が過ごしている空間が、彼のバスルームより狭いと思うと嫌になってくる。バスタブは、10人位は余裕で入れそうな大きなものだった。

再び1階に降りると、比較的小さな部屋（それでも20畳位はある）に案内され、ソファーに座るように言われた。私のように小さな家に慣れている者にとっては、さっきの広々としたリビングよりもこういった部屋の方がずっと落ち着く。また別の使用人が紅茶を運んで来てくれた。

「いったいこの家には何人の使用人がいるのですか？」

「8人の庭師、4人の門番、3人のドライバー、4人のハウスキーピング、2人のコック、全部で21人かな」

「21人！」

「ひとり一日2ドルくらいだから安いものさ」

2ドルといえば96ルピーくらいだ。そんなに安く人を1日雇えるなんて信じられない。やはり遺跡の自称ガイドへのチップは100ルピー以上払う必要はないな、などとセコイ事を考え、すぐにそんな自分が悲しくなった。

「この間、ロンドンに別荘があるとおっしゃっていましたが、他にも別荘があるのですか？」

「ニースと、ニューヨークにはマンハッタンと郊外に家がある。特にニースの家は気に入っているんだ。よかったら遊びにくるといい」

「そんなにいくつも別荘を持っていても、仕事が忙しくて利用出来ないのではないですか？」

「私はホテルに泊まるのが嫌いだから、仕事でよく行く場所に家を買ったんだ。ホテルで他人が使ったシーツや毛布を使うのは嫌だし、旅には必ずコックをインドから連れていって、料理を作らせるからキッチンが必要でね」

彼は「アメリカに渡った時、ポケットに入っていた50ドルが自分の全財産だった」と言っていたが、それからここまでになるのは、アメリカンドリームそのものだ。

「あなたはすごく成功した実業家なんですね。どうやったら、こんな風になれるんですか?」

「人間にとっていちばん大切なのは、教育。ビジネスにとっていちばん大切なのは、アイディア。それでその答えになるかな?」

「わかるような気がします」

「人生の悪い3つの条件を知っているかい?」

「いいえ。」

「アメリカ人の妻を持ち、イギリス人のコックを持ち、日本の家を持つことさ」

反論の余地がない。

「それに対して幸せの3つの条件は、アメリカの家を持ち、中国人のコックを持ち、日本人の妻を持つことさ。私が持っていないのはあと日本人の妻だけだ。だから日本人女性に興味がある」

「それは昔の日本人女性であって今はどうだか。でもあなた程の人がどうして今まで結婚しなかったのですか?」

「私は若い頃、今の仕事を成功させる事に夢中で、海外にもしょっちゅう行っていて、ひとりの女性とじっくり付き合う時間もなかった。ようやく仕事が軌道にのって、40を過ぎた頃にそろそろ結婚したいと思い、インド人女性とも3人ほど付き合ったが、海外に連れて行ってもいずれの女性も買い物ばかりしていて、絵画を見たり、音楽を聴いたりする事にまったく興味を示さない。やきもち焼きでいつも私の行動を監視する。そしてどの女性も皆、家族のためと言って私にお金を要求してきた。それで私はもうインド人女性の恋人は持たない、と決めて外国人で経済的に独立している女性を恋人として選ぶようになったんだ。つい最近までニューヨークに住むイタリア人の恋人がいて、いい関係を築いていたが、彼女が母親の病気が原因でイタリアに帰ってから破局してしまった」

「彼女にプロポーズしなかったんですか?」

「彼女は結婚しない関係を望んでいたんだ。結局、経済的に独立している女の人は、今度は逆に結婚したがらない。それが私の独身でいる理由かな」

「でもあなたは幸せの条件をもう2つも持っていて、幸せな人生ですね。私なんかひとつもなくて、逆に悪い条件をひとつ持ってる。でも、だからこそ頑張れるのかもしれません」

彼は私の言葉に微笑んだだけで何も言わなかった。この大きな家は、彼のその微笑をとても寂しげに感じさせた。

それから彼は私をラディソンホテルの、インド料理のレストランへ連れて行ってくれた。ベジタリアンの彼に合わせてベジタリアン料理を食べたが、どれも絶品であった。ベジタリアン料理がこんなにおいしいものであるなら、インドではベジタリアンになっても十分に生きてゆけると思える程だった。

食事の後、ヴィネイは今晩はマンションに帰ると言い、車で一緒に市内に向かった。土曜日なのに会議があったという彼は、車の中で少し疲れ気味に見えた。車が彼を降ろすために止まった場所は、大きく立派なマンションで、その入り口の壁にも彼の名前が打ちつけられていた。彼はマンションの1室を買って住んでいるのではなく、自分が所有しているマンションの1室に住んでいるのだ。

彼が門の中に入るとすぐに大きな犬が飛びついてきて、少しよろめくように後退して犬の頭を撫でた後、ひとり大きな建物の中に消えて行った。その後ろ姿が何か弱々しげに見え、ふと私の質問に彼が答えた言葉を思い出した。

「ヴィネイは今、自分の人生が幸せだと思ってる?」

「難しい質問だな。私はビジネスでは確かに成功を収めているが、私生活においては幸せとは言い難いからな」

ヴィネイの正体は大金持ちだけど少し寂しい人。100パーセント幸せな人生などどこにもない。それはどんなに成功した人とて、同じなのだ。

イスラム　神の教え

翌朝、機内でサリーについて教えてくれたインド人女性に電話をし、サリーの着方を教えてもらえないかと尋ねた。今日の夕方、ヴィネイのスケジュールの都合がつけば、サリーを着て食事に行く事になっていた。しかし今日は彼女にとって日本から帰国直後の日曜日で既に予定が入っており、何とか時間を調整しようとしてくれたが、結局折り合いがつかなかった。電話をかけてきてその事を申し訳なさそうに告げた彼女は、代わりに日航ホテルの女性に、私にサリーの着方を教えるように頼んであると言った。心遣いに感謝し、私のサリー姿の写真を送る事を約束して電話を切った。

電話を切ってすぐ部屋のドアをノックする音が聞こえ、ドアを開けると30代後半位の女性が立っていた。

「サリーの着方をお教えするように言われたのですが」

私は急いで昨日仕立屋から届けられたブラウスとペチコートを身に着け、彼女に部屋に入ってもらい、サリーを見せた。

「サリーはＴＰＯに合わせて色々な着方がありますが、まずは一般的な着方をお教えしましょう」

彼女はそう言うとサリーを広げた。サリーは5メートル以上あり、とても長い。

「纏《まと》う時、端に当て布が縫いつけてある方を裾にもってきます」

彼女がそう言って示した布の裏側の端から2メートル少し位の所まで、幅10センチ程の当て布が縫い付けてあった。買った時はなかったので、仕立屋が縫い付けてくれたようであった。歩く時サリーの裾を踏んでしまう事があるため、補強用及び汚れ防止につけられたもので、一か所にしかついていないので、着るときに裾に持ってくる部分がすぐにわかる。

それから彼女はサリーの上部の端を左巻きにペチコートに挟みこみながら、私の体に巻きつけていった。きちんと全て身に纏った後に鏡を見ると、やはり試着の時より一層素敵に見え、そのシルエットの美しさに惚れ惚れした。その後もうひとつの着方を教えてくれ、違いはショールの部分を後ろに垂らすのではなく、前に持ってくる方法であった。いちばん豪華に織柄が入っているショールの部分は、束ねて後ろに垂らすより前に持ってきたほうが華やかになる。

どっちの着方もひとりで試してみたが、途中で着方がわからなくなったり、着崩れてしまったり、プリーツが綺麗に作れなかったり、なかなかうまく着られず、すぐにハウスキーピングの女性が手を出してしまうので、ひとりで最後まで着てみる事が出来なかった。

「このサリーは新品の上、高級なものなので、シルクがまだ柔らかくなっていなくてプリーツを綺麗に作るのが難しいです。何度か着ているうちに生地が柔らかくなって、自然なプリーツが作れるようになると思いますけど、今日、お出かけになる前にひとりで着られないようでしたら、ハウスキーピングの女性を呼んでください。お手伝いしますから」

確かにこのサリーはまだ生地が硬いので、しっかり折り目をつけながらプリーツを作らねばならず、プリーツ作りの下手な初心者には着慣れなさを露呈してしまう。

私はその後ひとりで1時間、必死になってサリーを着る練習を続けた。休みでインドへ来てこんなに何かを必死で練習する事になるとは思いもしなかった。それにしてもサリーは本当に綺麗で、女性を雅やかで、美しく見せ、歩くたびに聞こえる衣擦れの音が何とも心地良い。背後に垂らしたショールは歩くたびに揺れ、後ろ姿にも余韻を残す。早くこのサリーを着慣れたいと思うと、練習にも熱が入った。

サリーに夢中になりすぎて、ホテルを出たのは11時半になってしまった。ババが私をメハラの店の前で待たないように、彼に電話をせずに出かけた。2人を会わすと言い争いの喧嘩になる可能性があるので、どうしても時計の行方がわからない時にのみ2人を会わせる事にし、まずはメハラに話を聞こうと思った。

オートにはメハラの店の少し手前で止まってもらい、そこからババに見つからないように急いで店の階段を上った。店ではメハラの義理の弟（お姉さんの実弟）が店番をしていて、メハラはいなかった。彼がババとメハラの事を何か知らないか探りを入れてみたが、何も知らず、皆が2人の仲たがいの理由を知っているわけではないようであった。

メハラが店に戻ってくると、少し雑談をしてから本題を尋ねた。

「ところで、私が預けたババへの時計は彼に渡してもらえたかしら?」

「君が時計を持って来た時、あいつはカシミールに帰っていてここにはいなかったんだ。それ以来この店には現れてないから、まだ時計は渡せてない」

メハラは嘘をついている、と思った。私が時計を預けた日、彼と別れた後にババはオートに乗った私を追いかけてきたのだから、確かにデリーにいた。それにババは私の時計と写真を取りにメハラの店に行っているはずだ。彼が一旦「時計を受け取った」とメールに書いてきたのに、その後もらいに行っていなければ「時計を渡してもらえなかった」と前言を撤回して、再びメールを書いてくる理由がない。

「私はあの後、ババにメールを送って時計をメハラから受け取るように言ったんだけど、彼から返事が来て時計をメハラが渡してくれない、と言ってきたの。一体どっちが言っていることが本当？」

それを聞いたメハラの表情が急に変わり、今までとは打って変わった怖い顔になった。

「あいつは俺に時計をもらいにきちゃあいない。俺と口をきかないんだから」

「一体ババと何があったの？　1年前までは仲良く一緒に働いていたのに」

「あいつの頭がおかしくなったんだ。あいつは年上の俺を敬う態度をみせなくなった。イスラムの教えでは年上の者に敬意を示さなければいけない、と説いている。それなのにあいつは俺の事を無視し、敬う態度を全く見せない。一昨日《おととい》だって君がオートに乗ろうとした時、俺がいたのに挨拶もせず全く無視しやがった」

「どうしてババは、メハラを尊敬しなくなったの？」

「そんなこと知るもんか。頭がおかしくなったんだろう」

「ババのメールには、メハラがババの新しい店に嫉妬して、もうお前は俺の弟じゃないから時計を渡せないと言った、って書いてあったけど。ババが店を持つ事で何か2人の間に揉め事でもあったの？」

「そんなの何もないさ」

「ババの独立には賛成だったの？」

「ああ。あいつの好きなようにする事に反対する理由なんてないさ」

「本当にそう？　だって、彼が独立して同じような店を近くにオープンするって事は、商売敵《がたき》になるわけだし」

「あいつに仕事を教えてやったのは俺なんだ。だから俺の仕事のやり方のマネをしているだけさ。この店の客もあいつはしっかり自分の店にひっぱって行った。でもおれは構わない。そんなやり方で長く通用するわけがないんだから」

「ババの店に嫉妬していないのなら、どうして彼に時計を渡さなかったの？」

「だから、やつが年上の俺に敬意を示さなくなったからさ。教えを守らないやつの頼みをどうして聞かなきゃいけないんだ？」

　メハラは漸く自分が時計を渡さなかった事を認めた。

「じゃあ時計はもうババには渡さないつもりだったの？」

「俺はやつに時計を渡さない、とは言ってない。俺から渡す気はないから、彼女が今度来たときに彼女から直接もらえ、と言ったんだ」

　２人の話を統合して大分事情がわかった。ババの店の独立が元で２人の関係は悪くなった。メハラはそりゃあ面白くないだろう。自分の店の近くに同じような店を構え、自分の顧客を引っ張って行ってしまったのだから。２人の関係は険悪になり、ババはメハラに挨拶もしなくなった。時計と写真をババが取りに来た時、メハラはババの私に対する気持ちを知っているので余計にすんなりと渡す気になれなかった。ただひとつわからないのはババの独立の理由だ。長い間、家族同然に仲良く働いてきたのにどうしてわざわざメハラの店の近くに店を構え、客を取るような必要があったのか。単に自分の店を持ちたいという理由だけなら、メハラの店と鎬《しのぎ》を削るような場所ではなく、もっと違う場所に店を出せたはずだ。２人の間にはまだ私に話していない何かがある、と思った。

「それで時計はどこにあるの？」

「家においてある」

「それを私に返してもらっていい？　私から彼に渡すから」

メハラは傍で黙って話を聞いていた義弟に、時計を取ってくるように言った。

「時計を受け取ったら、ババの店に行って時計を渡してくる。彼はホテル前で私を待ち伏せしたり、私の乗ったオートを追いかけてきたり、必死だったのよ。これで気が済むでしょう」

「あいつ、君のオートを追いかけて行ったのか？　まったくどうかしてるな」

「ババと仲直りする事は出来ないの？　あんなに仲良くしていたのに。いがみ合っているより、許し合った方が互いに幸せになれると思うけど」

「あいつ次第さ。あいつがちゃんと教えを守れば俺はいいんだ」

コーランの教えに背くババを許せない、と言われれば、コーラン以上の影響力を持たない私にはどう説得する事も出来ない。「人として」などと説いても、その根拠となるものが、私のつたない経験の中から得たものでは何の影響力も持たない。そこに「神の教え」というちゃんとした根拠がなければ。

暫くして義弟が時計を持って来た。時計は透明の箱の中に私が渡した時のまま入っていて、開けられた形跡がないので、メハラがこれをいつかババにちゃんと渡す気であった事を感じた。私はババの店の場所を教えてもらい、また戻って来ると言って店を出た。

ババの店へ向かう途中、突然「カヨコ！」と私を呼ぶ声が聞こえ、声の主を探すとそれは見知らぬ男性であった。

「君、カヨコじゃない？」

「そうですけど」

どう見ても彼に以前会った記憶はない。私がきょとんとしていると彼は嬉しそうに言った。

「ババが君の事を以前から何度も僕に話してたんだ。僕の想像していた通りの人だったなあ。すぐにわかったよ。会えて嬉しいよ。ババにはもう会ったの?」

「まだこれから」

彼は周りの人に向かって言った。

「おい、みんな、カヨコが来てるぞ」

すると何人かの男の人が私を見に来た。私はババがこんなに沢山の人に私の事を話しているとは思いもせず、びっくりすると同時に少し気が重くなった。皆に軽く会釈をしてその場を足早に通り過ぎると、また誰かが私を呼ぶ声が聞こえた。振り向くとババであった。

「午前中に来るって言ってたから、もう来ないのかと思ったよ」

「メハラにひとりで会おうと思ったから、電話しなくてごめんね」

「いいさ。僕の店はすぐそこだよ、おいで」

私はババに付いて行った。

彼の店は表通りに面していない上、建物の2階にあった。場所が悪いので客引きをしないと客は来ない。中は6畳に満たない位の狭いスペースに綺麗に工芸品が飾ってあった。ただどれもメハラの店にあるのと同じような物ばかりであった。ババが用意してくれた椅子に座ると、彼はすぐに切り出した。

「それでメハラは何て?」

「メハラがあなたに時計を渡さなかったのは、あなたがメハラのことを敬う態度を見せなくなったからだって。それは本当?」

「もう彼の事は尊敬できないから。メハラがもうお前は弟じゃないって言ったんだ」

「中立な立場で私が思うのは、あなたがこんな風にメハラの店のすぐ近くに同じような店を出して客の取り合いをするなら、彼が面白くないのは当然だと思う。自分の店を持ちたくて頑張って独立したのは素晴らしい事だと思う。ただ、世話になった人を裏切ったり、騙したり、悲しませるような事をして店を持っても、やがてその店はうまくいかなくなる。独立するならメハラや、その家族皆に祝福されて店を持つ方法を考えるべきだったんじゃないかな？　そういう話し合いはきちんとしたの？」

「じゃあ事実を話すよ。僕がメハラの店をやめて独立したのは、もう彼とは一緒に働きたくなかったからだよ。僕の母親が病気になってお金が急に必要になったんだ。だからメハラに200ドル貸してくれ、って頼んだんだ。彼がその位のお金を持っているのを知っていたから。借りたお金は僕の毎月の給料の中から、すこしずつ引いてくれって言った。それでも彼は貸してくれなかった。僕のたったひとりの大事なお母さんの事なのに。だからもう彼とは一緒に働けないって思ったんだ」

「お金の事ならメハラに頼まないで、家族の誰かが工面する事はできなかったの？」

「兄と父はカルカッタにいて、カシミールの銀行にお金を送金するには3日かかるんだ。すぐに送金できるのはデリーにある銀行だけだった」

「彼に腹が立った気持ちはよくわかった。ただメハラも貸したくても貸せない理由があったんじゃない？　彼は独身のババ以上に毎月お金が沢山必要なのはわかるでしょ。どうにかしてやりたいけど、どうにもしてやれない時って誰にでもあると思うよ。人を憎んだり嫌ったりする生き方からは、悲しみや破壊を生んでゆくだけ。現にそのせいで私の時計も写真も受け取ることが出来なくて、悲しい思いをしたわけでしょ。人を許して愛してゆく人生からは、平和や幸福が生まれる。イスラムの神の教えはそうは言ってないの？」

「わかったよ。結局メハラがいい奴で、僕が悪い奴だって事なんだろう」

「私はどっちの味方でもない。時計を渡さなかったのはメハラが悪いと思う。お金の件はメハラを責められないと思う。彼を尊敬して仲良くやって行くのは無理？」

「それは無理だ。他の頼み事ならまだしも、母親の事を聞いてもらえなかったのは許せない」

大事な母親の事で助けてもらえず、メハラを許せないと思う気持ちは、インド人の家族の絆の深さを思うとわからなくはなかった。しかし「年上を敬う」というコーランの教えはどうなるのか。それを言おうと思ったが、きっと親を大切にしなくてはいけない、といったような教えがあって引用されてくるに違いない、と思った。

そこへひとりの若い男性が、私とババの分のコーヒーを運んで来た。私はババに時計を渡し、話を変えて言った。

「お店、綺麗に飾っていて素敵ね。頑張ってるんだね」

「僕には神様がついてるから、ここでこうして店を持てたのも神様の思《おぼ》し召《め》しだよ」

私はメハラと気まずくなってまでここに店を出した事が必ずしもいいとは思えない、と言いたい所だったが、神の思し召しと信じている事を「神の教え」という根拠を語らずに安易に否定出来なかった。神様とか、神の教えとか、生まれた時から絶対的に信じているものを前にして、私の説教など微塵の力も持たない事をここでも痛感した。イスラム教徒の問題を解決するのは非イスラム教徒には難しく、いつも宗教指導者がそこに現れてくる理由がよくわかった。私には2人の問題を解決出来ない、という無力感に陥った。

しかし、その時ふと、いずれは神様が2人の喧嘩に判決を下すだろうから、その時、より厳しい立場に立った方を励ますのが私の役目ではないか、と思った。闇夜のデリーで2人が私を助けてくれたように。それが私に知らされた「神の教え」の気がした。

インド人男性

「もうそろそろ行かなくちゃ」

コーヒーを飲み終えた私はババに言った。

「僕からも君にプレゼントがあるんだ。ここにはないから、一緒に来て欲しいんだ」

「ここにないなら、今日は時間がないから無理だわ。また今度来た時に戴くわ」

「いつも今度、今度、ってばかり言って、実際いつになるかちっともわからないじゃないか。時間はとらせないから僕と一緒に来てくれ」

彼は言い出したらきかないので、メハラの家に行った後、また戻って来る事を約束した。

ババの店を出てメハラの家に行くと、お姉さんとナハナーズがいた。お姉さんがカモミールティーを入れてくれている間、ナハナーズがお菓子を出してくれた。丸い、団子のような形をしているお菓子で、お姉さんの手作りだと言うので口の中に入れ、噛んだ瞬間に彼女が言った。

「あ、これはお母さんが作ったのではなくて、下で買ってきたお菓子だった」

下といえば、ほこりまみれで牛や犬がいて、虫も飛び廻っているあのバザールだ。私の口は急に止った。下で買ったものであると知った以上、このお菓子を飲み込むわけにはいかない。私は彼女が見ていない隙にすばやく鞄からティッシュを取り出し、口から吐き出した。危機一髪。飲み込む前でよかった。まったくこの国で体を守るのには骨が折れる。

そこへ長男がやってきて、4人で1時間程楽しく話をして過ごした。家を失礼する際、お姉さんとナハナーズと別れを惜しみながらキスと長い抱擁を交わし、長男と共に家を出た。

家のある建物を出て通りを歩き出すと、上の方から私を呼ぶ声が聞こえた。見上げてみると、お姉さんとナハナーズが小さな窓から、落ちそうな位に身を乗り出して私に手を振っていた。何よりも嬉しいのは、初めてインドに来た時、言葉が通じなくて話が出来なかったお姉さんと、徐々に娘や息子達を通して、そして心を通じて会話を楽しむ事が出来るようになり、ここまで親しくなれた事であった。私が投げキスを送ると、2人は真似して投げキスを何度も送り返した。

メハラの店に戻ると、彼はいつもの優しい表情にもどっていた。もうババの事は一切話さなかった。最後にお礼と別れを告げた際、彼は言った。

「君は私たちの家族の一員なのに、どうしていつもホテルになんて泊まるんだい？　今度デリーに来た時はホテルになんて泊まらないでうちに泊まるといい。インド滞在中、何か困ったことがあったらいつでも連絡してくるんだよ」

この人のいいメハラがお金をババに貸さなかったのは、理由があっての事としか思えないが、お金の問題は現実的すぎて人格とはまた別問題なのだろうか。お金はありすぎても、なさすぎてもトラブルの元になる。ありすぎもなさすぎもしない今の自分の生活が、いちばん平和で幸せなのかもしれない。

それからババの所へ戻ると、待ち構えていた彼が言った。

「指輪をプレゼントしたいんだ。僕の友人の店があるからそこに今から連れて行くね」

200ドルのお金を工面できなかった経済状況の彼に、指輪を買ってもらうなんてとんでもなかった。

「今日はそんな時間もないし、その気持ちだけで十分だよ」

「そんなに時間はとらせないから、好きなものを選んでくれ。どうせ店はオートを拾う道の途中にあるし」

彼は私の腕を強引に引っ張って歩き出し、表通りを外れ、裏通りにある家だか店だかわからないような怪しげな建物の前に連れて行った。階段を数段下がった所にある入り口から私を先に入れようとしたが、警戒してババに先に入るように言い、彼の後に続いて中に入った。そこは一応、ガラスケースが並んでいて宝石店らしい雰囲気ではあったが、ガラスケースの向こうに店員が寝そべっていて、私達に気付くと急いで起き上がった。

店員はババと同じ位の年で、インド人ではまず見たことのないクルクルの天然パーマがかかった髪型に寝癖がついていて、オーヴァーオールを着たラフな服装といい、宝石を扱っている店員というより、通りでたむろしている不良青年といった感じであった。かなり怪しげな店だと腰の引ける思いであったが、言われるままに店の奥まで入って椅子に座った。店員は私の顔を興味深気な目で一瞥した後、箱を出してきた。

「この店は僕の友人の店だから、どれでも君の好きな物を選んでくれ」

ババがそう言うと、店員は私に向かって笑顔でどんな石がいいかと聞いてきた。笑うと不良っぽい雰囲気が消えて人なつっこい顔になり、その優しい語り口調に少しホッとした。

この店の事を見直し、開けられた指輪の並んだ箱を覗き込んだ瞬間、思った。

〈小学生の時に来ても、何も買わないでこの店を出ただろう〉

一応何らかの石はついてはいるが、どれも色も質もかなり悪いもので、リングのシルバーも既に光沢がなくなって変色している。中にはまるでおもちゃのような指輪もあり、それらを見てかなり引いてしまった。何だか見てはいけないものを見てしまったような気すらする。

　お金のトラブルの話を聞いた後に、気に入らないものを適当に選んで彼に無駄な出費をさせる気にはなれない。かといって、ここには気に入るものがないとも言い辛い。少し考えた後、石だけでも少し綺麗なものがあったらそれを買ってもらおうと思い、石を見ていると、比較的綺麗なアメジストのついた指輪を2つ見つけた。アメジストはそんなに高い石ではないので、これ位の小さい石の物なら彼の負担にならないだろうと思い、その2つのうちババが薦めたほうを指にはめてみた。しかしそれはサイズが大きかった。サイズ直しはどのぐらい時間がかかるのかと聞くと、4、5日かかると言う。もう一方の指輪は私の指にピッタリだった。

「すぐに持って帰れるこっちの方にするわ」

「せっかくだから気に入ったほうを買ったほうがいい。指輪のサイズを直した後、日本に送るから」

　インドから指輪が郵送でちゃんと私の手元に届くか疑問だし、税金や郵送料もかかる。

「私は始めからどっちも気に入ってたから、こっちでいいよ」

　しかしババは本当に頑固で指輪を替える事に同意せず、サイズを直して日本に送ってもらうことになった。

　店を出た後、彼は何か考え込んでいるようでずっとうつむき加減に歩き、ふいに顔を上げると言った。

「もう1軒この傍に宝石屋があるから、そこに君の気に入る物があるか見てみよう」

「えっ、さっきの指輪でいいよ。他の店を見ている時間もないし」

「ほんの2、3分さ」

　彼はまた強引に私を引っ張って行った。今日これから紅茶とパシュミナを買いに行くつもりだったが、あきらめざるを得なくなった。

次にババが連れて行った店はさっきの店よりずっと綺麗で、宝石店らしい感じであった。店員はきちんとネクタイを締めていて、髪の毛も綺麗にセットしている。何だか高そうな気がして、さっきとはまた違った意味で腰が引けた。ここも友達の店と言っていたから安くはしてもらえるのだろうが、まさか月賦で買ったりするのでは、と心配になった。

しかし私も現金なもので、目の前で開かれた箱の中に、さっきの店より格段に良い指輪が並んでいるのを目の当たりにすると、「セミプレシャスは好きではない」などと言って、店員にしっかり好みを告げている自分が嫌になった。

その箱の中でアメジストとエメラルドが組み合わされて、花びらを模した可愛いデザインの指輪に目が留まった。小さい石の組み合わせなのでそんなにしないだろうと思い、指にはめてババに聞いた。

「これ、どう?」

「君が気に入ったのなら、僕も気に入った。一緒にネックレスを買ってもいいよ。ネックレスでもイヤリングでも、何でも気に入ったものを買ってあげるよ」

どうしてこんなに気前のいい事が言えるのかと疑問に思い、もしかして200ドルの借金の話は、自分が店を出した事を正当化するために考えた作り話ではないだろうか、とも思えてきた。私が指輪だけでいいと言うと、彼は不機嫌そうな顔をしたが、指輪だけ買ってもらった。

店を出るとババは私と一緒にオートに乗り、ホテルまで送ってくれた。ホテルに着く前に彼が言った。

「たとえ君が僕の事を何とも思っていなくて、君にボーイフレンドがいても、僕は君の事をずっと思い続けるよ」

ホテル前でひとりオートを降りた私は、彼を乗せたオートが走り去るのを見送りながら考えた。インド人男性は非常に外国人女性好きですぐに声をかけてくる、といった事がガイドブックなどによく書かれている。私自身も今までの経験からそれを否定出来ない。だからババの事もその程度の事と思えば気持ちがもっと楽になるのかもしれないが、彼のいつも一生懸命な態度や、いい人である事を思った時、どうしてもそんな風に思えない。「それがインド人男性の手」という風に書いているものもある。本当にそうなのだろうか？　インド人男性は本当にそういう人で、こういった一生懸命な態度も重く受け止めず、適当にあしらっておけばいいのだろうか。その答えが私にはまだ見当がつかなかった。

部屋に戻ると６時であった。昨日ヴィネイに、まだスケジュールがわからないので、６時以降に連絡を入れると言われていた。私はそれから急いでサリーに着替えようとしたが、途中で着方がわからなくなってしまい、ハウスキーピングに電話をして女性に来てもらった。手伝いに来てくれたのは朝とは違う20代の若い女性で、サリーを着るのを手伝ってくれた後、部屋を去る時、言った。

「よかったら額につけるビンディーを持ってきましょうか？　さらに美しく見えますよ」

そう言って指で自分の眉間を指した。ビンディーとは、インド人女性がよく眉間や額につけているあの赤く円いマークの事か、と思った。宗教上の理由でつけているのだと思っていたが、インド人はあれをつけている方が、さらに綺麗に見えると思っていると知り、驚いた。そういえば円いものだけでなく、違う形のものをファッションのようにつけている人も見た事がある。私はさすがにビンディーをつけるのは抵抗があったので、お礼を言って断った。

その後、８時まで待ってもヴィネイから電話がかかってこないので、彼の携帯に電話をした。すると圏外になっていて、その瞬間、これはもう今日は連絡がこないと思い、窮屈なサリーをさっさと脱ぎ、ルームサービスを頼んだ。やってきたルームサービスのチェックにサインをしながら、街のレストランの4倍位するその値段を見て思った。もしヴィネイにサリーを買ってもらわなければ、今頃私はオーランガバードの安ホテルに泊まり、アンディと安いレストランで食事をしていただろう。サリーを買って頂いた事で、高いホテルにもう一泊し、高い食事を食べる事になった。タダ程高いものはない、とはよく言ったものだ、と。

翌日、ムンバイ経由オーランガバード行きのビジネスクラスに座っていた私は、ムンバイにあと10分位で着く、という頃に、ずっと隣で仕事をしていた60歳位の男性に話しかけられた。かなりインド訛りの強い英語で聞きづらかったが、それから着陸するまで彼とずっと話をした。彼は飛行機を降りる前に「デリーに来た時はいつでも連絡を下さい。私のオフィスにも遊びに来て下さい」と言って私に名刺をくれた。私はこの時名刺に書かれた、「社長」というステイタスと名前しか見なかったが、彼が飛行機を降りてからよく名刺を見ると、社名の最後に「～オイルカンパニー」と書いてあった。名前は「モハマド」というアラブ系の名前で、アラブ系インド人の石油会社社長なら、ヴィネイも真っ青な位の大金持ちだったかもしれない。ビジネスクラスに座って、ひとりで旅行している若い外国人女性が珍しくて話しかけてきたのだろうが、ヴィネイにしても彼にしても、これだけのステータスの人達が見知らぬ外国人に気軽に声をかけて「遊びに来なさい」などと言って連絡先をくれるのだから、インド人男性は本当にフレンドリーで話し好きと思わざるを得ない。

ムンバイからオーランガバードへ向かう機内で、私はアンディに会う事をずっと憂鬱に思っていた。南インドに行く途中にオーランガバードにも寄る事にしたのは、今度は個人でゆっくりエローラ、アジャンタ遺跡を見たい、インド映画をアンディに通訳してもらって見たい、ずっとひとり旅しているのは寂しいから、などという自分勝手でお気楽な理由からであった。しかしアンディが休みまで取って、私が来る事を楽しみにしている事を知って気が重くなり、デリーに来てからその気持ちがさらに強くなった。飛行機を降りてターミナルに向かって歩きながら、11月にここを涙に暮れながら去った事を思い出し、アンディが再度私がここへやってきた理由を誤解し、期待しているかもしれないと思い、ターミナルに向かう足取りが重くなっていた。

私のチェックインの荷物は最後の方に出てきた。アンディに会いたくない気持ちが、私をここから少しでも遅くに出たい気持ちにしていて、のろのろとスーツケースをキャリアーに乗せていると、背後から私を呼ぶ声が聞こえた。振り向くと待ちきれないかのようにアンディが出口の所から体を乗り出していて、懐かしい彼の笑顔に私の顔にも自然と笑顔が浮かんだ。

今回は1ヶ月という長期に亘る旅行のため、宿泊料金の予算を3000円にしているのでアンディのホテルではなく、少しランクの低いホテルに泊まる事にしていた。ホテルからの迎えの車にアンディも一緒に乗り、ホテルに到着後、彼と夕食に7時にホテルのロビーで待ち合わせをして一旦別れた。アンディは私とお茶でも飲んで、ゆっくり話でもしたかったようだが、彼が当然のように私の部屋に付いて来ようとするので、そう言って帰ってもらったのだった。

その夜、待ち合わせの時間にロビーに下りたが、7時半になっても彼は現れず、その時フロントに彼からもう30分程遅れるとの電話連絡が入った。彼がホテルに現れたのはその1時間後で、ちょっと用事に時間がかかったと言ったが、日曜日のこんな時間に変だと思った。

私たちはそれからインド料理のレストランに行き、食事が終わるとアンディは私をホテルまで送ってくれた。私はホテルの玄関前で、まだ一緒にいたそうな彼にわざとそっけなく別れの言葉を言ってホテルに入り、部屋に帰ろうとすると、フロントのスタッフに呼び止められた。何かと思ってフロントへ行くと、私宛だと言って大きな花束を渡された。花束についているカードを開くと、「素敵な夜をありがとう。アンディ」と書いてあった。彼が遅れて来たのはこの花を買っていたためで、日曜日の遅い時間に開いている花屋を探すのに時間がかかったのだろう。花をプレゼントされた事は嬉しい事であったが、彼の気持ちと自分の気持ちの大きな温度差を感じ、オーランガバードに来た事を後悔していた。

インド映画

次の日、朝食をアンディと一緒に取る約束をしていたが、ひとりで朝食を取って少しゆっくりしてから彼に電話をした。オールドデリーで買ったサリー用のブラウスを作ってもらう仕立屋と、インド映画に連れて行ってもらいたいとお願いして待ち合わせの時間を決め、電話を切ろうとすると彼が言った。

「昨日、花は受け取ってもらえた?」

「あ、受け取ったよ。ありがとう」

花の事を忘れていたわけではなかったが、そのお礼を言う気持ちになれなかった。

アンディは今日も時間に遅れ、やって来るなり、財布を忘れてきたと言い、一緒に家まで付いて来るかと私に尋ねた。しかし、私は外が暑い事を理由に、ホテルで待つと答えた。

彼が戻ってきたのはそれから40分後で、彼の家がここからそんなに時間がかかると知らず、暑い中往復させて悪い事をしてしまった。私は昨日から彼に悪い事ばかりしていて、そんな自分に嫌気がさしながらも、彼に優しくする事が出来ずにいた。

連れて行ってもらった仕立屋は小さな宿で、そこの女主人が仕立屋もしているというインドにしては変わったスタイルであった。裏地付きブラウスを1枚作るのに40ルピーと書いてあり、デリーの仕立て屋で800ルピー払わされたのは、ペチコートとその他諸々がついていたとしても高かったと知った。しかも女主人が言うには、高級シルクサリーは通常、買ったサリーショップの負担でネットと裾の当て布をつけてくれるらしかった。何も知らなくて損ばかりしてしまったが、初めての事だったので仕方がない。

40代半ば位の女主人は私の採寸をした後、ブラウスの流行の型なども詳しく教えてくれた。あまり愛想のいいタイプではなく、どちらかというと怖い感じだが、色々教えてくれて姉御肌タイプの女性に感じたので、彼女にサリーの着方を教えてもらえないかと頼んでみた。もう一度一から着方を教わり、ちゃんとひとりで着られるようになりたかった。彼女は快諾してくれ、ブラウスの仕上がる日に教えてもらう事になった。

仕立屋を出てから映画の時間まで、レストランで遅い昼食を取った。その時アンディに言った。

「私は明後日にボンベイへ発《た》ちたいんだけど、列車の切符を手配してもらっていいかな？」

「わかった。明日中に手配するよ。僕も明日からゴアに行く予定だから」

私は驚いた。アンディは私がオーランガバードにいる間、ずっと私につきあってくれるものだと思っていた。

「明日発たないといけないの？」

「向こうで友人が待っているんだ。始めの予定より君の到着が2日遅れたから、すでに予定を延ばしていて、もうこれ以上は延ばせないんだ」

彼はそう言っているが、昨日から彼に対してずっと冷めた態度を取っている私に、一緒にいてもつまらなくなって、急にゴアに出発する事にしたのではないかと思った。彼に申し訳ない気持ちと寂しさで一杯になったが、かと言って引き止める事も出来なかった。

急に元気がなくなった私を見て彼は言った。

「バレンタインの頃はどこにいるの?」

「南インドにいると思う」

「僕もその頃バンガロールの実家に戻っていると思うから、バレンタインの頃、君がいる場所へ行くよ」

「でも南インドという以外はどこにいるかわからないよ」

「メールをくれれば大丈夫さ」

「うまくタイミングが合えば」

いろんな意味で実現性のない事に思えたが、そう答えた。

それから私達は映画館へ行った。アンディが連れて行ってくれた映画は『カビクシカビガン』という題名のヒンディー映画で、「Sometimes good sometimes bad」という意味だそうであった。かなりヒットしているロングランの映画らしく、ついにインド映画をインドの劇場で見られると、とても楽しみだった。映画の代金はバルコニー席が30ルピー、一般席が20ルピーと安かった。

映画館の中は思った以上に広く、スクリーンもとても大きかった。全席指定なので、座席案内係がちゃんといる。バルコニー席は2階のいちばん後ろで、スクリーンが大きいのでここがいちばん見やすい位置にあるのだろうが、近眼の私にはもう少し前の方が見やすそうであった。バルコニー席は私達を含め10人位しかいなかったが、下の席には沢山人がいた。

映画は最初に予告編やコマーシャルが放映され、その後本編が始まった。ハリウッド映画なみの美しい映像と撮影技術で、綺麗な民族衣装を着た人々が集まる豪華なパーティーシーンから始まり、噂通りの美男美女の俳優が次々と登場してきた。この俳優陣の美男美女ぶりは半端でなく、インド人というよりヨーロッパ人に近い顔立ちで、肌色がとても白かったり目が青かったり、女性の化粧はかなり独特で濃いが、それでもとても美しく魅力的に見える。若い人だけでなく、5、60代の俳優達も美男美女だ。後に知ったのだが、この映画に出演している主役及び準主役の人達は、アミターブ・バッチャン、シャー・ルーク・カーン、フリティク・ローシャン、カリーナ・カプールなど、インド映画界のスターばかりであった。

英語の字幕がないので所々でアンディがストーリーを説明してくれた。ストーリーの前半は主人公の弟の回想録で、とても裕福で仲が良く、幸せだった家族の長男（主人公）が、父親の決めたフィアンセ以外の女性を好きになり、婚約を破棄し、その女性と結婚する許しを父親に求めに行くが、父親は激怒して長男に勘当を言い渡す。長男は母親とたったひとりの兄弟である弟に別れを告げ、泣く泣く恋人と共に家を出て結婚する。

それから10年後、成長した弟が子どもの頃に離れ離れになった兄の事を思い返している所で前半は終了。20分程の休憩が入って、後半は弟がロンドンに兄がいるのをつきとめ、ロンドンの大学に留学し、彼の努力によって父親と長男は和解してハッピーエンド。単純なストーリーではあるが、その中に家族愛がうまく描かれていて、私は何度も涙を流し、アンディも泣いていた。特に母親が愛《いと》しい長男の事を思い出す回想シーンや、ずっと両親を恋しく思い続けていた長男が、ロンドンのショッピングセンターで父親の姿を見かけ、涙を目に一杯溜めて追いかけようとするシーンなどは、目から滝のように涙がこぼれた。

いちばん印象的だったシーンは、長男の妻がロンドンの本屋で義父（長男の父親）を見かけて驚き、誰かが彼にぶつかり本を落とすと、素早く本を拾いに駆け寄り、床に屈んで本を拾うふりをして彼の足先に顔を近づけて祈りを捧げ（敬意と愛情のヒンドゥー教の祈り）、気づかれないように急いで去って行く場面で、その短いシーンの中にインドの文化と家族愛の強さが凝縮して表現されていて、とても感動した。

音楽も非常に良く、これがさらに感情を扇動し、涙を誘う。インド映画とは勧善懲悪の歌って踊っての楽しい映画、というものだと思っていたので、こんなに感情に訴えかけるものであり、こんなに自分が泣くとは思いもしなかった。ダンスや歌のシーンはストーリーの中にうまく溶け込んでいて違和感がなく、女性達のダンスシーンは綺麗で艶やか、男性俳優達の踊りはセクシーだったり力強かったり、見る人を楽しませ、その俳優に惹きつけられる要素のひとつとなっている。私は弟役（フリティク・ローシャン）の踊りのうまさ、甘いマスクに魅了されすっかりファンになってしまった。女優達のサリーもサリー以外の衣装も素晴らしく綺麗で、ますますインドファッションに興味を持たされた。映画が終わった時、即座に「もう一度見たい」と思った。

映画の後、アンディと映画の話をしていて、彼がヒンディー語を話せない事を初めて知った。私はかねてから彼が誰とでも英語でしか話さない事を疑問に思っていて、私に会話の内容がわかるようにわざと英語で話してくれているのかと思っていた。10歳までマレーシアで育った彼は、子供の頃、英語とマレー語を話していたらしいが、インドへ帰ってきてマレー語は忘れ、ヒンディー語は学んだが全く上達せず、諦めたらしい。オーランガバードへ転勤してきて英語が話せない人が多いため、必要にせまられてヒンディー語を今また勉強しているが、映画の会話の細かい内容までは理解出来ていなかったらしい。インド人は皆ヒンディー語が話せると思い込んでいたが、北インドで多く話されている言葉で、アンディの出身の南インドへ行くと全く通じなくなるらしい。

インドは州によって主言語が異なり、それはインドが以前は大小多数の藩国に分かれ、それぞれの王様（マハラジャ）が統治する別々の国だったのが、ひとつの国に統合された時に、州境を決める基準のひとつが言葉であったためだそうだ。インドでは英語が共通語として使われていて、各地から人が集まっているようなオフィシャルな場面やお互いの言葉が通じない場合などは、皆英語で話すそうだ。しかし英語を話せるのはちゃんと学校教育を受けた人たちだけで、教育を受けられなかった大半の人は英語を話せず、言葉のトラブルは常につきまとう。インド人は英語を話せる人が多いと思っているかもしれないが、実際インドへ来てみると話せない人が大勢いる。

アンディと別れて部屋に戻った後テレビをつけると、カビクシカビガンの中の曲が聞こえてきて、見ると歌のプロモーションビデオとして映画の映像がそのまま使われていた。そのチャンネルはインドのポピュラー音楽のＭＴＶで、様々な映画のシーンとそこで歌われている曲を流していた。インドは映画の中からヒット曲が生まれるのだ。

その後、新聞、雑誌、テレビで長男役の男性、シャー・ルーク・カーンをしょっちゅう目にし、彼がインド映画界の「トップスター」である事を知った。私はフリティク・ローシャンの方がタイプであったが、存在感は確かにシャー・ルーク・カーンの方があるし、フリティク・ローシャンがアーリア人の血の濃い、色白のヨーロッパ人的ハンサム顔なのに対し、シャー・ルーク・カーンは肌色が浅黒くインド人的ハンサム顔で、個性も強い上、セクシーで人を惹きつける。カビクシカビガンのシャー・ルーク・カーンの初登場シーンで、ヘリコプターから黒ずくめの衣装にサングラスをかけた彼が降りてきた時、ハートをズキュンと打ち抜かれるような格好よさがあった。

インドでこれだけ映画ビジネスが盛んなのは、この「トップスター」の存在が大きいかもしれない。

日本では今はもう「トップスター」という存在がいなくなってしまったが、昔はピンクレディー、山口百恵、松田聖子と言ったスターの頂点に君臨する「トップスター」の存在があった。インド映画界にはまだその「トップスター」が存在し、その座を狙い、追従する人気スター俳優達がいて、人々を熱狂させるのだ。

インド映画、映画界は面白い、というのが私の感想だ。インドの文化を知って見るとさらに面白い。ひとつ残念なのは英語の字幕がないので、ひとりで見に行ってもストーリーを完全に理解できない事だ。100パーセントに程遠い理解力であれだけ楽しめるのだから、100パーセント理解出来たらどんなに面白いかと思うと、残念でならない。

ひとり旅の孤独

翌日アンディがホテルへ私を迎えに来たのは、また約束の時間より1時間も遅れていた。彼に昨日、日本の朝食について話をした時、飲ませてあげると約束していた味噌汁をご馳走した。インスタントのあさりの味噌汁を、「美味しい」と言ってあっという間に飲んでしまい、飲み終わった後に言った言葉が、実にインド人らしくて印象的であった。

「この味噌汁にタバスコを入れたら、一層完璧な味になっただろうね」

朝食を食べにアンディのホテルへ行くのに彼のバイクで行く事にした。私がジーンズに着替えに部屋に戻っている間に、先に駐車場へ行った彼に追いつくと、何やらバイクの所に屈んで格闘している。

「どうかしたの？」

「最近バイクの鍵をなくしてしまって、それ以来いつも違う鍵で開けるんだけど、今日はうまくいかないんだ」

　全く合わない鍵でエンジンをかけるなんて至難の業だろう。汗をかきながら必死になっていた。アンディもホテルにいる時は実にスマートに事を取り計らってくれ、いつも確実できちんとしているが、実は時間にルーズだったり、財布を忘れてきたり、バイクの鍵をなくしたり、結構おっちょこちょいでそのギャップが人間っぽく、何だか可笑しくなった。

　ようやくエンジンのかかったバイクに乗って出かけたが、生まれて初めて乗ったバイクは思いの他快適で、風を感じられ、周りの景色もよく見えて気持ちよかった。

　懐かしいアンディのホテルのロビーは、静かで綺麗で涼しくて、今泊まっている安ホテルとは空気まで違って感じた。彼はトラベルデスクに寄って、自分のゴア行きと私のムンバイ行きの切符の手配を頼んだ。やはりアンディは今日ゴアへ行ってしまうのだな、と言いようのない寂しさを感じた。

　レストランで朝食を取っている時、美味しそうにチーズオムレツを食べている彼を見て、ここに来て以来、彼に冷たい態度を取り続けていた理由を、今きちんと話して謝らなければ、きっと後悔すると思った。

「アンディ、あなたに謝りたい事がある」

「どうしたの？」

　彼は驚いてナイフとフォークを置いた。

「私、貴方に時々冷たい態度をとっていたと思う。それはね、嫌われたい、って思っていたからなの」

「どうして?」

「私はインドが好きだけど、インドで暮らす事は出来ない。だからあなたに恋愛感情を匂わすような言葉や態度を示されると、誤解されないような態度を取らなくてはいけないって思って、わざと嫌われるような冷たい態度を取ってた。それでもあなたは本当に私によくしてくれて、いつもいい人で、だからゴアに行ってしまう前にその事を謝りたいと思ったの」

アンディはこの言葉にすぐに返事をせず、少し間を置いてから言った。

「君は何も僕に嫌われるような事をしたり言ったりはしてないよ。だから謝る必要なんかないよ。君がオーランガバードに来てくれて僕は嬉しかった」

その言葉に、気持ちが晴れるどころか、自分のした事に気が重くなるばかりであった。

食後、アンディにバイクでエローラ石窟行きのバス乗り場まで送ってもらった。彼も誘ったが、旅の荷造りがあるとの事で、私ひとりで行く事にした。バスターミナルにはバスが雑然と止まっていて、英語の行き先表示がなく、アンディが探してくれたが、ひとりで来ていたらとてつもなく不安になっていただろう。インド観光のコツとして、初めはツアーに参加し、気に入ってもっとゆっくり見たい場所があったら独力でもう一度来る、というのがいいかもしれない。

今日はゆっくりと全ての石窟を見る事が出来た。帰りのバスが何時にくるのかわからなかったので、教えてもらったバス停の辺り（特に表示がない）に座ってバスが来る方向を見ていると、人を乗せた同じようなライトバンが何台も走り去って行くのに気づいた。これは乗り合いバスの一種で、これに乗れば普通のローカルバスより早く帰れるかもしれないと思い、立ち上がって行き先を聞こうと構えていると、次に来た乗り合いバスからまだ13、4歳位の男の子が身を乗り出し、「オーランガバード?」と聞いてきた。そうだ、と答えると乗るように言われ、値段を尋ねるとバスより2ルピー高いだけで15ルピーであった。それならこちらの方が断然いいと思い、乗り込んだ。

車には誰も乗っておらず、シート後方に広く空いたスペースがあり、そこでゆったりと足を伸ばして座る事にした。しかしそこは車が走り出すと道が悪いため、かなり揺れて安定感が悪く、途中でシートに移動した。この移動は大正解であった。それからしばらくすると次々と人を拾って行き、あれよあれよという間に後ろのスペースは一杯になり、もうこれ以上は乗れないだろうと思ってもどんどん人を拾って行く。少年の客を拾うために叫ぶ言葉が、「オーランガバード、乗らんかえ～」と、まるで京都弁のように聞こえて面白かったが、それを叫ぶたびに「まだ乗せるつもり?」と思った。

私が座っているシートは3人掛けに3人座っているだけなので楽であったが、後ろは振り返るのも申し訳ない位すし詰め状態になっていて、体育座りしている人が折りたたみ椅子のようになっている。まるで荷物のように詰め込まれて乗せられ、もしあのまま後ろのスペースにいたら、(体が硬くて折畳み椅子になれない私は)ローカルバスで帰るよりよっぽど大変な目に遭っていただろう。

乗り合いバスは私をホテルの近くで降ろしてくれた。アンディに電話をして乗り合いバスに乗って帰ってきた事を言うと、「それはすごい経験だったね」と驚いたように言った。彼は乗り合いバスには乗った事がないらしかった。人口の多いインドでは、ああいったすし詰め状態で乗り物に乗る事に慣れていて、皆何とも思わないのだろうと思っていたが、隣に座っていた女性や後ろに乗っていた人達の身なりを思い返してみると、かなり貧しい人々ばかりだった。乗り合いバスは、アンディ達のような中流の生活を送っている人々が好んで利用する乗り物ではなく、そうとは知らずに乗って帰ってきたのは結構チャレンジャーな体験だったようだ、と可笑しくなった。

アンディがバイクで迎えに来てくれると彼のホテルへ行き、トラベルデスクで汽車のチケットを受け取った。しかし、私の列車の予約は取れておらず空席待ちとの事で、明日トラベルデスクにもう一度電話するように言われた。飛行機の空席待ちなら慣れているが、列車の空席待ちをするのは初めてで、アンディがもう明日はここにいない事も不安な気持ちを大きくした。

その後、アンディの家で彼の荷物をピックアップし、オートで夕食に出かけた。アンディが行ってしまう寂しさ、心細さ、彼に対する罪悪感、と複雑な思いが交差し、あまり食欲が出なかった。彼はそんな私の様子を気遣ってか、いつもよりよく喋り、冗談を言い、相変わらず優しく、それが却って別れの寂しさを助長させた。

食後一緒に駅まで行って見送ろうと思ったが、彼は駅から私がひとりでホテルまで帰るのを心配し、駅にはひとりで行くと言ってホテルまで送ってくれた。ホテルの玄関前で彼は一旦オートを降り、いつもの優しい笑顔で私に握手の手を差し伸べた。

再び彼を乗せたオートがオレンジ色の薄明かりの中でゆっくりと走り出し、やがて消えて行くのを見届けながら、まるで失恋でもしたかのような大きな喪失感が押し寄せてきた。それはインドで初めて感じた「孤独」であった。

翌朝目覚めると、電話をする相手も会う相手もいない事をとても寂しく感じた。今日はアジャンタへ行くつもりだったが、アンディがいなくてはバスを無事に見つけられないかもしれないと思い、やめて列車の出発までゆっくりする事にした。

フロントへ行ってレートチェックアウトが可能であるかを尋ねると、フロントの若い男性が答えた。

「9時から3時までは、部屋料の半額分、4時以降は全額を頂きます」

「私のルームレートの半額だと幾らですか？」

「あなたのルームレートは1900ルピーの10パーセント引きですから、その半分で……」

私はそれを聞いて驚いた。ホテルに直接電話を掛けて予約をした際、ルームレートは990ルピーと言われ、予約日を変更した時も、そのレートを確認した。その事を言うと、フロントの男性はスタンダードルーム1700ルピー、デラックスルーム1900ルピーと書いてあるホテルの料金表を見せてきた。もともとデラックスルームなど頼んでいないし、あの眺めの悪い、いかにも安そうな部屋がデラックスルームというカテゴリーなのも疑わしい。私は納得せず言い合いになり、マネージャーを呼んでもらうと、彼は私の聞き違いだと主張した。私は990と1900を2回も聞き違えたりは絶対にしない、と思いガイドブックでこのホテルのレートを調べてみると、1100ルピーと書いてあり、10パーセント引きだと丁度990ルピーになる。これは聞き違いに責任をなすりつける詐欺だ、と腹を立て、しばらく言い争った。しかし、チェックインの際にルームレートをもう一度確認しなかった私の落ち度でもあり、証明も出来ないので、結局25パーセント引きの値段を払う事で引き下がることになった。990ルピーだと思えばこそ我慢出来たこの安宿の部屋に、アンディのホテルより高く、予算オーバーの金額を払わされた事に、ただでさえ朝から憂鬱な気分がさらにブルーになった。

午後、サリーの着方を教えてもらう事になっている仕立屋へ行った。女主人に宿の一室に案内され、ここで仕立ててもらったブラウスとペチコートを身に着けて待っていると、女主人が若い下働きの女性を連れて戻って来た。

サリーの着方を教える女主人の顔つきと口調はきつめで少し怖かったが、日航ホテルで教えられたのと同じ2種類の着方を、形を整えながら綺麗に着る方法を上手に教えてくれた。私がひとりで着てみている最中に着方がわからなくなっても、彼女は決して手を貸さず、口だけで指導してくれた。彼女が一切口を出さずに私が最初から最後まで初めてひとりで着れた時、下働きの女性が床に屈んで裾の長さを見てくれた後、「ビューティフル！」と感嘆の声を上げ、それに続いて女主人も言った。

「それで完璧よ。あなたはサリーがとてもよく似合うわ。サリーはその地方、地方でいろんな着方があるから、馴れたら徐々に色々な着方を試してみるといいわ。オーランガバードにも、独特な着方があって、ショールの部分を後ろから足の下に通して前にもってくるの」

〈後ろから前に足の下を通す？　それじゃあまるでフンドシのようじゃないかしら〉

私が怪訝な顔をしていると、彼女は言った。

「こっちへいらっしゃい」

彼女は私を庭の蔦《つた》がからまる金網のところへ連れてゆき、そこから外を覗くように言った。覗いて見るとそこに老女がいて、女主人が何かを言うとこっちにやってきた。

「この人の着方がここでの独特の着方よ。わかる？」

前から見ると、スカートの部分が足の下から通されたショールによって2つに割れ、ダブっとしたズボンを履いているように見える。老女が後ろを向くと、想像通りふんどしをしているような感じで、お世辞にも格好のよい着方とは言えなかった。作業をするにはこの方が動きやすそうだが、おそらく上層カーストの女性はこの着方はしないだろう。

帰り際、女主人はオートを私のために捕まえてくれると、「さよなら」と言ってさっさと中に入ってしまった。非常にさっぱりした性格だ。しかしタダであんなに長い時間付き合ってくれて、愛想はないがいい人である事は疑う余地はなかった。彼女は私の「サリーの師匠」という忘れられない存在となった。

ホテルに戻ると、アンディのホテルのトラベルデスクに電話をした。列車の予約が取れたかを確認したが、まだ取れておらず、もう一度6時頃に電話を下さいと言われ、本当に今日ムンバイへ行けるのだろうかと不安になった。

インターネットカフェへ行き、Eメールをチェックすると、ケタキからメールが届いていて、2月にインドに来ると言っていた件はどうなったのかと書かれていた。私に会うのを楽しみに待ってくれているると知り、電話屋から彼女の家に電話を掛けた。電話口にはあのサリーカウンター壊しのお母さんが出てきて、私の事を覚えていてすぐにケタキに電話を取り次いでくれた。

「カヨコ、ボンベイに明日の朝着くんですって？」

「その予定なんだけど、実はボンベイまでの列車の予約がまだ取れていなくて、確実に明日行けるかどうかはわからないんだ」

「そうなの？　じゃあ、今日列車に乗れなかった時か、明日の朝ボンベイに着いた時かのどちらかに電話を頂戴。無事乗れることを祈ってるわ」

無事列車に乗れて彼女に会えたらどんなにいいか、と心底思った。

電話屋を出てホテルに戻るために通りを渡ろうとした際、走って来たオートに向かって衝動的に手を上げた。駅に直接行った方がもう少し詳しい空席状況がわかるかもしれないと思い、乗り込んで駅まで行くように言った。

オーランガバードの駅も人が多く、雑然としていてどこで予約の事を聞いたらいいのかさっぱりわからなかった。どうしてインドの鉄道駅はもう少しわかりやすく構内に案内表示を作らないのか、と呆れながら辺りを見回すと、「チケット」と書いてある窓口を見つけた。そこで予約の事を聞くと、ひどい発音の英語で「予約の事は予約専用窓口で聞け」と無愛想に言われた。彼が指差した方向を見ると、「予約」と書かれた窓口があり、5、6人の人が取り囲んでいて（話に聞いた通り、インド人は確かに一列に並ばない）、私もその中に加わり、空いた隙に窓口の男性に列車予約の確認をお願いした。

彼の英語もこれまたわかりづらく（この時点で、オーランガバードは英語をちゃんと話せる人が少ないとアンディが嘆いていた事が納得できた）、2、3回聞きなおして漸く「列車がもう始発駅を出てしまっているので、どの座席が空いているのかわからない。列車が到着したらコンダクター（車掌）が教えてくれる」と言っている事がわかった。

「それは、私はこの列車に乗れるという事ですか？」

「イエス、イエス」

「乗れない可能性はないですね？」

最後の質問には、彼はイエスともノーともわからない首の振り方をした後、次の人と話を始め、ちゃんと私の言った事を理解できていたのかわからない感じであった。まだ不安を拭い去れない気持ちのまま駅を後にし、ホテル戻ってからもう一度アンディのホテルに電話をした。電話に出たフロントのスタッフは、私が名乗る前に私とわかり、すぐに列車の予約が無事取れた事を教えてくれ、座席番号の確認方法を尋ねると、駅の人と同じ事を言った。漸く少し安心出来たが、今まで電車に乗る事がこんなに一筋縄でいかなかった国はなく、ストレスが溜まるのでこの先、極力電車は使いたくないと思った。

夜10時半前にホテルを出た。列車の座席の事が気にかかる駅までの夜道は、私の不安と孤独を助長した。この国には先進国に当然のようにあるスムーズさがないので、何をするのもひと苦労で、そんな中、重いスーツケースを伴っての行動はすべてを不安にする。この先もひとりでやらなくてはいけない全ての移動の手配を考えると、億劫で旅をやめたい気分になり、ただただ憂鬱な気分で暗い夜道を眺めていた。

駅に着きドライバーが私の荷物を降ろすやいなや、赤い服を着た男が近づいて来て私の荷物を持ち上げた。他にも同じ赤い服を着た男が荷物を運んでいるのが見え、彼がポーター（荷物運び）であるとわかり、値段を聞くと「50ルピー」と言うので値切って40ルピーにしてもらった。座席を聞いてきたのでコンダクターに聞かなければわからない旨を説明すると、その直後にとった彼の行動に私は思わず息が止まった。私の30キロ近いスーツケースを持ち上げ、頭の上に乗せて歩き出したのだ。空港でこのスーツケースをカートに載せるのを手伝ってくれた男性でさえ重くてよろめいていたのに、頭の上に乗せて歩くなんて人間業ではない。一歩間違えば首の骨を折って大怪我をしてしまう。私は心配して彼に言った。

「もうひとつの鞄の方が軽いからそっちを頭に乗せたら?」

しかし彼は私の言葉を全く無視して歩き続けた。見れば見る程細い彼の首に肝を冷やし、彼の前に立って人ごみを交通整理し、誰もぶつからないようにしたい衝動にかられたが、行く手がどちらかわからず、彼の後をついて歩くだけの役立たず状態であった。わずかなお金でこんな大変な事をさせ、自分は楽をしている事に罪悪感すら覚えた。

2月のオーランガバードの夜は結構寒く、ホームにある待合室で列車を待つ事にした。女性がひとりなのは私だけで、一層不安な気持ちになった。

列車は予定時刻の11時半になっても一向に入ってくる様子がなく、薄暗くて寒い駅の待合室で、今日1日ずっと滅入っている気持ちがこの時、頂点に達していた。ひとり旅は孤独だし、他の国と違って何もかもがわかり辛く、列車ひとつ乗るのにも、スムーズに事が運ばない煩わしさと不安にこの先耐え切れそうにない。もうムンバイに着いたらそのまま飛行機に乗り継いで、親友の牧子のいるミャンマーに行ってしまおうかと考えた。しかしすぐに彼女は今、日本に帰国していて、17日にならないとミャンマーに帰ってこない事を思い出した。もう少しここで頑張るか、日本に帰るかしかないなら、もう日本に帰りたいという気持ちで一杯になった。

そのうち眠くなってうとうとしだしたが、1回1回違う夢を見ては目覚める。アンディが駅に現れたり、ポーターが頭に2つ荷物を乗せているところに人とぶつかりそうになったり、現実とも思えるような夢ばかりを見ていた。精神状態が不安定な表れであった。

ポーターに声をかけられて目を覚ましたのは12時すぎであった。列車が駅に入って来るらしく、待合室の人々がホームへ移動を始めていた。ポーターはまたスーツケースを頭に乗せて運び、2等エアコンカーが止まる辺りで荷物を下ろした。彼は列車がホームに停まると、私のチケットを持ってすぐに列車から降りてきた制服姿の男をつかまえ、チケットを見せながら何かを話し出した。彼がコンダクターなのかと思い、私もその傍に行こうとしたが、すでに彼の周りは人だかりとなっていて近づけない。ポーターがいなければ、すぐにこの男性がコンダクターとは気づかず、気づいた時は人だかりの後ろで、右往左往しているだけであったろう。

それにしてもインドはほんとうにサバイバルな国だ。人が多いのでしり込みをしていてはすぐに後回しにされてしまう。少しでも人より早く、人波を押し分けてでも、飛び越えてでも人の前に出なければ、待っているだけではこの国では何も解決しないのだ。これまで随分あっちこっち個人旅行してきたが、このインドと比べるとどれも甘っちょろいものにすぎなかった。

メキシコの小さな町の数々を、早口のメキシカンスパニッシュの聞き取りに苦労しながら2等バスで旅した時も、エジプトでアラビア語の表示しかない中を、独力で乗り合いバスやローカルバスを乗り継いで神殿を探した時も、ソ連時代のロシアも、インド程サバイバルで、インド程思い通りにいかない事は何ひとつなかった。この旅を全て予定通りに終える事が出来た時こそ、私は本当の「百戦錬磨の旅のプロ」となっているのかもしれない、と思った。

ポーターは座席番号がわかると荷物を車内に運び、私のベッドの下にきっちり収納してくれた。列車が到着してからの彼の一連の行動のすばやさには惚れ惚れとさせられ、感謝を込めて彼の最初の言い値の50ルピーを払った。こんな重労働に値切るなんて事をしたら、来世私はポーターに生まれて来て、重い荷物を持ってこき使われた末に、首の骨を折って死んでしまうに違いない。

2等エアコンカーの寝台は思いの他快適であった。車内は程よい温度に調整されていて、寝台にはカーテンが付いているので、閉めてしまえば個室のようになった。毛布も枕もないのでパシュミナのショールを1枚毛布代わりにし、お金やパスポートなどの貴重品が入った鞄を、もう1枚のパシュミナショールで包んで枕代わりにして横になると、すぐに眠ってしまった。

朝日が覚め、時計を見ると6時半であった。窓のカーテンを開けてみると、朝日が昇ってきていて、空と大地が赤く染まっているのが綺麗だった。寝台のカーテンを少し開けて車内の様子をみると、コーヒー売りがいて、1杯買って飲むと、とても熱くて美味しかった。日本の新幹線の車内サービスでも、なかなかこんなに熱いコーヒーは出てこない。荷物運びにしても、このコーヒー売りにしても、インドは痒い所に手が届くサービスがある。ヴィネイがビジネスはアイディアだ、と言っていたが、インド人は人が必要とするものに逸速く気づき、それを商売にしている感じがする。昨夜は究極のホームシックと孤独感に苛まれたが、もう少し慣れれば、もっと快適に旅を続けられるようになるに違いないと元気が出てきた。

国際都市ムンバイ

列車は朝8時半にムンバイに到着した。ムンバイの駅はニューデリー駅よりもずっと都会的で大きな駅で、朝の通勤時間帯のためか、大勢の人が足早に歩いていた。インドは非常にゆっくりとしたテンポで時間が流れてゆく、というのが実感であったが、ここムンバイはそれとはかけ離れた、東京やニューヨークのような大都会でよく見られる、忙《せわ》しない朝の光景が繰り広げられていた。

駅の荷物預かり所に荷物を預けると（ひとつ10ルピーと非常に安い）、公衆電話のブースに行き、ホテルに予約を入れた後、ケタキに電話をして夕方に会う約束をした。

それから州経営のツーリストオフィスに向かうため、タクシー乗り場へ行くと、いかにも観光客をカモにしようとしているタクシードライバーが、手ぐすねを引いて待っている感じだったので、流しのタクシーがいないかと外に出てみた。

すると丁度そこにタクシーが停まっていて、ドライバーに行き先を告げると、前の席に乗るように言われた。しかしこれは乗り合いタクシーだったらしく、その後他にも人が乗ってきた。後ろの席が一杯になるとタクシーは出発し、料金がわからないので他の人が降りる時にいくら払っているのか注意して見ていると、10ルピーしか払っていなかった。タクシーを降りる際、私が最後に降りる客だったので、20ルピー位だろうかと思いながら料金を尋ねると、「80ルピー」と言われた。私は即座に言った。

「皆10ルピーしか払ってなかったのに、どうして私だけ80ルピーなんですか？」

「10ルピー？　皆50ルピー払ってるよ。君はいちばん遠いから80ルピーさ」

「皆10ルピーしか払ってないのを見ていましたけど」

すると彼は胸のポケットからお金を取り出して見せ、こんなにお金があるじゃないか、と言う。そんなのは今ではなくて、あらかじめ持っていた可能性がある。

「これだけの距離で80ルピーもするわけないじゃないですか。しかも乗り合いタクシーなんだから」

「それは関係ありません。80ルピーです」

オーランガバードのホテルもそうだが、始めに料金を聞いておかなかった私の失敗だったと思い、しぶしぶ80ルピー払おうとすると、５００ルピー札しか持っていない事に気がついた。さっきドライバーが私に見せたお金の総額は、４２０ルピーもおつりがある感じではなかった。

「５００ルピーしか持ってないんですけど、お釣りはありますか？」

「多分」

彼はまたポケットからお札を取り出し、数えてほとんど全額を私に渡した。彼の持っているお金が足りなさそうだと思っていたので、すぐに数えてみるとやはり３２０ルピーしかない。

「あと１００ルピー足りないけど」

「いくらそこにある？」

「３２０ルピーしかないです」

「１８０ルピーだから３２０ルピーのおつりと違うかい？」

「８００ルピーって言ったじゃないですか」

「１８０ルピー、と言ったんだよ」

「他の人が50ルピーでどうして私が１８０ルピーなんですか？」

「ここはエリア外なんだよ」

駅もここも市の中心部。エリア外のはずはない。嘘もいいところであったが、彼がおつりを持っていないのはあきらかであった。まだ朝早く、辺りはどこもお店が開いていないので、両替も出来ない。彼のタクシーナンバーを控えようとしたが、私の座席前に表示されている彼のタクシーナンバーが、マジックで汚く上書きされていて番号が読み取れない。

「私に領収書を書いて、あなたの名前とタクシーナンバーもそこに書いて下さい。この事をしかるべき場所で確認させてもらいますから」

「レシートはあげられないけどタクシーナンバーを言うよ」

彼はナンバーを言ったが、どうも表示されているものと違う感じだ。

「ここに書いてあるナンバーと違うようだけど」

「あってますよ。もういいですか？」

お金を持っていない、このイカサマ運転手とこれ以上やりあっていては、時間がもったいない、と諦めてタクシーを不機嫌に降り、ドアを勢いよく閉めた。走り去ったタクシーのナンバープレートを見ると、やはり彼が言ったナンバーと違っていた。

観光局の開く10時までまだ時間があったので、ムンバイで最も有名なマリンドライブまで歩いて行ってみた。海を弓なりに囲むように走っているこのマリンドライブは、ムンバイの代表的風景で、写真やテレビで何度も見たが、実物も写真どおり綺麗であった。

ムンバイの中心部はロンドンと同じ2階建てバスが走り、建物もヨーロッパ調のものや、高級で洒落た外観のものが見られ、「国際都市」といった雰囲気が多分に感じられる、デリーとはまた違った華やかさのある街であった。しかし、以前上空から見たムンバイ空港近辺の夥《おびただ》しいスラムの長屋を思うと、この都市の光と影の大きさを感じさせられた。

10時に観光局へ行くと、現在ここではツアーを組んでおらず、インド門の近くに私営のツアーオフィスがある事を教えられた。今からでもツアーに参加できるだろうかと思いながらインド門まで行くと、そこに有名なタージマハルホテルが現れ、あっと驚くようなとても綺麗な外観であった。思わず足を止め、中を見学してみたいと思ったが、こんな綺麗なホテルを見てしまっては、今日やこれから先の安宿での滞在が益々辛くなるばかり、と目を瞑ってその場を通り過ぎた。

ツアーオフィスはインド門の近辺に見つからず、もうツアーは諦めて博物館に行こうとすると、インド門から博物館へ向かう道沿いに、オフィスというより出店のような観光ツアーデスクがいくつか並んでいるのを見つけた。民間会社の観光ツアーは高いかもしれないと思いながら値段を尋ねてみると、半日市内観光がたったの60ルピーだった。10分後に丁度バスが出ると聞き、すぐに申し込んだ。

ツアーバスに乗り込むと中は既に満席で、ガイドにドライバーの横の席に座るように言われた。またこの席か、とエローラの1日ツアーの事を思い出した。しかし、この席は景色がよく見えるし、ガイドと話も出来るので決して悪くない。案の定、バスが走り出すととてもよく景色が見え、隣に座ってきたガイドとも色々話が出来た。

バスは最初プリンスオブウェールズ博物館へ行った。説明テープの入ったカセットのレンタルが入場料に含まれていて、日本語もあって説明を聞きながら見るのは面白く、素晴らしい展示品の数々は50分という限られた時間の中では、とても全てを見切られなかった。

その後マリーンドライブを通って水族館、ジャイナ教寺院、マリーンドライブが見渡せる丘の公園などを周り、半日観光は終わった。

バスは引き続き1日観光に次の目的地へ向かうので、私は観光バスを降り、市バスのバス停からガイドに教えられた番号の2階建てバスに乗って駅に向かった。

ビクトリア駅は目立つ建物なので、周辺に来ればすぐに降りる場所はわかるだろうと思っていたが、バスは観光バスが通っていたような綺麗な一帯とは違った庶民の生活の場のような通りに入りこみ、30分経っても一向に駅に到着しなかった。間違ったバスに乗ったか、もう駅近辺を通り過ぎてしまったのではないかと心配になりだした。近くにいる人に尋ねようかと思ったが、全く違うバスに乗っていて駅と全然違う場所にいたら恥ずかしい、などと変な見栄が邪魔をして聞くことが出来ず、もうタクシーで駅まで行こうと思いバスを降りた。

そこでタクシーを捕まえて乗ったが、ほんの30秒位走った所で駅に着いてしまった。あとひと停留所分バスに乗っていればよかったのだ。ドライバーも駅ならもう歩いてすぐそこだと言ってくれればいいのに、全くムンバイのタクシードライバーとは酷いものだ。お金を無駄にした、と思いながらタクシーを降りた。しかしここでタクシーに乗った事が、私を救う事となるのであった。

荷物を引き取ってタクシー乗り場に行くと、そこには朝見たのと同じ、観光客を手ぐすね引いて待っているような、腹黒そうなドライバーばかりがいた。そのうちのひとりが私を見ると、絶好のカモが来た、といわんばかりの嬉しそうな顔をして声を掛けて来た。こんなドライバーのタクシーに乗りたくなかったが、荷物を持って駅の外まで行くのは大変なので、仕方なくそこでタクシーに乗る事にした。

案の定、そのタクシードラバーは腹黒かった。外付けになっている料金メーターが「24」という表示のまま走り出そうとしたので、私がそれを注意すると、彼は車を降りてメーターを軽く倒し、表示が「6」となった。ドライバーは何くわぬ顔をして座席に戻って来たので、ムンバイではメーター表示が6から始まるものなのかと思ったが、すぐにさっきちょっとだけ乗ったタクシーを降りる時、メーター表示が「1」になっていて10ルピー払った事を思い出した。

メーター表示は1からだと確信を持ち、彼に表示が1まで戻っていない事を指摘すると、再度車を降り、メーターを今度は強く倒して1に直した。車が走り出した後、ガイドブックに載っているタクシー料金表を見てみると、メーター表示「6」は70ルピーと書いてあり、「24」や「6」から走り出していたらまた法外な金額を払わされるところだった。さっき少しタクシーに乗った事に救われたのだった。何が幸いするか、人生はわからないものだ。

ムンバイのタクシーにはくれぐれも気をつけないと、と気を引き締めた時、ドライバーが言った。

「後ろにいれた荷物はひとつ30ルピーするよ」

「今まで、トランクに荷物を入れてお金を取られた事はないけど」

「ボンベイでは、必要なんだ」

一瞬そうなのか、とも思ったが、ドアの所にタクシー料金についての説明が貼ってあるのを見つけ、そこにはトランクにいれた荷物代について何も書いていなかった。

「ここに貼ってある説明には、荷物代の事はひと言も書いてないけど。特別なお金を取る時は、明文化された物があるはずよ。それがあるなら見せて」

そう言うと彼は黙った。

それから40分程走り、ホテルの近辺まで来た所で彼は道に迷い、暫くうろうろした。これもメーター料金稼ぎではないかと疑い、車を降りる際に彼が料金表に表示された金額の1の位を切り上げて要求してきたのに対し、道に迷った事を指摘して1の位を切り下げた金額を払った。すると彼はまたトランクに入れた荷物代として30ルピーを要求してきた。

「さっきも言ったでしょう。後ろに入れた荷物にお金を払う必要はないはずだって」

その言葉に対して彼は吐き捨てるように言った。

「30ルピーなんてたった1ドルじゃないか。外国人にとってはたいした金額じゃないだろう。それくらいくれたっていいじゃないか。いいよ、行きな」

「騙してお金をとろうとするんじゃなくて、何かいいサービスをしてお金をもらうことを考えれば？」

私も負けじと言い返してタクシーを降りたが、何とも後味が悪かった。確かに荷物代ではなく、チップを少し位あげてもよかった。ただ、最初から騙そうと企んでいた彼の腹黒い態度が気にいらなかったのと、ムンバイのタクシードライバーに対する印象がすっかり悪くなっていて、チップをあげようという気持ちになれなかったのだ。しかし彼の最後の言葉を思い返してみた時、それがあながち悔しまぎれの雑言《ぞうごん》ともとれなかった。

インドでは乗物や観光所など多くの場面で、外国人にインド人より高い料金が設定されている。この国では外国人から多くのお金を徴収するのは普通で、それが豊かな国からやってきた外国人に求められている事なのだ。だからタクシーやオートのドライバーにしても、外国人から多少多くのお金をもらうのは悪い事ではなく、当然と思っているのだろう。それに加え、この街の「陰」の部分を思った時、道に迷ったと言って料金を切り下げて払い、たった30ルピーの荷物代で喧嘩し、チップもあげなかった自分がとてもケチに思えて恥ずかしくなった。

一ヶ月無給の身で海外旅行をするのだからとお金の節約を心がけてきたら、いつのまにか節約がケチる事になり、自分が損しない事ばかり考えていた。「節約」と「ケチ」は別ものだ。人間として大切なのは、貧しくとも、人に優しく出来る、心豊かな人間である事だとこの国で学んだばかりなのに、自分が「ケチ」な心の貧しい人間になっていた事を深く反省した。

ホテルは国内空港から目と鼻の先の距離にあった。ホテルの宿泊料金が先進国並に高いここムンバイでは、一泊の予算を3000円から5000円に上げて、このホテルを予約した。それでもかなりのオンボロホテルかもしれないと覚悟はしていたものの、実際に部屋を見た瞬間、ショックだった。案内された部屋は、狭く、暗く、カーテンは汚れているし、ベッドの毛布もかなりボロだ。洗面所にはトイレットペーパーはなく、水道の蛇口からは水がチョロチョロとしか出ない。シャワーの下に水受けがないので、シャワーを浴びれば、洗面台からトイレの方まで床が一面水浸しになりそうだ。こんな部屋にひとりで泊まっていては、夜になったらまた昨夜のように気が滅入ってしまいそうだ。明日は少し予算オーバーしても、もう少し綺麗なホテルに泊まろうと思った。

部屋に荷物を運んでくれたポーターに、シャワーのお湯はすぐに使えるかと尋ねると、10分位待つように言われた。本当にお湯が出て来るか心配したが、暫くすると熱いお湯が出て来て、シャワーを浴びる事が出来た。しかし、思った通り一面水浸しになった。水はけが悪く、トイレに入るにもスリッパではなく靴を履いていないと足が濡れてしまう有様で、今日ひと晩なんとかこの環境を我慢して乗り切るしかない、と自分に言い聞かせた。

ケタキに会いに行くのに、私のサリー姿を見せて驚かせようと思い、ヴィネイに買ってもらったサリーに着替えた。思ったように上手く着られず30分以上かかり、師匠に教えてもらった時は3本しか使わなかった安全ピンを、10本も使って何とか形を整えたが、途中で着崩れしてきそうであった。サリーに着替えただけで、ぐったりと疲れてしまった。

ケタキとの待ち合わせ場所にはオートで行った。ホテルから最寄駅の「西ロマクドナルド前」が待ち合わせ場所であったが、そこは待ち合わせのポイントらしく、かなりの人がいてケタキを見つけられるか心配であった。しかし背の高い彼女が現れるとすぐにわかり、彼女は私がサリーを着ている事にとても驚いた後、思い出したように傍にいる2人の友人を紹介してくれた。3人ともパンジャビードレスではなく、ジーンズにシャツというラフな格好をしていた。

4人でマクドナルドに入ったが、一緒のテーブルに座っているインド人の3人が洋服を着ていて、日本人の私がサリーを着ているというとても変な構図であった。3人共受験生で、大学に入るのが目的ではなく、将来なりたい職業（ケタキはサリーデザイナー志望）に向かっての、専門の勉強をするために志望大学を決めていて、将来の夢を語る彼女達が、生き生きとして輝いているのにとても刺激された。インドの女性達の生き方が「早く結婚する」だけでなく、こういった目的意識の高い女性達が社会でどんどん活躍して行くようになれば、かなりの発展を遂げて行くだろう、とこの国の底知れぬ将来性を感じた。

彼女達も映画『カビクシカビガン』を見ていてファンであった。

「あの映画、泣けるよね。皆も泣いた？」

「泣いた、泣いた。受験が終わったら絶対もう一度見に行こう、ってみんなで言ってるの」

「あの映画に出てくる家族、すごくお金持ちだよね。インドのお金持ちってあの位お金持ちなの？」

「まさか、映画なんてみんなファンタジーの世界よ」

高校生に言われてしまった。なんだか彼女達の方が私よりずっとリアリストであり、しっかりしていた。

ケタキと友人達は皆ヒンディー語を話せるが、学校では全て英語で会話をするため、学校の外でも殆ど英語で会話するらしかった。ケタキはヒンディー語が母語だが、友人のひとりはムンバイのあるマハーラーシュトラ州で多く話されるマラーティ語という言葉が母語で、もうひとりの友人はヒンディー語が母語だが、父親がこの州の出身ではないのでまた違うインドの言葉を話せるらしく、インドでは3つ言葉を話せるのも驚く事ではないようであった。その話を聞いている私の頭の方が混乱しそうであった。

マクドナルドに1時間程いた後、皆でケタキの家へオートで向かった。オートは3人乗りなのだが私達は違反して強引に4人で乗り、途中2度程オートのドライバーが警察を見つけると、そのたびにケタキは急いでオートを降り、警察が行ってしまうとオートに戻ってきた。私達は警察に見つかるのを逃れてケタキが帰ってくるたびに、ホームランバッターを迎えるかのように、手を叩き合いながら迎えた。見ず知らずの場所で、インド人女子高生と一緒に学生のようにはしゃいでいるという状況が、何だか愉快であった。

ケタキの家はアパートの3階にあった。ケタキが家のドアを開けると、お母さんが出迎えて私を抱きしめ、中に入るとお父さんがソファーから即座に立ち上がり、「よく来たね」と言って笑顔で握手の手を差し伸べた。お父さんはこの間会った時は、もっと厳格で怖そうな印象を受けたのだが、今日はとても優しそうに見えた。

お母さんはせっせと色々な食べ物を作って出して下さり、途中でおばあさんもやってきて私のすぐ横に座り、抱きしめてくれた。太っていてクッションのように柔らかいその体は心地よく、私はしばらくおばあさんに甘えて抱きついていた。日本人はこんな風に他人と抱き合う習慣がないので、すぐに打ち解けて親しくなりにくいが、インドではスキンシップで歓迎してくれるので、心を開き、打ち解けやすい。

お父さんはとても旅行好きでインド中を旅したそうで、インドの観光地について色々な話を聞かせてくれた。私が明日コーチンに行く事を話すと、彼は言った。

「コーチンに行くのか。それはいい。私はコーチンがインドで2番目に良い所だと思っているんだ」

「1番はどこですか？」

「カシミールだな。今は残念ながら危なくて旅行者には行けない所だが、そのうち紛争もおさまるだろうから、その時は是非行ってみるといい」

カシミールはメハラ達がお国自慢で良い所だと言っているのではなく、他の人からみてもインド一いい所のようだ。

「コーチンに行ったら必ずバックウォーターツアーに参加するといい。アラビア海のバックウォーターをボートで回るツアーだが、そこで暮らす人々の生活や非常に美しい景色の数々を見られるよ。コーチンは食べ物も美味しいし街も綺麗だし、きっと気に入るよ」

私がコーチンに行こうと思ったのは、ラクシャディーブ諸島という美しい海のある秘境のリゾート地へのフライトが出ている唯一の街が、このコーチンであったのと、アユルベーダマッサージを本場ケーララ州で体験してみたかったからであった。しかしオーランガバードでアンディに調べてもらった際、ラクシャディーブ諸島へのツアー料金がかなり高いと知り、行くかどうするか迷っていた。コーチン自体がそんなに良い所だと知ってとても楽しみになった。

ケタキの家は3LDKで、日本と間取りが似ていて、6畳から8畳位の部屋が3つに、15畳位のリビング、広いキッチンがあった。

「ボンベイは他の都市と比べて随分住居費が高いと聞きましたが」

お父さんに尋ねた。

「ああ。マリーンドライブのある中心部は、この位の部屋の大きさで家賃は4万ルピー（10万円）位だよ。ここは中心部から外れているから1万2千ルピー（3万円）で借りられるけどね」

大卒サラリーマンの初任給が2万円に満たない物価の国なので、やはりこの家族は裕福な方だ。

それからしばらくしてケタキの妹が帰ってきたが、この時彼女がケタキの妹ではなく姉だと知った。ケタキは初めて会った時、彼女を「my sister」と紹介し、ケタキより背が低かったので、てっきり妹だと思っていた。彼女は私のサリー姿に驚いた後に言った。

「でも、サリーを着ていたら窮屈に感じない？ 私も何度か着たけど、心地悪くてすぐに脱ぎたくなったわ」

私のサリーは今もう既に着崩れてきていて、それをたびたび直さなくてはならず、かなり着心地悪く感じていた。インド人でもサリーを窮屈に感じると知って何だかほっとした。

ケタキのお父さんは意外とよく喋る人で、10時を過ぎても時間を全く気にせず、近くにヌードルのおいしい店があるから、今から皆で食べに行こうと言って張り切って立ち上がった。初対面の時の「厳格な父親」という印象はもう微塵もなくなっていた。今日はもう時間が遅いので失礼させて頂く事を告げると、残念そうな顔をし、車で送って行くのでホテルはどこかと聞いてきた。安宿の名前を言うのが恥ずかしく、知らないでいて欲しいと思いながらホテル名を口にすると、彼は言った。

「あの空港のすぐ傍の所だね。知っているよ」

嗚呼お父さん！　どうしてあなたはそんなに何でも知っているの、と心の中で嘆きながら、弁解した。

「今回は、1か月に亘る長い旅行なので、宿泊費を節約するために安いホテルに泊まっているんです」

「たった1泊なんだからあのホテルで十分だよ。高いホテルに泊まってはもったいない」

何て優しいお父さん。その言葉にあのホテルも私も救われるというもの。

その時お母さんは、ちょっと帰るのを待って、と言って私へ小箱を差し出した。その中には今日着ているサリーにぴったりの、白と赤のカラーコンビネーションのネックレスが入っていた。

「綺麗！　丁度今日着ているサリーに似合いそうです」

私がそう言うと、ケタキがそのネックレスを私につけてくれた。ネックレスをつけてもらった後、皆で記念写真を撮った。

たった1日のムンバイでの滞在であったが、ケタキ一家との再会という大きな思い出が残った。結局旅の中でいちばん心に残るものは、人との触れ合いなのだ。

運命の出会い

翌朝目が覚めた時、椅子の上にくしゃくしゃに置いてあるサリーが目に入った。昨日疲れていて、椅子に置きっ放しにしたますぐに寝てしまったのだ。皺になってはいけないと慌てて起き上がり、畳んだ。私はまだこの長いサリーを畳むのに、ベッドの上に立たないと綺麗に畳めない。くたくたになって帰ってきて、ベッドに上がってサリーを畳むのはかなりの気力が必要だ。サリーの師匠はベッドの上に立たずとも驚く程早く綺麗にサリーを畳んでいたので、これも慣れなのかもしれないが。

昨日シャワーを浴びた際、あれだけ水浸しになっていた洗面所は見事に乾いていた。始めは不快に思ったこの清潔感のない部屋も洗面所も、慣れるとさほど嫌に感じなくなっていて、恐ろしい事に、愛着すら感じてくる。住めば都とはよく言ったものだ。

空港でチェックインを済ませた後、今日コーチンで宿泊するホテルを決めようと、ガイドブックを見ながら何軒かのホテルに電話をした。そして街中にあるアベニューリージェントホテルという4つ星のホテルに予約を入れた。街中にあるので便利だし、写真を見た限りでは設備も外観も結構よさそうであった。インドに来る前は1泊3000円の予算にしていたが、1泊5000円に上げる事にした。5000円以下だとお湯が使いたい時に使えなかったり、水の出が悪かったり、タオルやベッドのシーツに清潔感がない宿が多いようでそれはやはり辛い。その代わりにラクシャディーブ諸島に行くのはあきらめる事にした。

「貧乏旅行にはお金がないがために、見られる世界があり、それが結構面白い」と誰かの旅行記に書いてあったが、それは確かにそうだが、私の今の気持ちを言わせてもらえば、お金があってもお金がない世界は見られるが、お金がなければお金のかかる世界は見られず、それは結構残念な事だ。

コーチン行きのビジネスクラスは満席であった。席に着く前にペギーバッグを上の棚に上げようとすると、あまりの重さに鞄を棚まで持ち上げられず、途中で力尽きてしまった。考えてみれば、今まで荷物がはちきれんばかりに入っているこの重いペギーバッグをひとりで棚に上げた事はなく、いつも近くにいた男性か、乗務員が手伝ってくれていた。この時、私の隣の席で、通路側に座っている50過ぎの恰幅のいい男性が、後方で荷物を上げようとしている私を振り返えるようにして、じっと見ているので、荷物を上げるのを手伝ってくれるのではないかと期待をした。しかし、私がもう一度体勢を整えて荷物を上げようとしても彼は立ち上がる気配はなく、再度腕を震わせながら必死になって鞄を頭の上まで持ち上げ、何とか棚にのせるまでの間ずっと振り返ったまま私の様子を見ていた。

人が必死になっている姿を面白そうに眺めているなんて感じの悪い人だな、と思いながら席に着こうとすると、私の席に彼の雑誌とペンが置かれていた。彼にそこが私の席である事を告げると、私を一瞥した後、迷惑そうな感じで座席の間の肘掛上に動かした。しかしそこに置かれては私が肘掛を使えない。それら一連の行動に、彼に対してあまりいい印象を持たなかった。

座席に着いた後、彼の服装に目をやると、丈が膝の辺りまである真っ白な麻の服の上に、光沢のあるクリーム色の短いベストを着、下に履いているズボン、靴下、靴と全てが真っ白という一風変わった格好で、指に大きく厚みのある金の指輪を4つもはめていた。何か特別な宗教の人だろうか、得体の知れないおやじだ、と思った。この手のおやじは絶対にすぐ話しかけてきて、人の迷惑省みず好き勝手に自分の事を話し出すに違いない、絶対に話しかけられたくない、と最初の悪い印象も手伝って思い、話しかけられるスキを与えないよう、シートポケットに入っていた新聞を取り出し、顔を隠すようにして読み始めた。

離陸して間もなくすると、食事のサービスが始まり、新聞を広げて読んでいるわけにもいかなくなった。しかし彼はずっとちらちらと私の方を見ていて、何もしていなければ絶対に話し掛けてくるという確信に近いものがあった。新聞をシートポケットにしまうと、即座に鞄の中から本を取り出し、本を読みながら食事をした。私の作戦は成功し、その時点まで彼に話かけるスキを全く与えなかった。

しかしその堤防が崩れてしまったのは、食事の中盤、大好きな「ワダ」を食べようとした時であった。本を置き、ワダにつけるケチャップの袋を破ろうとした所、それが一向に破れない。必死になって破ろうとしていると、隣から少し切れ目の入ったケチャップの袋が私の目の前にぬっと差し出された。

「ケチャップは、ここの切れ目から切るのだよ。私は使わないので使うといい」

その切れ目から切れなかったんですよ、と心の中で呟きながらお礼を言って受け取り、その際ちらっと彼の顔を見た。すると、間近で見た彼の顔は、離れた所から見た印象よりずっと気品があり、額に赤と黄色の粉をつけていて、ヒンドゥー教徒であり、それなりの身分の人物である事を即座に感じた。食事をしながら本を読んでいる私をマナーが悪いと思っているかもしれないと思い、彼に話しかけられるのを覚悟して本を読むのをやめた。私は食事を続けながら、彼が話しかけてくるのではないかと気になって彼の様子を横目で伺い、彼は私に話しかけるタイミングを伺うように横目で見ているのがまるわかりで、妙な雰囲気の沈黙が流れた後、彼は軽く咳払いをし、話かけてきた。

「どこから来たのかね?」

すごいインド訛の英語であった。

「日本からです」

「オー、ジャパーン!!」

〈郷ひろみじゃないんだから……〉

「私は、ドクターモハナンというが、君の名は?」

ドクターという称号があるからには、お医者様なのだろうか、と思った。

彼は食事のトレイが下がると、名刺を私に差し出した。珍しく二つ折りになった名刺で、開いて見ると、会社や組織の名前と、社長、会長、理事などの肩書きが10個位ずらりと並んでいた。その名刺からわかったのは、彼はお医者様ではなく、政府や国際機関の理事や会長職を歴任している権力者である事であった。彼はさっき私の座席の上に置いていた雑誌を開き、これが私の書いた記事だ、と言って見せてきた。

それは『MIRROR TODAY』という英語の雑誌で、1ページ目の冒頭にこの雑誌の編集長として彼の写真が載っていて、その下に政治問題について書いた彼のコラムが掲載されていた。雑誌は政治、経済、社会問題等を扱う硬派なもので、彼がこれを私の座席の上に置いていたのは、ビジネスクラスに乗ってくるインド人はそれなりの身分の人物なので、隣に来た人にこの雑誌を渡そうと思って用意していたのだろう。それが想像もしない外国人女性がパンジャビードレスを着てやって来たものだから、何者かと思って見ていたに違いない。

彼の事を誤解していたかもしれない、と思ったが、彼はそれから自分の宗教観、政治論などをインド訛の早口英語で次から次へとまくしたて、それがあまりにも長く続くので、やはり自己中心的タイプの人間かもしれない、という印象を復活させた。

彼は喋りたいだけ喋った後、私にコーチンでどこのホテルに泊まるのかと聞いてきた。突然話を振られて慌てたが、やっと喋れると思い、ホテル名を答えた。彼は、それはどこだ、と言わんばかりの顔をして言った。

「私はタージレジデンシーに泊まる。君もタージにしたらどうかね。海が見えて部屋からの眺めが素晴らしいぞ」

そりゃあ、泊まれるものなら私だって死ぬ程タージに泊まりたい。ムンバイの空港からもいちばんにそのホテルに電話をして宿泊料金を聞いた位だ。しかし85ドル＋25パーセントの税金と言われて玉砕した悲しい思い出があるのだ。

「今回は1か月の長い旅行なので、お金を節約して、少し安いホテルに泊まる事にしているんです」

彼は私の言葉に納得したようで、それ以上ホテルの事は言わず、話題を変えて言った。

「今日の夜か明日の昼でも食事を一緒にしないか？　ケーララの料理を食べに連れていってあげよう」

少し迷ったが、ひとりホテルで食事をするのは寂しいし、社会的地位があり、雑誌に顔が載っている位の人なので、危険はないだろうと思い、その誘いを受ける事にした。

「明日は観光に行くと思うので今日の夜だったら」

「じゃあ今日の夜、ケーララの料理を食べに行こう」

彼は鞄の中から便箋を取り出し、名前と滞在先のホテル名を書くように言って私に渡した。それは私が目を瞑って中に入るのを我慢したムンバイのタージマハルホテルの便箋で、思わず目が飛び出した。

「こっ、これは、ボンベイにあるあの美しいタージマハルホテルの便箋ですね」

「私はボンベイではいつもここに泊まるのだ」

ことごとく羨ましい。

「空港からホテルまでは迎えが来ているのかい？　よかったら、私の迎えの車に一緒に乗っていかないか？　君のホテルに寄って降ろしてあげるよ」〈ちょっといい人かも〉

「もしご迷惑でなければ」

「じゃあそうしよう。ところで君はこれからどこを旅するのかい？」

「コーチンを訪れた後、マドライ、チェンナイ、カルカッタ、ミャンマーに行く予定です」

「それはなかなか良い選択だ。ただチェンナイからはハイダラバードに行き、そこからカルカッタに行った方がいいな。ハイダラバードには素晴らしい博物館があって、そこは絶対に見た方がいい。日本の物も展示されているぞ。行くなら私が全て手配しよう」

ハイダラバードという地名は初めて聞いたので、ガイドブックを取り出し、そこについて書かれたページを開けた。すると、それを覗き込んだ彼が私から勝手にガイドブックを取り上げて言った。

「おお、ここにその博物館の名前が書いてある！　何と書いてあるのかね？　素晴らしい博物館だと書いてあるだろう。行ってみないと損すると思わないかね？」

〈随分、強引な話の持って行き方だなあ〉

「そうですね、考えてみます」

そう言ったものの、ここには寄っている時間はないだろうと思い、話を変えて彼に尋ねた。

「デリーにお住まいのようですが、ご出身もデリーなのですか？」

「私の出身？　出身はハイダラバードよ。だからそこを訪れなさい、と薦めているのさ。ハッハッハッ」

やっぱり彼は自分本位だ、と思いながらも、何だかおかしくて私も一緒に笑った。

「ところで、コーチンへはお仕事で行かれるのですか?」

「いとこのマイリッジさ。お陰でコーチンまでの飛行機代がタダで旅行出来る。マイリッジはいいね」

彼のインド訛の早口英語を、そんな風に言ったと理解した。私は「マイリッジ」の意味がわからず、話の内容からして「マイレッジ」の訛った言い方かと思った。

「いとこのマイレッジ?」

「そうだ。マイリッジだ」

マイレッジは、航空会社がやっている、利用した飛行距離に応じて貯まったポイントを無料航空券などと交換できるサービスだ。彼のいとこがインディアン航空のマイレッジポイントが貯まり、無料航空券を譲渡してもらってコーチンに遊びに来た、という意味だろうかと疑問に思った。

それから着陸までの間、私のひと言の質問に百言位返って来る彼の答えを延々と聞かされながら、何だか今までにないタイプのちょっと変わったインド人だな、とその様子に半分呆れ、半分面白く思った。

人との縁とは実に不思議なものである。第一印象が悪く、話すことを避けていたこの男性と、ケチャップの袋が切れなかった事で話すようになった。そしてこれが私のこの旅を全く予想外のものに変え、この国との係わり合いをも変える事となる、ドクターモハナンとの運命的な出会いであった。

第4章——神々の国

神の有する国、ケーララ

初めて降り立った南インドの地の第一印象は、暑くて、湿気がある、という日本の夏を連想させるものであった。あいにくの曇り空であったが、ずっとカンカン照りの日ばかりだったので、却って新鮮に思えた。

ドクターモハナンの迎えの車に一緒に乗せてもらい、街の中心部にあるホテルへと向かう道中、辺りはまるでジャングルのように沢山の椰子の木が生い茂っていた。

「コーチンは南国に来た、という感じがしますね！　町の中心部は賑やかですか？」

「ああ、この辺に比べれば大きいし、賑やかだよ。ここからまだかなりの距離がある。私と会えなかったら、タクシー代が随分かかったよ。NO?」

〈もしかして少し恩着せがましい性格?〉

「ところで、君が違うホテルに泊まっていると面倒なので、タージに泊まらないか?」

〈また自分本位さを発揮し出した……〉

「でもタージは高いので」

「君のホテルはいくらだ?」

「1600ルピーに税金です」

「私が値段交渉をしよう」

そう言うやいなや携帯電話を取り出し、タージホテルに電話をかけた。

「ドクターモハナンだが、今、日本人観光客の女性と一緒にタクシーに乗ってそっちに向かってる。彼女にタージを薦めているのだが、高いので他のホテルに泊まると言うんだ。部屋料を割引してやってもらえないか?」

彼はそれから値段交渉を始めた。しかし思ったようにいかないようで怒りだした。

「もういい。直接マネージャーと話すから彼を出しなさい」

何だか話が大きくなってきた、と思い、焦って彼に言った。

「私はアヴェニューリージェントホテルでいいです。タージへお伺いしますから」

彼は私の言葉になどまるで耳を貸さず、電話に出てきたマネージャーと話し始めた。

「彼女がアヴェニューリージェントに泊まると言うから、タージはとてもいいホテルだから、一度泊まってみたら、と君のホテルをセールスしてやってるんだ。部屋代を値引きしてやってくれ。……10パーセント引き?」

10パーセント引き位では1万円をはるかに超える。そんな金額では絶対に泊まれない、と即座に思ったが、彼もそれでは納得しなかった。

「セコイ事を言わないでもっと割引したまえ。どうせ部屋は空いてるんだから、空けておくより、もう少し割引して泊まらせたほうがホテルも儲かるじゃないか。私はタージに客を紹介してあげてるんだぞ」

〈かなり横柄な交渉だなあ〉

「日本からはるばるやって来た女性に、タージの部屋から見える綺麗な海を見せてやりたいと思わんのかね？　私は見せてやりたいから、君に頼んでいるんだ」

彼は怒ったような強い口調でそう言う一方、私の顔をみてにんまり笑った。そしてすぐにまた強い口調でのやりとりに戻り、それが暫く続いた後、電話から口を離して私に言った。

「72ドル＋税金で、朝食込みにすると言っているが」

それでもまだ予算の2倍以上の金額なので渋い顔をしていると、彼はまた交渉し出した。

「もっと下げれるだろう。私が遠く日本から来ているゲストを連れてゆく、と言っとるのだぞ！」

彼の論理はどんどんむちゃくちゃになって行く。

「税金と朝食込みで75ドル？　大分よくなってきた。その調子でもう少し下げれるだろう。これで、精一杯？　そんな筈はないぞ。私は騙されないぞ」

タクシードライバーの背中も笑い出した。私は彼がここまで熱心に交渉し続けてくれる事に脱帽し、もういくらでもいいからタージに泊まろう、という気になった。かなりの予算オーバーだが、しかたがない。

「ドクターモハナン、私、その値段でいいです」

彼は私の他の言葉は耳に入らないのに、都合よくその言葉だけ聞こえたらしく、そうかい、という顔をした。しかしまだ交渉は続いた。電話の向こうでマネージャーが困った顔をして電卓を叩いている様子が目に浮かび、申し訳なく思った。

「そうか、わかった。じゃあ、もう少ししたらそこに着くから」

彼は漸く電話を切った。

「70ドルで税金と朝食込みになったぞ。ハハハ。悪くないだろう。NO?」

彼は語尾に「NO?」という言葉をつけるのが口癖であった。彼の誘いでタクシーに一緒に乗れた時は、タクシー代が浮いてラッキーだったと思ったが、高いホテルに泊まる事になり、却ってタクシー代よりも高いお金を払う事になってしまった。タダ程高い物はない、という事をまた実感する羽目になった。しかしあそこまで熱心に部屋代を交渉してくれた事を思うと、それもまあいいか、という気持ちになった。

この時ふと地上職員の友人が「インド人旅客が苦手」と言った理由に、その強引な交渉術を挙げていたのを思い出した。確かにインド人の交渉術は強引だ。ただインドにいて思うのは、その背景は、人が多くてサバイバルな国で、物事はスムーズに進まないし、貧しさ故に強引な交渉術を持って臨まなくては、思うように事を遂行できないことが多々あり、そんな環境の中で強引な交渉術が自然と身について行く、ということにあるのではないかと思う。それにお姉さんの稲妻交渉もドクターモナハンの強引な交渉も、私を満足させるために頑張ってくれた事で、その優しさから来ていると思えるのは、インド人を良く見すぎているだろうか？

タージホテルでチェックインの際、ドクターモハナンはフロントスタッフに私の部屋が海の見える部屋かどうかを確認した。そうだ、と言われてもまだ心配なようで、さっき値段交渉をしたマネージャーをわざわざ呼んで再度確認をした。

マネージャーがオーシャンビューであると断言したにもかかわらず、彼は部屋の料金表を見つけ、オーシャンビューの部屋のレートがそうでないものより高いと知ると、また疑い出した。

「本当に彼女の部屋は、ここに書いてある、オーシャンビューのカテゴリーの部屋だろうな？」

「はい、お二人とも同じフロアーの海が綺麗にご覧いただけるお部屋をご用意しました」

同じフロアーはかなり余分な気遣いだ。しかし同じでない方がよいとも言えない。ドクターモハナンは部屋の料金表を私の前に突き出して言った。

「95ドルプラス25パーセントの税金の部屋が全部で70ドルになった！　一体いくら得したかね？」

またも恩着せがましい言い方ではあるが、確かにこの一流ホテルで、しかもオーシャンビューの部屋を50ドルも値引きさせたのはたいしたものであった。彼はフロントを去る前にもう一度マネージャーにオーシャンビューである事を確認し（かなりしつこい）、マネージャーは度重なる同じ質問にも嫌な顔ひとつせず笑顔で「そうです」と答え、料金表のオーシャンビューの所にバッ印をつけて渡した。

それからポーターが私達を部屋に案内してくれたが、ドクターモハナンは私の部屋が彼の部屋と反対側である事に、私の部屋がオーシャンビューではないのではないかとまたまた疑い出した。チェックインの時は、私に海の景色を見せようと一生懸命になってやっぱり結構いい人かも、と思いかけたが、ここまでくると単なる疑い深い人にすぎないのではないかと思えてくる。ポーターが何度も、こっちの部屋も海が見えます、と言っても信用せず、私の部屋のドアが開けられるやいなや、押し入るようにいちばん先に部屋の中にずかずかと入りこみ、海が見える事を確認して漸く安心してくれた。

「どうだい、この眺めは。このホテルにしてよかっただろう。あんな街中のホテルに泊まっていたら、この海を見ることはできなかったぞ」

彼はそう言うと、ふんぞり返るように歩いて満足気に部屋を出ていった。彼の奥様とはどんな方で、どんな風にこのドクターモハナンをコントロールしているのか会ってみたくなった。

私の部屋は角部屋で、綺麗で広く、大きな窓からは美しい海の景色が一面に広がっていた。今まで泊まってきた日の当たらない薄暗い安部屋と違って、部屋がとても明るい。どこもかしこも申し分のない部屋で、窓際にある座り心地の良いソファに腰を下ろすと、危険な考えが頭をよぎった。

〈やっぱり、綺麗なホテルはいい。気分が明るくなる。もうお金の事は忘れてこれからもいいホテルに泊まり続けようか〉

しかしすぐに、いけない、いけない、と首を振った時、電話がかかってきて、ドクターモハナンからだった。

「私はこれからいいとこの所へ出かけるが、その前に軽く食べるので、君も部屋に来て何かつまむといい。お茶だけでもいいし」

さっき機内食を食べたのにまた食べるのか、と呆れながら、伺います、と返事をした。彼を驚かすためにモスグリーンのサリーに着替え、今日は15分で着る事が出来て、安全ピンも5本ですんだ。

ドクターモハナンの部屋の扉は、半分開いたままになっていた。チャイムを鳴らすと、「入りなさい」という声が聞こえ、中へ入ると、彼はサリー姿の私を見て想像以上に大喜びし、拍手をしながら言った。

「君がサリーを着られるとは思わなかったぞ！　とても綺麗だ。そうだ、いい物を付けてあげよう」

彼は鞄の中から瓶を取り出し、そこには赤い粉が入っていた。それを中指につけ、私に近づいた。

「神からの恵みを得られる」

映画『カビクシカビガン』で、これと同じように、赤い粉を父親が妻と子供達の額につけるシーンがあった。その時、赤い粉を付けてもらう人は、目をつぶって、手を胸の前で合わせていた。私もそうしながら彼に赤い粉を額につけてもらうと、何かとても神聖な気持ちがした。

「これを付けると、ますますインド人のように見えるな」

私も何だかインド人になったような気分になった。この赤い粉は「クムクム」と言い、彼がその下につけている黄色い粉は「ターメリック」と言うスパイスパウダーで、宗教上のものだが額につけていると、血の循環を良くする効果もあると教えてくれた。昔、肩こりにからしを塗ったと聞いた事があるので、この黄色のスパイスパウダーが血行をよくするというのはわかる気がする。

ドクターモハナンの部屋は広いスイートルームで、大きな窓から見える海の景色は私の部屋よりさらに素晴らしかった。

「どうだい、このホテルから見える景色は最高だろう。このホテルにしてよかっただろう。NO?」

確かにこの美しい眺めを見ないで終わっていたら、この街の印象も違っていただろう。それほどに印象的な眺めであった。

「ルームサービスを頼むが、何がいいかね?」

「私はお腹が空いていないので、結構です」

「少し位、何か食べてみたらどうかね」

「お茶だけ頂きます」

「そう言わず、少し何か食べなさい」

私が「食べる」と言うまで言い続けそうであった。

「では何か軽い物で、辛くない物を頂きます」

彼はさっそくルームサービスに電話をし、何か軽食はあるかと聞いた後、私に尋ねた。

「ヌードルはどうだ?」

その言葉にピクリとした。私は麺類が大好きなのだ。

「焼きそばがあったら食べたいです」

彼が関西人だったら「どこが軽食やねん」とつっこまれるようなオーダーだが、久しくお目にかかっていなかった大好物の「焼きそば」を思い描いた瞬間、急にお腹が空いてきた。彼は焼きそばを頼んでくれた。

ドクターモハナンに窓の外の景色を説明してもらっている時、チャイムが鳴り、新聞紙に何かを包んで持っている男性が入ってきた。机の上でその包みを広げると、中は沢山の花びらであった。ドクターモナハンは、机の上に安置している3体の神様のミニチュア像が、その花びらで埋もれんばかりに撒き散らした後、その前で香を焚いた。それらは彼が崇拝しているヒンドゥー教の神様、シバ神、ガネーシャ神、パールバディ神との事であった。

「いつも私は朝夕に2時間ずつ、プージャと言って神に祈りを捧げるのだ」

旅先にまで神様のミニチュア像を持ってきて、花びらをオーダーしてまで飾りつけ、朝晩2時間祈りを捧げる。その信仰心の厚さに驚いた。

その後、ルームサービスのボーイが料理を運んで来た。しかし彼が運んできたのはサラダだけだった。確かスープと焼きそばも頼んでいたのに変だな、と思いながら食べていると、サラダを食べ終わる位にまたボーイがやってきて、皿を一旦下げ、それからまた次のものを運んで来た。普通、ホテルのルームサービスは全てのオーダーを一気に運んで来るが、ここではまるでレストランで食事をしているかのように、ひと皿ずつ持って来ては下げてくれる。まるで私達専用の食事係りのボーイがいるかのようだ。人件費が安く、従業員の多いインドのホテルでしかありえない贅沢かもしれない。

ドクターは私が辛い物が苦手と知り、初めてのものを口にすると、「辛くないか?」と心配して聞いてくれた。サラダと一緒に運ばれてきた白いドレッシングの上にチリパウダーがかかっているのを見て、「これは食べられない」と私が言うと、彼はすぐにルームサービスに電話した。

「辛くない料理を、と頼んだのに、チリのかかったものを持ってきてるじゃないか。取替えなさい」

ドレッシングは使わないので取り替えてくれなくてもよかったのだが、それを説明する暇もなかった。

私が、部屋から水のボトルを取って来る、と言うと、彼はまたすぐに電話の受話器を上げ、水のボトルを2本オーダーした。私はこの時初めてインドのミネラルウォーターをそのまま飲んだ。少し不安であったが、わざわざオーダーしてくれて、目の前になみなみと注がれたものを飲まないわけにいかなかった。しかしこのお陰でインドの生ミネラルウォーターに対する恐れが消えた。

スープの後、焼きそばが来た。久しぶりの「普通の食事」であり、好物とのご対面に即座に口にすると、香辛料も入っておらず（インドは何でも香辛料が入っている）、好みの味で美味しかった。幸せを感じながらひたすら焼きそばを食べていると、彼が言った。

「日本人は主食に何を食べるのかね？」

「お米です」

「ドライライスかい？」

「いいえ、日本人はスティッキィな（粘り気のある）お米を食べます」

「ここ、ケーララでもスティッキィライスを食べるんだよ。ケーラララライスといわれるのだが、頼んでみよう」

そう言うが早いかまた受話器を上げた。彼はどっしりとした体つきのわりに、ベッド脇にある電話の所にはまるでリスのように素早く移動する。お腹一杯でご飯など食べられないと思ったが、口の中に入っているものを飲み込んでそう言う前に、彼がライスを頼んでしまった。

それから2種類のライスが2つずつ運ばれてきた。ひとつだけ頼んでシェアーすればいいのに、彼は全てにおいて2つずつ頼み、お金の事などまったく気にしないようであった。ケーラライスを食べてみると、確かに粘りのあるお米だが、日本の米より粒が大きく、かなり柔らかかった。彼はケーラライスを口にしながら言った。

「漬物は好きかね？」

「辛くなければ」

「ご飯に漬物とヨーグルトをかけるとおいしいんだ」

「ご飯にヨーグルト⁉」

私が驚いてそう言った時にはもう既に彼は受話器を上げていた。もし、私がルームサービスのボーイだったら、どうして一時《いっとき》にオーダーしないのか、と迷惑に思ったに違いない。お金持ちで権力者の彼は、どこでもこんな風な用事の頼み方をするのだろうが、私のような庶民は、ついついボーイに悪い、と思ってしまう。

漬物とヨーグルトが到着し、本当にヨーグルトをご飯にかけるのだろうか、と思っていると、彼が予想外の行動に出た。

「このヨーグルトを焼きそばにかけてもおいしいんだ」

そう言いながら自分の焼きそばの上にヨーグルトをかけ、私が驚いて目をまんまるくしていると、私のまだ半分残っていた焼きそばの上にもヨーグルトをたっぷりかけた。私はその瞬間、ムンクの『叫び』のようなポーズで絶叫したい気分になった。しかし、ドクターがそのヨーグルト焼きそばをとてもおいしそうにズルズルとすすりながら食べているので、もしかして意外とこの組み合わせはいけるのかも、と気を取り直して食べてみた。しかし、焼きそばと酸っぱいヨーグルトの組み合わせが合うわけがなく、今まで食べた事もないような変な味で、私の焼きそばは台無しになってしまった。「どうしてくれる?・」とフォークを彼の喉に突き当てて脅迫したい気分になったが、そんな事をすれば、また素早く電話に移動して新しい焼きそばを頼むに違いない。もうひと皿はいくらなんでも食べられなかった。何とかこの焼きそばの味を修正しようと考え、ふと醬油をかけてはどうか、と思った。困った時の醬油頼み。これまでも世界各地でどれだけこの醬油に助けられてきたか。

私は日本から持ってきている醬油を部屋から取ってきて、望みを託してヨーグルト焼きそばにかけて食べてみた。すると今度は飲み込むのにひと苦労する位のひどい味になってしまい、残りの焼きそば、を諦めざるを得なくなってしまった。まったく彼と一緒にいるのは、ついているのだか、ついていないのだかわからなくなってくる。しかしそんな私の様子を気にも留めず、無邪気に「他にももっと何かたべるかい?・」と言ってくる彼を見て、なんだか憎めない人だな、とおかしく思った。

それから私はケーララライスを漬物と一緒に食べた。漬物の見た目がいかにもまずそうで、とても食べられないだろう、と思ったが、ご飯と一緒に食べてみると意外においしかった。ドクターモハナンはインド人には珍しく、食事を一切、手で食べないでスプーンを使って食べる。ご飯にヨーグルトをかけたものもスプーンで食べていて、彼がそれを手で食べていたら食欲が減退したかもしれないが、スプーンで食べているとなんだかおいしそうに見えてきて、私もライスに少しだけヨーグルトをかけて食べてみた。しかし、僅かな期待も木っ端微塵に吹き飛ぶ味であった。私はライスを手に持ち、彼のヨーグルト攻撃に撃沈されないよう、ライスを守りながら食べた。

焼きそばだけ、と思っていたのにかなり色々食べ（させられ）、お腹がはちきれそうに一杯になった。彼の豪快で独特のキャラクターに圧倒され続け、気がつくと何でも彼の言う通りにしている。

食事の終わりに彼が言った。

「ここケーララは、『神の有する国（God's own country）』と言われているのだよ。その意味は、ケーララを旅していれば、自ずとわかる」

神の有する国。何とも神秘的な響きだ。自ずとわかるというその理由が何なのか、何だか楽しみになってきた。しかし、少なくとも私にとってここコーチンは、「神の有する国」というより、「ドクターモハナンの有する国」という感じであったが。

アユルベーダ初体験

食後、私とドクターモハナンは一緒に出かけた。KTDC（ケーララ州経営の観光局）の場所をポーターに聞くと、ホテルからすぐ目と鼻の先であった。それを知ったドクターモナハンは言った。
「何と、ホテルのすぐ傍じゃないか。どうだい、何と便利なことか。このホテルは君にとって最高のロケーションにあるじゃないか！」〈また始まった……〉
「おっしゃる通りです」
KTDCで、ケタキのお父さんの薦めてくれた、アラビア海のバックウォーターを船で巡る「バックウォーターツアー」の午前中半日ツアーと、午後のコーチン市内観光ツアーに申し込んだ。バックウォーターツアーは315ルピー、市内観光は70ルピーであった。インドの政府経営の観光局が主催するツアーは、どこの街も安い金額で、あっちこっちへ連れて行ってくれて、世界一お得なツアーだと思う。集合場所は朝8時20分にこのオフィスとの事で、それを聞いたドクターモハナンはすぐに言った。

「どうだい、ホテルから1分で集合場所に行けるから、朝ゆっくり寝てられる。ここのホテルにしてよかっただろう。No?」

このホテルにしてよかった事はもう十分に認めているのに、かなりしつこくこの話を引っぱってくる。そして、私がお礼を言うたびに満足そうな顔をする。

観光局を出ると彼が言った。

「いとこのマイリッジギフトにタイタンの時計を買うので、一緒に付き合ってもらってもいいかな?」

「タイタン? それはインドのブランドですか?」

「そうだ。私のこの時計もタイタンの物だ」

彼は腕にはめているゴールドの腕時計を私にみせた。それにしてもマイレッジのギフトとは一体何なのか、マイレッジをプレゼントしてくれたお礼、という意味だろうか? と考えながら、違う意味の気がした。

タイタンという時計屋は、よく磨かれたガラスのショーウインドーの中に時計が綺麗にディスプレイされていた。腕時計は1万円から2万円台の物が多く、インドの物価を考えると、高級時計店のようであった。彼はそこで私が選んだ女性用の時計を買った。彼のいとこが女性と知り、マイレッジをくれたのが女性のいとこというのはどう考えても変で、「マイリッジ」は絶対にマイレッジではない、と思ったが、今さらマイリッジとは何ですかとも聞けず、ひたすら疑問に思った。

ドクターモハナンは自分の腕時計のバンドも交換もしてもらい、タイタンを出て再び車に乗り込むと、その時計を繁々と眺め、私に見せながら言った。

「こうして見ると、バンドを変えただけでまるで新品の時計のようになったよ。No.?」

「本当に。私が今初めてその時計を見たとしたら、真新しい時計をしていると思ったと思います」

「そうだろう、そうだろう！」

彼ははしゃぐようにそう言い、それからも暫く角度を変えながらずっと時計を眺めていた。こんな事で無邪気に子供のように喜んで、どんなに偉くて地位があっても、お金があっても、結局男性というものは子供のような所がいつまでたってもなくならないのは、インドも同じようだ。

それから車は私が行きたいと言ったアユルベーダのクリニックへ向かった。最初、ホテルでどこかお薦めのアユルベーダのクリニックがないかと聞いたが、彼らは全く知らなかった。現地のクチコミ情報の方が良かったのだが、仕方がないのでガイドブックに載っているクリニックへ行く事にした。

「アユルベーダのクリニックへ行ったことはおありですか?」

「勿論さ。私は1年に1回、2週間アユルベーダのクリニックに入院するんだ。私がこうして忙しいのにとても元気なのは、そのお陰なのだよ」

アユルベーダは彼のように、1週間から2週間位まとめて治療を受けるのが普通であると本にも書かれていた。私のように1、2回行くだけではあまり効果は期待出来ないのかもしれないが、とりあえずこの伝説のマッサージを本場ケーララ州で受けてみたかった。

クリニックは街の中心部にあり、途中、私が泊まる予定にしていたアヴェニューリージェントホテルの前を通った。

「あ、あれがアヴェニューリージェントホテルです！」

思ったよりずっと綺麗な外観のホテルであった。街中にあって便利そうだし、やっぱりこのホテルで私は十分だった、と思っていると、ドクターモハナンは窓から外を覗き込んで言った。

「おお、これがそのホテルか。もしここに泊まっていたら部屋から何が見えたかね？　街の建物しか見えなかっただろう。部屋からあんなきれいに海が見えるのと、建物の壁を見ているのとでは大違いだった。タージにしてよかっただろう。No?」

何だか呪文のように同じ言葉を何度も聞かされ続けている。しかし彼のその様子に、私を強引にタージへ連れてきた事をかなり気にしているように思えてきた。

アユルベーダのクリニックに着くと、ドクターモハナンも一緒に車を降りた。なぜか手に自分の雑誌を持っていて、まさかここにこの雑誌を置いてくれ、と営業するのでは、と思った。彼はクリニックに入るやいなや、カウンターに立っている男性に言った。

「彼女がマッサージを受けたいと言っているのだが、リストを見せてもらえるかね？」

男性は私にリストを見せ、そこには6種類のマッサージとその説明が書かれていた。

「全く初めてなのですが、どれがいちばん一般的なマッサージですか？」

「このシンクロナイズドマッサージと、ハーブのスチームバスの組み合わせです」

値段を尋ねると、両方でたった４５０ルピーであった。

「それにします。今から受けられますか？」

「今？　ちょっと待ってください。」

彼はどこかへ行き、聴診器を肩にかけた女性ドクターを連れて戻って来た。彼女が言った。

「マッサージは生憎《あいにく》女性は5時までで終わりなんです。女性のスタッフが皆5時で帰ってしまうので。明日では如何ですか？」

時間はあと20分で5時であった。仕方がない、あさっての午前中に来るしかない、とがっかりしたが、このドクターモハナンがそれで黙っているはずなかった。直ちにモハナン節が炸裂した。

「彼女は明日の朝早くから、ツアーに参加する事になっていて、5時までにここに来るのは不可能だ。明後日ここを発つから何とか今日やってくれ」

「そう言われても……」

「このジャパニーズガールはこのガイドブックを頼りに、ここのアユルベーダを受けるために、わざわざ遠い日本からコーチンまでやって来たんだ。このガイドブックを見てみなさい。ここのクリニックが載っているから。時間は今日しかないんだ。何とかしなさい」

女性ドクターは困った顔をしてどこかに電話をした。私は「あさってでもいい」と言おうとしたのに、彼が明後日も私の都合が悪いような事を言ってしまったので言い出せなくなってしまった。今日はどうしても無理だと言われたらどうしようか、と思っていると、電話が終わり、彼女が言った。

「マッサージの出来る女性を探していますから、少し待ってもらえますか」

「頼むよ。わざわざ日本から来ているのだから。彼女は航空会社に勤めているから、もしここでマッサージを受けられれば、日本だけではなくて世界中にケーララのアユルベーダの素晴らしさを伝えてくれるだろう。もし受けられなければ、君の店はお金は入ってこないし、評判も上がらない。君たちが損をするだけだ」

相変わらずの強引な話の持って行き方に、半分呆きれ、半分可笑しく思いながら聞いていたが、女性ドクターと受付の男性は呆れる様子なく、真剣な表情でその話を聞いている。その様子を見て、もしかしたらインドという国はハッタリを並べながら強引に話を持って行った方が勝ちなのかもしれない、と思った。ドクターモハナンはそれから自分の名刺と、雑誌の自分の写真が載っているページを開いて、彼らに見せた。

「この雑誌に出ているのが私だとわかるだろう。もし、君達が彼女にきちんと対応してくれたなら、私もこのクリニックを雑誌で紹介出来る。友人にも紹介しよう」

彼の雑誌は政治、経済、社会問題などを扱う硬派で、知識階級向けの雑誌で、どうみてもコーチンの小さなアユルベーダクリニックの宣伝記事が載るような雑誌ではない。彼のハッタリ交渉術には、敬意すら感じる。彼は黙って観察しているだけでも十分におもしろいキャラクターで、一緒にいるのが楽しくなってきた。

カウンターの2人は、またしても真剣な面持ちでドクターモハナンの名刺と雑誌を覗き込み、ローカル語で何かを話していると、ドクターモハナンも同じ言葉で話に入った。彼はインドの言葉をヒンディー語だけでなく、ケーララの言葉（マーラヤラム語）も含め全部で5つ喋れると言っていた。いったいどんな頭の中になっているのか、と思ってしまう。

女性ドクターは再びどこかへ電話をかけ、電話を切った後、何かをドクターモハナンに言い、それを聞いた彼は私に言った。

「それではこうしよう。君がマッサージを受けている間、私はマイリッジギフトを届けにいとこの家に行って来る。1時間後に車をこっちによこすから、君はそれに乗って買い物に行き、その後車はホテルで君を下ろし、私を迎えに来る。完璧な計画だろう。NO?」

どうやら私はここでマッサージを受けられる事になったらしかった。彼は「完璧だろう? NO?」ともう一度繰り返して言い、「ガハハ」といった感じで笑ってクリニックの外に出て行った。いつも強引に自分の思い通りにしてしまい、悪びれず、その事に酔いしれる性格のようだが、彼が憎めない人なのは、そこに自分の損得を考えない優しさと思いやりが感じられるかもしれない。

「何だか無理を言ってすいません」

「問題ないです。マッサージを受ける前に、いくつかの問診をしますね」

強引な折衝にも関わらず、女性ドクターは優しくそう言ってくれた。そして簡単な問診の後、私をマッサージ室に案内した。

部屋には大きな台があり、その傍に2人の女性が立っていた。私は台の上にうつ伏せになって寝転び、2人の女性が小さな器に入ったハーブのオイルを私の足に垂らすと、生温かくてとても気持ちが良かった。マッサージは押したり揉んだりはいっさいせず、強く体をさすりながらオイルをしみこませて行くだけで、こんなのでマッサージの効果があるのだろうか、それともこれから何かが始まるのだろうかと思っていると、彼女達が聞いてきた。

「マッサージ、グッド?」

〈え、やっぱりこれがマッサージ?〉

オイルを擦り込んでいるだけで、気持ちいい、という次元の物ではなく、ちょっとがっかりした。しかしその後、自分が疲れを感じている肩や腰の所にこのオイルを垂らされ、擦り込みがくると、まるで薬でも塗りこまれているかのようにジワっと効いきてとても気持ちよく感じた。なるほど、弱っている部分にジワッと効いてくる。これがアユルベーダマッサージなるものなのか、確かに気持ちいい、と思った。

全身マッサージが終わった後、ハーブのスチームバスに案内された。スポーツジムにあるようなサウナルームではなく、木で出来た、人ひとりが入れるだけの小さな箱型のものであった。上部には丸い穴があいていて、中の椅子に座って扉を閉められると、体はすっぽりその木の箱の中に入り、顔だけが上部の穴から出た。女性ドクターがスチームの蛇口を捻り、始めは生ぬるいスチームが出てきていたが、やがて高温のスチームが出てきて箱の中の温度が上がると、体中から一気に汗が噴出してきた。私はあまり汗をかかない方なのだが、自分でも驚く程汗が出るわ、出るわ、といった感じで、かなり気持ちいい。私の傍にはマッサージをしてくれた２人の女性が立っていて、スチームバスの中の温度が高くなりすぎると、ドアを開けて温度を調節したり、私の顔の汗を拭いてくれたりした。

女性ドクターがこのハーブスチームバスは、「老廃物、体内の悪いものが汗と共に出て行く」と言っていたが、この汗の量は、本当にそんな気がする。15分してバスを出ると、まるで温泉から上がったような、さっぱりした爽快感があり、体が驚く程軽くなっていた。私はすっかりこのハーブのスチームバスが気に入った。

最後にシャワーを浴び、サリーを着ようとすると、マッサージをしてくれた女性２人が部屋に入って来た。２人とも作業着からサリーに着替えていて、マッサージをしていた時と雰囲気が違い、可愛らしい感じになっていた。やはりサリーは女性を美しく見せる。

「サリーをひとりで着られますか？」

「大丈夫です。ただ、椅子を貸してもらっていいですか？」

マッサージルームの床が汚れていて、サリーを汚すといけないと思った。椅子の上に立ち、自分でも驚くほど器用にサリーを着られた。２人は、本当に私がひとりで着られるか確認するかのように暫く眺めていたが、ひとりで着られることがわかると帰って行った。私のせいでいつもより帰るのが遅くなったのに、サリーを着るのまで手伝ってくれようとして、この地の人々も親切だ。

クリニックの外に出ると、ドクターモハナンのドライバーが車の前に立って私を待っていた。温泉あがりのような、のんびりとした気分になっていたので、買い物に行く気が失せ、夕暮れの街を眺めながらホテルへ帰った。

アユルベーダ初体験の感想は、マッサージそのものの感想より、「インドは実に面白い」という感想を強く抱かせた。人々、サリー、映画、アユルベーダ、食文化、何もかもが興味深く、奥深く、出合ったその瞬間からとりこになる。インド嫌いだった私が、もともと興味を持っていたものなど何ひとつないのに。

明るい夜

ホテルに戻ると、ドクターモハナンの部屋の鍵はフロントに預けられたままで、まだ帰ってきていなかった。部屋に入るとすぐにテレビをつけ、インド音楽のMTVチャンネルを映した。私はインドのポピュラー音楽にもはまり、いつしか部屋にいる時は必ずこのチャンネルを映すようになっていた。映画に登場する俳優達はいわゆる「口《くち》パク」で、歌は歌手が別に歌っているそうだ。

それにしても、自分がここまでインドかぶれになるとは思いもしなかった。「嫌い」という感情が起こる対象は、自分自身とそのものが180度対極にあるのではなく、そういった特別な感情を持った時点で、既にそのものと自分が繋がっているのかもしれない。インドに対して、「嫌い」という特別な感情を持つことによって、いつも私の中に存在していたような気がするし、ドクターモハナンもそうで、始めに嫌悪感を持ったことによって、却って彼の様子が気になり、もうその時点で彼と繋がっていたような気がする。

テレビを見ながらいつのまに眠っていて、ドクターモハナンからの電話で目が覚めた。

「アユルベーダはどうだったかい？　私は今まだマイリッジパーティーにいるが、じきに帰るよ」

この言葉を聞いた瞬間、彼の言う「マイリッジ」が、「マリッジ」すなわち「結婚」という単語であるのに漸く気がついた。だから、お祝いに時計を買ったのだ。ドクターの発音が「イ」の音が強くて「マリッジ（正確にはメェリッジ）」という単語が浮かんでこなかったが、いくらインド訛でもLとRを違えて発音するわけないのにマイレッジと思ったり、マリッジギフトのあたりで気がつかなかった自分の馬鹿さも悲しい。しかし、マイリッジの意味がついにわかって、スッキリした。

それから2時間近くたっても、ドクターモハナンは帰ってこなかった。インドタイムの「もうすぐ」は当てにならない事を忘れていた。夕食の約束をしていたので何も食べずに待っていたが、2時間も待ったのだからもうお役御免だ、と思い、ルームサービスをオーダーした。しかしその直後に彼から電話がかかってきた。

「今部屋に戻ったよ。夕食にしよう。今すぐ出れるかね？」

〈やっぱりこの人から逃げられないようになってる……〉

「はい」

「私の部屋に来なさい。部屋で食事をするから」

そう言うと私の返事も聞かずにさっさと電話を切ってしまった。外に食事に出かけるとばかり思っていたのに、いくら何でも夜にひとりで彼の部屋へ行くのは無防備すぎる。しかしあの性格なので、私が外に食べに行こう、と言ってもまるめこまれてしまうのがオチだ。暫く迷った後、あれだけの社会的地位のある人なので大丈夫だろうと思い、彼の部屋を訪れた。

部屋で、ドクターモハナンはまた独特の白い服を着流したようなラフな感じで着ていた。私がソファーに座ると、椅子を運んできて私の向かいに座った。

「ビールかワインでも頼むかい？」

その言葉に以前アンディが言っていた「インド産ワイン」がすぐ頭に浮かんだ。

「ワインを飲んでみたいです」

彼は私の答えに、例のごとくすぐに受話器を上げてルームサービスに電話をした。

「レストランにあるいちばんいいワインを持ってきてくれ」

ワインの種類も値段も聞かずいきなりそう言って、すぐに電話を切ってしまい、「インド産ワインにして下さい」と言う間もなかった。それから彼はメニューを見た後、ルームサービスに再び電話をして色々とオーダーした。

ワインが来るまでの間、彼に尋ねた。

「本当は、ここからラクシャディーブ諸島という所に行こうかと思っていたんです。行った事はありますか?」

「ああ、あるけどあそこは何もないから、どうせならここから南下してトリバンドラムという街に行くといい。その近くにコバーラムビーチといって有名なビーチがある。それから、決して見逃してはいけないのが、そこからさらに南下した、インド最南端にあたるコモリン岬という所だ。そこで見られる朝日と夕日は、インド中のどこから見るよりも美しい。是非それを見るべきだ」

魅力的なプランではあったが、そこまで南下していると旅程がさらに遅れてしまいそうなので、後でガイドブックを見て検討しようと思った。

間もなくして赤ワインのボトルが運ばれてきた。私はボトルをすぐに手に取り、それがインド産である事を知ってほっとした。タージのいちばんいいワインなんて、輸入物の恐ろしく高いものでも持ってきたらもったいない、と心配していた。ワインのラベルを見ると、南インド産だが、「フランスの指導の下で製造」という記述が入っていた。まだインド独自でワインを製造するまでに技術が至っていないのか、あまり期待値を高く持てないな、と思いながらひと口飲んでみると、とても美味しくてびっくりした。この味ならどこに出しても恥ずかしくない。インドの料理とも一緒に十分楽しめる。本当にインドには驚かされることばかりだ。

美味しくワインを飲んでいると、部屋に電話がかかってきた。彼には四六時中電話がかかってくる。彼が電話で話している間、私はもくもくとサラダを食べていた。その時、皿の中にひとつ他とは違った形をした緑の野菜の影がみえたが、特に気にせずに他の野菜と一緒に口に入れて噛んだ。するとその瞬間、全く予期しない事態が起こった。

口の中にみるみる辛さが充満し、その辛さに、怪獣のように口から火を吹き出しそうになった。グリーン唐辛子を口に入れた、と悟った。辛さを鎮めるために急いで残りの野菜全部を口にいれたが、後の祭りで、燃え盛る火柱に手で水をすくってかけているようなものだ。水がないのでワインを飲むと、口に含んだ一瞬は辛さが治まるのだが、飲み込んだ後に辛さが倍増して口の中に蘇って来る。私は耐え切れずドクターモハナンの皿から、勝手にきゅうりをもらって食べたが、口の中で燃え盛る火は一向におさまらず、辛くて、苦しくて涙が出てきた。ドクターモハナンに助けを求めようと彼の方を見ると、丁度電話を切ったところであった。

「ドクターモハナン」

涙声で彼を呼んだ。しかし彼は私の方を見向きもせず、メモを眺めながら今の電話の内容について話していて、私の声など一向に耳に入らない様子だ。

「ドクターモハナン……」

涙と苦しさで声にならない声でもう一度呼んでみたが、自分のペースで話し続ける「モハナン節」をさえぎり、私に注意をむける事などまったくできない。まるでコメディードラマのように、彼はすぐそばにいながら私の苦しみにまったく気付かず話し続け、私は七転八倒の苦しみに涙してソファーの上で喘いでいる。たまらずもう一度ワインを口にすると、飲み込んだ後にまた辛さが2倍にぶり返し訪れ、口の中が乾いてきて呼吸が出来なくなってきた。これは危ない、と思い、全身の力を振り絞って大声で言った。

「ドクターモハナン、辛くて死にそうです!!」

気付くと私は立ち上がって叫んでいた。そして、その叫びにようやく気付いた彼の第一声は、きょとんとした顔で、

「What's happened?(どうしたの?)」

であった。必死の叫びに対する反応にしては、拍子抜けするリアクションであった。

「そのグリーンの野菜を食べたら……、辛くて死にそうです」

息も絶え絶えに言いながら指差した、グリーン唐辛子に気付いた彼は慌てた。

「すぐ何かを口にいれなさい!」

そう言ってテーブルの上を見て、自分の野菜にフォークを突き刺し、次から次へと私に食べさせた。

「ワインをゆっくり、うがいするかのように、口に含みなさい。すぐに飲み込まず、ゆっくりと」

彼は自分の皿の野菜を全て私にたべさせ、ワインをたっぷりグラスに注ぎ、飲むタイミングを何度も指示した。そのお陰で私の口の中の火は大分鎮火した。

「これは、唐辛子じゃないか。こんな物が皿に乗ってるとは、気付かなかった。ごめんよ」

「いえ、私の不注意です。すいませんでした」

私はナプキンで涙を拭きながら言った。

「Oh! Don't cry, baby!(泣かないで、ベイビー)」

そう言いながら彼は両手を広げ、首を振った。私は、彼のその言葉と動作がおかしくて、涙をふき

ながら笑った。いい年をして、私はすっかり彼の小さな娘のようになっていた。彼はそれからも、私の口の中の火が完全におさまるまで、自分は飲み物にも食べ物にも一切手をつけなかった。涙と笑いと恥ずかしさの中で、彼の優しさと温かさを感じていた。それにしても、グリーン唐辛子が、私にとって呼吸困難に陥るまでの危険なものとは知らなかった。

丁度その時、ルームサービスのボーイが皿を下げに来て、入れ替わりに違うボーイが食事を運んで来た。

「辛い物は何もないだろうな？　サラダに唐辛子が入っていたぞ。あれほど辛くない物を、と頼んだのに。気をつけてくれ。彼女はこれを知らずに食べて、辛さのあまり泣いてしまったんだ。可哀そうに」

ドクターはそう言って彼を責め、ボーイも私に何度も謝ったが、よく見ずに食べた私がいちばん悪かった。それからドクターはまるで毒見でもするかのように、運ばれてきた物を即座にひと口ずつ食べ、辛さを確かめてくれた。

スープの後に運ばれてきたチキンテッカが、今まで食べたチキンテッカの中でいちばん美味しくて私があっという間に全部食べてしまうと、彼はもうひと皿頼んでくれた。普通はひと皿全部食べてしまったら、それで終わり、と思うが、インド人は早くなくなると「もうひと皿頼む？」と尋ねる事なく当然のように同じものを追加オーダーする。ターリーもこちらが「もういい」というまでおかわりをどんどん継ぎ足すし、これはインド人の習性のようで、好きな物は飽きるまで食べないと気のすまない私にとって、有難い習性だ。

その後、ココナツの葉に包まれた料理が運ばれてきて、葉を開くとココナツのいい香りがし、中に白身魚が入っていた。魚に片栗粉をつけて表面だけ焼き、後は葉にくるんで蒸したもので、食べてみると、魚はフレッシュでおいしく、ココナッツの味がうっすらとついていて絶品であった。この時点でもうすでにお腹一杯であったが、これからが本番といわんばかりに3種類のカレーとご飯が2種類運ばれてきた。味見だけと思って少し食べてみると、3つともとても美味しく、結構食べてしまった。「ドクターモハナンのお腹は底なし沼のようで、彼はこの3種類のカレーもりもりと食べ、全て平らげてしまった。ドクターモハナン、ケーララは本当に食べ物が美味しい所ですね!!」

「それは、God's own country！ だからさ」

「God's own country……」

「そう、God's, own, country !」

彼はとても楽しげに、誇らしげにその言葉を繰り返した。この言葉がよほど好きなようだ。

食後、私の母が今の国際情勢下、インドを旅する事を心配して反対していた事を話すと、彼は言った。

「それでインドに来てからご両親に電話したのかね？」

「いいえ、インドは国際電話代が高いので、メールを送っただけです」

「日本は今、何時だい？」

「夜中の1時半です」

「君の家の電話番号を言いなさい」

「は？」

「両親の家の電話番号を言いなさい。ここから電話するといい」

そう言うやいなや、電話の所に移動した。彼は一旦こう、と決めると相手の反応を見ないですぐに実行に移す。母の声を聞きたいが、ホテルからの国際電話はかなり高いし時間も遅いので、お礼を言って断った。しかし彼は一旦言い出したら聞かない。

「私は君が喜ぶ顔をみたいんだ。君が幸せそうな顔をするのを見れば、私も幸せな気持ちになれる。さあ、電話番号をいいなさい」

急《せ》かすようにそう言って受話器を上げた。番号を告げると本当に電話を掛け、私に受話器を渡した。長い呼び出し音の後に聞こえてきた母の声は、とても気持ち和むものであった。私が母と話をしている間、ドクターモハナンは私の正面に座り込んで、頬杖をついて嬉しそうにじっと私の顔を見ていた。

電話を切ると、彼は言った。

「君の幸せそうな顔を見れて、私も幸せな気分になったぞ」

強引さも並ではないが、その人間の大きさも並ではない、と思った。

その時、急に彼がテレビの方を振り返り、言った。

「おお、この歌はインドの古い歌で、私が大好きな歌なんだ」

彼はその歌を口ずさみ、気持ち良さそうに歌った。最後まで歌い終わると、私は拍手をした。

「いい歌ですね」

「日本の歌はどんなかね？　何か好きな歌をひとつ歌ってくれないか？」

「私は歌がうまくないので」

「うまくなんかなくていいさ。何でもいいから歌ってみてくれ」

「じゃあ、先に何か歌ってみて下さい」

すると、彼は自分が最も好きというインドの歌を披露してくれた。インドの歌は、独特の節回しがあり、歌詞の意味がわからなくても、聞いていて心地良い。歌い終わると彼が言った。

「さあ次は君の番だ」

私は珍しく沢山飲んだワインの酔いも手伝って、宇多田ヒカルの歌を歌った。どうして彼女の歌だったのかは自分でもよくわからないが、英語が混ざっている歌ですぐに思いついたのが彼女の歌であった。彼は私の歌を聞いた後、私の真似をして、その歌を歌った。歌詞はもちろんめちゃくちゃだ。その様子が可笑しくて私は笑い、次にまた彼がインドの歌を歌った後、私が聞こえたままに真似して歌い、彼がそれに大笑いした。それからも私達は陽気に歌を歌い合い、コーチンの夜は明るく楽しく更けて行った。

彼はまるで太陽のような人だ。暗く、静かな夜を、まるで昼間のように明るい夜へ変えてしまう。私は彼の事がすっかり好きになっていた。

コーチン観光

その夜部屋に戻ったのは1時半で、ベッドに倒れ込むように横になった。と、その時、部屋のチャイムが鳴った。起き上がってドアの覗き穴から外を見ると、ドクターモハナンが立っていた。こんな時間に、電話ではなくわざわざ部屋まで来たことに警戒心が働き、返事をせずにいると、暫くして電話がかかってきた。

「私の部屋にイヤリングを片方落としていったようで、急いで届けに部屋に行ったのだが」

耳を触ってみると、確かに片方イヤリングがなくなっていた。明日頂きます、と言って電話を切ったが、親切な彼の行為を勘繰った事に罪悪感を感じた。

翌朝7時に起き、タージの綺麗なコーヒーショップで美味しい朝食ビュッフェを食べた後、ドクターモハナンの部屋のドアの隙間から朝の挨拶と、昨日のお礼を書いた手紙を入れて出かけた。KTDCのオフイスには、部屋を出て5分とかからずに着き、その時、昨日から呪文のように聞かされていた「このホテルにしてよかったろ、No?」という言葉が頭の中に響き渡った。近くにいなくても声を轟かす彼はやっぱりすごい。

オフィスの中で集合時間を待っていると、壁にかかっている写真が目に入った。それは、美しい海辺の風景と、大きなプールのある綺麗なホテルの写真であった。すぐにオフィスの人に、これはどこかと尋ねると、トリバンドラムのコヴァーラムビーチだ、と言われた。それは昨日、ドクターモハナンが私に訪れる事を薦めていた場所だった。

昨日は、正直あまり真剣に行ってみようと思わず、ガイドブックで所在を確認するのも忘れていたが、そんな私を誘致するかのように、そこの美しい景色とホテルの写真が目の前に現れたのは、単なる偶然ではなく、この街が私を呼んでいる気がした。「インド最南端のインド一綺麗な朝日と夕日が見られる場所」というドクターモハナンの言葉も思い出し、トリバンドラムへ行く事に俄然興味が沸いてきた。ツアーから帰ってきたら写真のホテルに電話をして、宿泊料金を尋ねてみよう、と思った。

出発時間になり、指定された車のフロント座席に乗り込むと、そのすぐ後《あと》に3人の女性が後部座席に乗り込んできた。3人とも25、6で、ひとりはインド人の顔をしているが洋服を着ていて、あと2人はゲルマン系の顔をした白人女性であった。

車はトリバンドラムの街を離れ、バックウォーターツアーのボートが出ている村へ向かった。その一本道の両側には椰子の木が密集して生えていて、南国情緒溢れる、というより、ジャングル地帯にいるかのような、独特の景観であった。「ケーララ」とは「ヤシの国」という意味であるらしいが、まさしく「ヤシの木だらけ」だ。

車は1時間ほど走って水辺の小さな集落に停まり、そこで手漕ぎボートに乗り換えた。ツアーに参加しているのは10人程で、2艘の船に分かれて乗った。

ボートは静かにゆっくりと、アラビア海のバックウォーターを進んで行き、暫くすると水路が狭くなってきて、岸の両サイドに家が見えてきた。これまで訪れた発展途上国では、こういった水辺で暮らす人々の生活は、貧しく、非文明的であった。しかしここでは澄んだ水と美しい緑に囲まれ、人々が平和で静かな生活を幸せに送っている、という印象を受け、羨ましくすら思った。

アラビア海のバックウォーターを下っていていちばん感動するのは、水面の美しさだ。空と雲と辺りの木々を鏡のように映し出し、まるで空をボートで渡っているかのようだ。木々から落ちた花が水面に浮かんでいる中を進んでゆくと、ここがインドである事を忘れ、まるで西洋絵画の世界にいるかのように感じる。

途中、小さな集落に寄ったりしながらさらに水路を下ると、水の中から、貝を取る老女が突然現れたり、海老を取る女性たちや魚取りの網を投げ入れる子供達の姿など、様々な人々の暮らしが見られた。しかし、こういった人々の日常生活や家の中までを観光として覗き見るのはどうなのだろうか、と考えてしまう。

その後視界が大きく開け、見渡す限りの水面に辺りの風景がそのまま美しく映し出された場に出くわし、感激した。このバックウォーターの「ジャングル地帯」は、その静けさの中、濃い緑の木々、抜けるような青い空、辺りを美しく映し出す水、緑に浄化された空気、のんびりと汚染されていない自然の中で生活を送る人々、と平和が「満ちている」ではなく、「溢れ出している」という感じがする。本当に心癒される場所であった。

バックウォーター

出発した小さな集落近くまで戻って来た所で、「インドビール」を製造しているという建物に寄った。そこでガイドがコップに入った白い飲み物を私達に差し出し、飲んでみるように言った。建物の中の様子がお世辞にも衛生的とは言えないことから、いくらアルコールが入っていてもとても飲む勇気はなく、私はグラスを受け取らなかった。一緒に車に乗って来た白人女性2人は1杯もらって2人で味見をしていて、感想を聞くと、「まずい」と言いたげな何とも言えない表情をした。私もひと口飲ませてもらったが、得体の知れない味で、美味しいと感じるには程遠かった。まだ半分以上残っているグラスを彼女に返すと、もっと飲まないか、と聞いてきたので、苦笑いしながら断った。すると、彼女はじゃあ、と言って一気にそれを全部飲んでしまった。私は唖然とした。華奢な体つきで、暑い暑いと言って顔を紅潮させ、ばて気味な様子だったのに、こんなわけのわからない飲み物を一気飲みしてしまうなんて、やっぱりインドを旅しようと思う人は、白人の若い女性であっても、どこか普通の肝っ玉ではないのかもしれない。

出発地に戻ってボートを降り、街へ帰る車が来るのを待っている間、ガイドが私たち行きの車のメンバー4人に、コーチンの街に戻ってから一緒に食事に行かないか、と誘ってきた。丁度昼時でお腹が空いていたので、私も彼女達もそうする事にした。

街でガイドが我々を連れていったレストランは、「大衆食堂」という感じの所で、食事のメニューは1種類しかなかった。この時、白人女性2人はドイツ人で一緒に旅をしていて、インド人の風貌の女性は両親はインド人だが、彼女自身はイギリス生まれのイギリス育ちというインド系イギリス人で、ひとり旅と知った。ドイツ人の2人はインドで見るせいか、透き通るように肌の色が白く見え、線の細い体つきと、上品な顔だちは、とてもインドを女性2人で旅するタイプには見えなかった。案の定ひとりはこの暑さにバテ、昨日の日中はどこにも出かけなかったらしい。それに対してイギリス人女性は、体格もよく、元気ハツラツとしていた。

食事は、大きなお皿に何種類かの野菜料理が盛られたが、それを見た瞬間、思わずドイツ人2人の顔を見た。こう言っては何だが、とても食欲をそそる外見ではなかった。ドイツ人の2人も困った顔をした。イギリス人の彼女だけが、平気な顔をして食べ始めた。さすが、インドの血が流れている。ひと口食べてみたが、やはり私の口には合わず、殆ど食べられなかった。ドイツ人の女性達は、私よりは食べていて、私の様子に気づいたひとりに、「インド料理は苦手？」と聞かれ、インド系イギリス人の彼女にならいいが、ドイツ人の彼女達に同情されたのは、ちょっとショックだった。言っては悪いがドイツは日本程食事が美味しいところではない、と思う事で、自分が彼女達よりこの料理を食べられない慰めにした。

私とインド系イギリス人女性のマーティンは午後の市内観光ツアーのために、先にレストランを出る事にした。キャッシャーへ行ってお金を払う際、「175ルピー」と言われ、この食堂とあの食事でその値段はありえない、と私が思ったと同時にマーティンはガイドの所へ飛んで行き、彼を連れて戻って来た。そして、値段が「35ルピー」である事に改めさせた。キャッシャーの人は5人分と勘違いした、と言っていたが、ひとり用の食券兼レシートの束を不自然に裏返しにして見えないようにしていて、値段を訂正してからおもむろに表返したので、悪巧みに違いなかった。

その後、KTDCまでのオートを拾った時、ドライバーは私達に50ルピーなどと値段をふっかけて来たが、マーティンが20ルピーで交渉を成立させた。イギリス人でもインドの血が流れていると違うもので、逞しい。それにオートにも乗りなれて来ると、50ルピーなどという金額はこんな小さな街中では、どこを走ってもありえない金額である事がわかってくる。ここは外国人が多いせいか、値段をふっかけてくる人たちが多い。

KTDCのオフィスに戻ると、受付の人に、壁にかかっている写真のホテルの宿泊料金を尋ねた。そのホテルのパンフレットを渡され、見てみると、税込みで一泊8000円で、予算オーバーであった。しかし諦めきれず、直接ホテルに電話をかけて値段交渉をしてみようと思い、ホテルに戻った。

ホテルのロビーは冷房が効いていて涼しく、快適すぎて、再び酷暑の外に出かける気が失せてしまいそうになった。部屋に戻ると、午後の強い太陽光が波に乱反射して光りきらめく海が、窓一面に広がっていて、このままずっと眺めていたい気分になるほど綺麗だった。

早速、コヴァーラムのホテルに電話をし、宿泊金額を尋ねると、電話に出た女性が答えた。

「3泊なら、1泊1950ルピーに10パーセントの税金、もし一週間滞在するのであればもっと安くなります」

1950ルピーは、パンフレットに書かれている料金より700ルピーも安い金額であった。

「エアラインスタッフ用の割引はありますか?」

「そこからさらに15パーセント引きです」

「予約をお願いします」

即答であった。これなら予算内で泊まれる。やはり、私はあの街に呼ばれていると確信した。呼ばれて行くと、そこに感動が待っている。にわかに胸が高鳴り、楽しみになってきた。この国にいると、場所の方から呼んでくれて、行き先が決まって行く。


午後からの市内観光は大きな船で行き、私はマーティンと行動を共にした。マーティンは25歳で、インドに来たのはまだ2回目だそうであった。仕事をやめたので2か月間インドを旅することにしたらしく、来週帰国するが、「インドの主な地を見るだけでももう一か月必要だった」と残念そうにもらした。私も始めは1か月あればどんなに色々インドを見て回れるのかと思っていたが、インドは広く、見る所も沢山あるので、一か月ではほんの一部しか見られないと知り、訪問地の取捨選択に苦労した。「3か月必要」というのは頷ける。

コーチンは内陸部と、半島、島に別れ、それらにお互い橋が架かっているが、船で移動した方が早い。観光は半島にあるフォトコーチン地区とマッタンチェリー地区を訪れ、コーチンがオランダやポルトガルの侵略をうけ、その影響が街に色濃く残っている様子がよくわかった。

市内観光は3時間程で終わった。船着場からホテルに戻る海沿いの道は、とても眺めの良い、美しい通りであった。マーティンと別れた後、夕暮れ時の海を眺めながらぶらぶら歩きを楽しみ、ホテルに戻った。

ヒンドゥー教徒

タージは大きいホテルで人の出入りが多いにもかかわらず、フロントのスタッフは、私が部屋番号を言う前にいつも鍵を手渡してくれる。こういう事ひとつでも居心地の良さが違って感じる。

部屋に戻ると、通りから見るよりさらに美しい夕暮れの空と海が遠くまで一望でき、ケタキのお父さんが言った通り、コーチンはいい所だな、としみじみ思いながら眺めた。それからドクターモハナンに電話した。

「今、戻りました」

「バックウォーターツアーは楽しかったかい？　私は今、ヒンドゥー寺院に行く支度をしているところだ」

「これから、行かれるのですか？」

「そうだ」

「私も一緒にお寺に行ってもいいですか？」

「いいとも。用意が出来たら私の部屋にきなさい」

厚かましいお願いであったが、コーチンのヒンドゥー寺院を見てみたいし、ガイドブックに載っていないような所に行けるのは、現地に知り合いでもいなければ無理な事。遠慮などしてはいられない。

私は急いでいちばんいいサリーに着替えた。

ドクターモハナンの部屋のチャイムを鳴らすと、知らない人が出てきて、中に入るように言った。

部屋の奥に入ると彼は電話中で、私は大きな窓の傍に立って、外を眺めた。

日が沈んだばかりの空は、まだ濃いオレンジ色の帯を広げ、薄明るさを残しながらも全てを闇につつみこむ準備を始めている。海には、黒いシルエットに光の粒を浮き立たせた船の姿が浮かんでいて、響き渡る警笛は、平和に暮れ行く一日への安堵の声のように聞こえる。全てが夜に向かって支度をしている光景を、私はうっとりと眺めていた。

「今日はまた一段と美しく、いいサリーを着ているね」

その声に振り向くと、笑みを浮かべたドクターモハナンが立っていた。その姿にホッとした安堵感を覚え、自然と笑みが浮かんだ。彼は鞄の中から赤い粉の入った瓶を取り出した。私はすぐに彼の傍に行き、胸の前で手を合わせ、額に粉をつけてもらった。たったこれだけの事だが、とても神聖な気持ちになるので、私はこの瞬間が結構好きだ。

「今朝は手紙をありがとう。朝、部屋を訪ねてくれてもよかったのに。私は6時に起きて、シャワーを浴びて体を清め、それから2時間の間お祈りを捧げていたのだよ」

昨日、結構お酒を飲んで酔っ払っている感じだったのに、そんな早くに起きてお祈りしていたとは想像もしなかった。彼にはよく電話がかかってきて土日でも忙しそうだが、そんな毎日の中でも長い時間を割くのを厭《いと》わない程、お祈りは大事なのだ。

ドクターモハナンが、部屋にいる男性に私と昨日機内で知り合い、強引にこのホテルに連れてきた経緯を楽しそうに話している間、私は完全に暗くなった外を見て、お寺が閉まってしまうのではないかと気が気でなかった。彼は全く急ぐそぶりをみせず、それから30分位たってから漸く出掛けた。

「今から行くヒンドゥーのお寺は、小さいがとても由緒正しいお寺で、私はコーチンへ来ると必ずここにお参りに行くのだよ。今からもうひとり友人を迎えに行くが、彼は成功した建築家で、とてもお金持ちなんだ」

成功した建築家。何だか気難しそうな人を想像してしまう。

建築家の友人の家に向かう途中、白っぽい服を着た人達が蠟燭《ろうそく》を持って一列になって歩いているのを見かけた。何かと尋ねると、今日はキリスト教のフェスティバルがあり、皆それに向かうとの事であった。ここはオランダ、ポルトガルなどのヨーロッパ領だったので、キリスト教徒がいても不思議はないな、と思ったが、その後も至る所で同じような格好をした。蠟燭を持った人々を見かけ、この地にはキリスト教徒が「いても」ではなく、「大勢いる」と知った。

途中、コーチンには珍しい奇抜なデザインの橋を通り、それがこれから会う建築家の友人のデザインしたものと聞き、こういったデザインをする人なら面白い人かもしれないと少し楽しみになった。

そしてまもなく、コーチンでは見た事もないお洒落で大きな家の前で車は止まり、その玄関前に立っていた男性が車に乗り込んで来た。彼が建築家の友人で、ドクターモハナンより若干若そうで、気難しいといった感じも、成功してとても裕福といった感じもなく、細い体つきで、人の良さそうなおじさん、といった印象を受けた。彼の名前はアジットさんといい、ドクターモハナンが私を紹介すると、すぐに彼は私に言った。

「君は日本人とは違った顔をしているね。ケーララ人と日本人は似た顔をしている、と言われているんだよ。大抵の日本人は目が細くて、鼻が低く、頬骨が高い。それはケーララ人の顔の特徴と一緒なんだ。あくまでも僕の考えだけど、日本の文化や、日本人のものの考え方もインド人と似ているし、大陸移動説で、日本はケーララから分かれていったのではないかと思うんだ。そう考えると我々のルーツは一緒なんだ」

ケーララ人と日本人が似た顔の特徴を持っているというのは、もう少し観察してみないとわからないが、インドの文化やインド人のものの考え方が日本人と似ているというのはたびたび感じている所だ。特にそう感じる南インドの人側から見てもそう思うのだから、私が感じている事は間違いではないようだ。

アジットさんに今日の観光の話をした際、昼食を取った店の名前を言うと、彼は驚いて言った。

「あそこは病院の隣で、病人用の制限食を出している店じゃないか。そんな所に入ったのかい？　おいしくなかったろう？」

「正直言って、おいしくなかったです」

「観光客をそんなひどい食事に連れて行くなんてKTDCに注意をしないと」〈さすが権力者〉

確かに隣に病院らしき建物があり、あれは病人食といってもおかしくない食事の内容で、かなり薄味でもあった。あれがここコーチンの代表的な庶民の食事で、皆が美味しいと思って食べている食事でないと聞いて安心した。これで、コーチンは食べ物のおいしい所、と疑いなく思える。

お寺に着いて駐車場に車を停めると、ドクターモハナンがアジットさんと共に私も寺に入れるかを確認しに行き、戻って来て言った。

「やはりこの寺はヒンドゥー教徒しか入れないようだ」

その言葉にかなりがっかりした。

ドクターモハナンとアジットさんは履物を脱ぎ、上半身裸になり、下半身にきれいな白い布を巻いた。

「これが、お寺でのスタイルなのだ。何をしているのか、と驚かんでくれ」

ドクターモハナンは笑いながら言った。そして2人は裸足でお寺の方へ歩いて行き、車には私とドライバーだけが残った。彼に尋ねた。

「貴方はお寺に行かなくていいのですか?」

「私は、キリスト教徒なんです」

「じゃあ、さっきのフェステバルに行かなくていいんですか?」

「私の家族は皆行ってますが、私は仕事があったので」

ここでは、キリスト教徒もヒンドゥー教徒並の厚い信仰心を持っているように感じる。この地にヨーロッパの勢力が入ってきてからヒンドゥー教徒が改宗したのだから、宗教に対して、ヒンドゥー教徒と同じ位の厚い信仰心を持っていても不思議はない。イスラム教、キリスト教、ジャイナ教、シーク教、仏教等、この国にはヒンドゥー教以外にも沢山の宗教があり、それら皆が負けず劣らず厚く信仰しているのだ。

そこへ、さっき寺へ行ったばかりの2人が戻ってきた。そして車の扉を開け、私に言った。

「履物を脱いで車を降りなさい。お寺の中に入っても大丈夫だそうだ。サリーを君は着ているから」

これはラッキーと思い、靴を脱いで車を降りた。

駐車場の地面はでこぼこしている上、小石まじりの砂で裸足では歩きにくかったが、2人は慣れているのかすたすた歩いて行く。私はサリーの裾を持ち上げ、足の裏に小石の痛みを感じながら2人に必死でついてお寺の中に入った。この時間でもお寺は閉まるどころか、沢山の人がいて、私にとって全く見た事のない異次元のような世界が広がっていた。あちらこちらで人々が熱心に祈りを捧げていて、床に這いつくばって祈りを捧げる人、神の像を前に熱心に手を合わせる人、その祈りのスタイルは様々だ。

私はお寺の事務局に連れて行かれ、3人の年寄りの僧侶がドクターモハナンとアジットさんと話をした後、僧侶のひとりが私の所にやって来た。白いあご髭を胸のあたりまで生やし、細い体つきだが、威厳のある顔つきのせいか、威圧感があった。僧侶は私の名前を尋ねた後、私の額に黄色と赤い粉をつけて下さった。ヒンドゥー教の僧侶にして頂いていると思うと、一層神聖な気分になった。目を開け、手を合わせたままお礼を言うと、僧侶は私に葉っぱと小さな花を手渡した。この葉っぱが食べられる、とドクターモハナンに言われたが、さすがに食べる勇気はなかった。

私達は事務局の外に出て、お寺の回廊を歩いた。このお寺はシンプルな建物で、ごてごてとした装飾は何もないが、人々が熱心に祈りを捧げている様子や、方々に置かれている神々の像が珍しく、きょろきょろしながら歩いた。しばらく歩いた所でドクターモハナンが言った。

「これから人ごみに紛れるので、覚悟しておいてくれ」

一体何が起こるのか、と思っていると、鉄格子のある所へ行き、そこに立っている守衛が扉をあけ、私達3人だけを中に通してくれた。少し歩くと大きな主祭壇が現れ、その周辺はドクターモハナンが言った通り、ものすごい人であった。2人についてその人ごみにまぎれ、祭壇の周りを歩いたが、神様が祀られている祭壇中央に来ると皆がそこで拝もうとするので、人が滞り、押し合いになる。しかしドクターやアジットさんもここで一生懸命拝んでいるので、私も押し流されないよう必死で踏みとどまり、目を閉じ、手を合わせた。

目を瞑《つむ》ると人ごみが視界から消え、鈴の音だけが耳に響いてきた。辺りは熱気に包まれ、自分自身の体も熱くなるのを感じながら祈りを捧げた。ついさっきまでこんなスピリチュアルな宗教世界とは全く無縁に生きていたのに、今こうしている状況が現実の出来事と思えなかった。再び目を開けると大勢の人々が視界に蘇り、慌ててドクターモハナンの姿を追った。祭壇の端では、僧侶が群がる人々に葉っぱで水をかけていた。

ドクターモハナンはこれを3回繰り返すと言い、祭壇の後方から外に出た後、また鉄格子の入り口に戻り、門を開けてもらって中に入った。再び祭壇の周りを1周する途中、他の人たちは長い列に並んで祭壇正面まで辿り着くのを待っているのに気づいた。私たちが通ってくる鉄格子の入り口から祭壇まではすぐだが、皆はこの長い列を3回も並びなおして祭壇に祈りを捧げるという、気の遠くなるようなことをしているのか、と驚いた。まさか、きっと他の人は1回だけで、2人は信仰心が厚いので、3回周るのだろう、と思った。しかし、3周した後、ドクターモハナンが言った。

「アジットがコーチンの権力者だから、祭壇のすぐ傍から特別に入れてもらえたが、本当は長い列を並ぶのだよ」

「途中で気がつきました。他の人たちは、1回だけしか周らないのですか？」

「皆、3回並ぶのさ」

お祈りをするために、あの長蛇の列に3回も並び直すなんて、しかも、年1回とかではなく日常茶飯事やるなんて、自分の忙しい日常生活を思い浮かべた時、考えられない事だ。しかし、これがヒンドゥー教徒の「信仰」の形なのだ。

再びお寺の事務局に戻り、ドクターモハナンとアジットさんが僧侶と話をしている間、貴重な経験が出来たと興奮していた。僧侶に粉を付けてもらった瞬間、あの押し合いの中で感じられた人々の熱気、もやのかかったような神秘的な雰囲気の祭壇、神々に祈りを捧げる人々の姿、それらすべての中に身をおく事で、私自身もヒンドゥーの神々の存在を信じ、感じられた。今までヒンドゥー教がとても異質な宗教であるように感じていたが、そのスピリチュアルな宗教世界に感動し、そして今、身近にも感じ始めていた。

出口に向かってアジットさんと話しながら歩いていると、ドクターモハナンがいないのに気付き、振り返ると、彼はシバ神が乗る神聖な牛という「ナンディー像」の前でひれ伏し、祈りを捧げていた。

「この寺は願いが叶う事で有名なんだ」

アジットさんが言った。それを聞いて、ドクターモハナンと共に跪《ひざまず》いて祈りをささげようかと思ったが、「でも、サリーが汚れてしまう」とすぐに頭をよぎった私は、やはり世俗的な人間だ。

忘れられない瞬間《とき》

お寺を出た後、アジットさんもホテルに来てドクターモハナンの部屋で一緒に食事をする事になった。

「君が寺に入れたのは、アジットが事務局で頼んでくれたのさ。私は役立つ友人を持っているだろうNO?」

いつもの自画自賛も、納得出来る事実として、素直に有難く感じるようになってきた。

部屋で3人で話をしていると、ドクターモハナンの友人2人が訪ねて来て、一層賑やかになった。2人共、裕福で地位ある人なのがすぐにわかる外見で、ひとりはキャプテンの称号を持つ海軍の相談役、もうひとりは州議会議員、理事、会長などこれまたハイステータスな肩書きが名刺にずらりと並んでいた。4人は全て英語で会話をしていたが、こんな人たちばかりの話について行けるだけの知識もなければ、英語力もそこまで追いつかない私は、ひたすら劣等感を感じていた。しかしそんな中、ドクターモハナンは私に気を遣い、一生懸命話を振ってくれようとした。

4人の話を聞きながら、この国に来るたびに湧いて来る疑問がまた強く湧いてきて尋ねた。

「インドを旅すればするほど疑問に思うのですが、インドはこれだけ色々なすぐれたものがあって、人々も頭が良く、働き者なのに、どうしてこの国は貧しいのでしょうか？」

「そのいちばんの理由は、この国の人口が多すぎるせいなんだ」

ドクターモハナンの答えに、他の3人も頷いた。以前、ヴィネイも同じ事を言っていた。しかし、これは将来、少子化に向かっている先進国にとっては、羨む事となって行くかもしれない。そして、欠点を利点と変え、この国の底知れない潜在能力が遺憾なく発揮されるようになった時、どんな大国になるのかと思うと、末恐ろしく感じる。

夕食に運ばれてきた料理は昨日にも増してすごい量で、ボーイがひとつ一つ運んで来るたびに、ドクターモハナンが他の物を頼むので、オーダーを取りに来るボーイも、運ぶボーイもとても大変そうであった。4人共一切手を使わず、カレーもスプーンで食べていた。彼らのようなアッパークラスの人々は、一流ホテルで食事をする時はスプーンを使って食べるのに抵抗がないようだ。

食後も4人の仕事の話は続き、私は退屈し、疲れもあってもう部屋に帰って休みたい気分に陥っていた。しかしそれを言い出すタイミングが摑めず、結局ずっとその場にいた。

アジットさんとキャプテンネアーさんが先に帰る際、ドクターモハナンは2人をロビーまで送って行った。キャプテンネアーさんは、部屋を去る前に私に言った。

「私はトリバンドラムに住んでいるから、トリバンドラム滞在中は私の名刺を必ず持ち歩いて、何か困った事があったらすぐに連絡してきなさい」

皆肩書きだけでなく、その人間性も一流の人ばかりだった。

ドクターモハナンが戻ってくると、私と彼の友人がもうお腹が一杯でデザートはいらない、と言っているにもかかわらず、彼はデザートにアイスクリームを3つ頼んだ。どうもひとつだけ頼む、という事が出来ない性分らしい。ヴィネイは、貧しい暮らしからのし上ってきたお金持ちのせいか、お金が沢山あっても節約心が見られるが、ドクターモハナンのようなもとから裕福な家の出で、インドの根っからのお金持ちの感覚とはこういうものなのだろう。彼はアイスクリームをペロッと平らげた後、私に言った。

「そうだ、この先マドライへも行くならそこに私の友人がいるから、是非、彼を訪ねるといい。彼は医者で、日本に行った事があるし、日本人の友達もいるようだから。（友人に向かって）ドクター×××（長い名前で聞き取れなかった）の電話番号を知っているかい？」

「今はわからないな。家に帰ればわかると思うが」

「じゃあ、明日彼女に電話して電話番号を教えてやってくれ」

「あの、今わからないのであれば、わざわざ調べていただかなくても……」

「すぐわかるさ。心配しなくていい」

まるで自分が調べるかのようにドクターモハナンは言った。彼は誰に対してもマイペースなのだ。

その後、彼は友人を下まで見送りに行き、私は見送りに行かず部屋に戻った。彼らの会話の内容を理解するのに頭を使いすぎて、ぐったりとした疲れを感じながらベッドに横たわると、暫くして電話がかかって来た。ドクターモハナンからであった。

「気を使わせてばかりで、食事をあまり楽しめなかっただろう。退屈させてしまってごめんよ」

彼は私が気疲れし、退屈しているのに気づいていた。

「何をおっしゃっているのですか？　食事もおいしかったし、お友達にもお会い出来て、賑やかで楽しかったです」

「いや、私は君が楽しめていない事に気付いていたよ。ごめんよ」

「本当に楽しかったです。どうか気になさらないで下さい」

彼は少し黙った後、「また明日」と言って電話を切った。いつも自分のペースで人を引っ張ってゆくが、そうしながらもその人をちゃんと観察しているのだ。受話器を置いた後、この太陽のように陽気で明るく、優しいドクターモハナンと明日でお別れだと思うと、何とも言えない寂しさが胸にこみ上げた。

翌朝8時に起き、いちばんお気に入りのオレンジ色のサリーに着がえた。大分慣れて最近は10分位で着られるようになった。ドクターモハナンに電話をすると、もう起きていて部屋に来るように言われた。最後に一緒に写真を撮ろうと思い、カメラを持って部屋に行った。

彼は白い布を腰から下に巻き（ドーティと呼ばれる民族服）、上には珍しく、くすんだオレンジ色のポロシャツを着ていた。

「君はサリーを選ぶセンスがとてもいいなぁ」

私を見ていつもの笑顔と大きな声でそう言ったが、その後すぐに物悲しそうな顔になった。

「朝からずっと、君と今日お別れだと思うと、とても辛い。たった2日一緒に過ごしただけなのに、君が自分の一部のように感じてる。こんな風に他人を身近に感じた事はなかった」

「そんな風に言っていただいて、とても光栄です。あなたとお会いしていなければ、こんなに楽しいコーチンでの滞在を過ごせる事はなかったと思います。お別れするのはとても寂しいです」

彼は暫く無言で窓の外を眺めた後、口を開いた。

「どうだい、もう1日、コーチンに滞在しないか？」

「でも今日ここを去る予定なのでしょ？」

「君が残ると言うなら、私も残るよ。もう1日コーチンでゆっくりしようじゃないか」

ここでの滞在をもう1日延ばし、彼と一緒に過ごすのは、どんなに笑いに溢れ、楽しいだろう。私ももう少しドクターモハナンと一緒にいたい、と心底思った。しかし、彼はこれから仕事で数か所他の州も周り、数日後にデリーに戻るというハードスケジュールで、電話もしょっちゅうかかってきてとても忙しそうであった。私のためにここでの滞在を延ばせば、後のスケジュール調整が大変であろう。そして何より、もう1日太陽神のような彼と一緒にいれば、別れの辛さ、別れた後の寂しさが一層大きくなる。私は暫く迷った後、言った。

「お薦めに従ってトリバンドラムにも行く事にしたので、旅程が詰まっています。やはり……、今日発ちます」

「どうしても今日発つと決めたのか?」

涙がこぼれそうになったが、ぐっと飲み込んだ。

「はい」

「わかった」

彼はしんみりとした顔で言った。できればいつもの強引な調子で、引き止めて欲しかった。そうしないのは、きっと彼も私と同じように、1日延びればそれだけ別れが辛くなるのがわかっているからだろう。

「また、いつか、君と会えるだろうか?」

「勿論ですよ。私はいつでもまた、飛行機に乗ってインドにやってきます。インドと日本なんて、近いものですよ」

彼は何も言わずただ寂しげな微笑みを浮かべた。私は2人の気分を引き上げるために、努めて明るく言った。

「一緒に写真を撮りたくて、いちばんお気に入りのサリーを着てきました。誰か人を呼んで、写真を撮ってもらいましょう！」

「それは、いい考えだな。でも、ちょっとまっておくれ。着替えてくるから。こんな格好で写真を撮ったら、君の家族が見た時、何てだらしのない、変な男と知り合ったものか、と思うに違いない。ちゃんとした服を着なくては」

彼はいそいそと洗面所へ行き、出会った時と全く同じ、真っ白の麻のシャツとシルクのベストを着、白いズボンにはき替え、髪を綺麗にとかして再び私の前に現れた。その姿にまた涙がこみあげそうになった。

それから、ホテルの人を部屋に呼び、写真を撮ってもらった。私は椅子に座り、ドクターモハナンはそのすぐ後ろに立った。まるで父と娘の家族の肖像画のような構図で、いつまでもいつまでも、写真立ての中に飾られる写真となるだろうと思った。

写真を撮り終わった時、電話がかかってきて、昨日部屋を訪れたドクターモハナンの友人からだった。マドライ在住の友人の電話番号を知らせにかけてきてくれたのだった。ドクターモハナンは電話を切った後、さっそく電話をかけてみよう、と言い出し、私は困ってしまった。

そのマドライの人は、初めてマドライを訪れる日本人女性の世話をしてくれ、と友人に頼まれれば、迷惑な話だ、と思っても引き受けざるを得ないだろう。よかったらマドライでこの人に電話しなさい、と言って電話番号をもらうならいいが、ここで彼が直接電話して世話をする約束までさせてしまうのは相手に申し訳ない。私も気を使う。しかし、彼はいつもの素早さでマドライの友人に電話をかけてしまった。そして会話の内容が私にもわかるように、電話をスピーカーにした。

「ドクターモハナンだが、元気かい？　今日は頼みたい事があって電話したんだ」

「何かな？」

「今ここにコーチンで知り合った日本人女性がいるんだが、彼女がマドライを訪れるので、世話をしてやって欲しいんだ」

「いいとも」

「今、彼女がここにいるから替わるぞ」

直接話をさせられると思っていなかったので、面食らいながら受話器を受け取り、挨拶をした。

「マドライにはいつ来るんだい？」

「これからトリバンドラムへ行くので、多分、15日位になると思います」

「そうか、じゃあ、はっきり日日《ひにち》が決まったら電話をして来なさい。マドライにはいろんな見所があるから案内しよう。私は去年の3月に日本に2週間ほど滞在したんだよ。まあ、会った時にゆっくりその話をしよう」

気さくな感じの人で安心したが、今はドクターモハナンと一緒だからかもしれない、あまり頼りに思わないようにしようと思った。電話を切った後、彼はその友人の名前と電話番号を紙に書いて私に渡した。

それからボーイが運んで来た紅茶を頂いた後、私は言った。

「朝食の時間が終わってしまうので、ご飯を食べに行ってきます」

「そうか。私はこれからシャワーを浴びて2時間のお祈りに入るから、これでお別れだ」

その言葉に、寂しさで胸が一杯になりながら、立ち上がった。

「ドクターモハナン、最後に赤い粉をまた付けて下さい」

「ああ、いいとも」

私はいつものように彼の前で少し屈み、胸の前で手を合わせて目を瞑った。これも今日で最後だと思うと、一層胸が一杯になった。目を開け、手を合わせたままお礼を言うと、彼はそのまま面と向かって言った。

「もしこの先何か困った事があったら、いつでも電話をしてくるのだぞ。いいね」

「はい」

「毎日多くの人と出会うが、心を許せる人というのはそうそういない。でもなぜだか君にはすぐに心を許す事ができた。その事がとても心地よかった。こんな風に感じられたのは、君が本当によい人間だからだ。君に会えてうれしかった。ありがとう。私はいつも君のために祈ってるよ。日本に帰ったら、君のご両親に私の写真を見せて、私との思い出を話しておくれ。君は私の一部である事を忘れないでくれ」

「はい」

「今はもう、それしか言えない」

そう言うと、彼は大きな涙をぽろぽろとこぼした。私は驚いて言った。

「ドクターモハナン、泣かないで下さい。まるで、もう2度と会えないみたいじゃないですか。言ったじゃないですか、日本とインドは近いって。すぐまた会える、って」

私の目にも涙が溢れてきて、それ以上言葉を続けられなくなった。

その瞬間、彼はふいにしゃがんだ。そして膝を突き、神様に祈りをささげていた時と同じように、ひれ伏して私のつま先に自分の額をつけた。映画カビクシカビガンで、家族全員がひとり一人、父親の足先に頭を近づけて祈りを捧げるシーンを見た。それは敬うべき者に敬意と愛情を持って祈りをささげる時にする行為なのだ、とその時解釈した。だから身分が高い者や年上の者から、下の者にこういった行為をする事はなく、ドクターモハナンのような人が私のような何の身分もない、年下で、ましてや外国人女性にする行為ではない。私は慌ててしゃがんだ。

「頭を上げてください。そんな事をなさらないで……」

言いかけて止めた。ここまでして下さる彼の祈りを、謹んで受けなくては、と思った。立ち上がって胸の前で手を合わせ、目を瞑ると、恐れ多さと、感動と、寂しさで、私の閉じた目から涙が滴《したた》り落ちて行った。

彼の頭の重みをつま先に感じながら思った。この先、自分がどんな人生を歩んでゆくのか想像もつかない。でも、少なくとも今明らかになった事は、昨日までの私の一歩は何の変哲もないただの一歩だったけれど、この先私の踏み出す一歩はどれも、ドクターモハナンに祈りを捧げられた、このつま先が踏み出す一歩なのだ。だから、きっと、どんな困難な時も、このつま先が踏み出す一歩が私を幸せに導いてくれる。そう強く信じて生きてゆける、と。

彼は立ち上がると別れの抱擁に私を抱きしめ、私は彼の肩に顔をもたげながら、一緒に過ごした時間を思い返していた。飛行機の中で出会った時の事、強引にこのホテルにつれて来られた時の事、窓から見える景色をひとつ一つ教えてもらった事、次々とオーダーしてくれた昼ごはん、アユルベーダのクリニックでの強引な交渉、唐辛子を食べて苦しんでいる私を介抱してくれた事、母に電話をしている時、傍でうれしそうに私の顔をみていた事、2人で陽気に歌を歌った事、ヒンドゥー寺院の人ごみの中で、心配して何度も私の方を振り返った顔、会話に入れない私に気を遣ってくれた事、写真を撮るために急いで着替えてくれた事。どれも私に対する思いやりに満ち溢れたシーンばかりで、それに対して私は呆れる程彼に何もしていない。それでもこんな風に最後まで私のために心から祈って下さる彼は、もしかしたら神様なのかもしれない。多くの神々が存在するこの国で、私は生きた神様に出会ったのかもしれない。

彼は私から離れ、言った。

「君は誰だったか、答えてごらん」

「ドクターモハナンの一部です」

その言葉に彼の目からまた涙がこぼれたが、にっこり笑った。その顔は、私が昨日お寺で見た、どの神像の顔よりも神々《こうごう》しく、美しかった。この先、何十年生きるかわからないが、たとえ80歳、90歳まで生き、多くの記憶が薄れていったとして、インドで生きた神様を見たこの時、この瞬間を、決して忘れはしまい、と深く心に刻んだ。

God's Own Country

朝食後、両替に銀行へ行った。両替を待っている間、私のすぐ目の前で作業をしていた銀行員の女性が話しかけてきた。

「貴女はインド人だと思ってたわ。インドには旅行で来ているの?」

「はい」

「どこを今まで周ってきたの?」

私は訪れた街の名を告げた。

「いいわね、そんな風にあっちこっち旅行ができて。私なんか海外旅行はおろか、ケーララから一歩も出た事ないわ。一度でいいからそんな風に旅行してみたい……。でもわかるでしょ、一生無理だと思うわ。あなたが羨ましいわ」

「私は仕事柄色々な国に行きましたけど、インドがいちばん好きだし、ここケーララは特に好きになりました。こんな美しい、いい所で暮らしているのだから、外国やよその街を見に行く必要なんかないと思いますよ」

「それでも、行ってみたいわ」

旅というものの素晴らしさを人一倍知っているだけに、胸を突かれる言葉であった。

ホテルに戻ってパンジャビードレスに着替え、ポーターに荷物を運び出してもらった後、最後のお別れにドクターモハナンの部屋へ行った。すると昨日も夕方に部屋にいた男性が出てきて、開いたドアの隙間からドクターモハナンが神像の前でマントラを唱えている姿が見えた。最後の最後にもう一度お別れとお礼を言いたかったが、お祈りの邪魔をしないように、そっとその場を去った。

チェックアウトの清算後、ドクターモハナンに手紙を書き、フロントにいた（強引な値引き交渉をした）マネージャーの所に持って行った。

「これをドクターモハナンがチェックアウトする時に渡してもらえますか?」

彼は私が差し出した白い封筒を見て言った。

「ご自分で渡された方がいいのではないですか?」

何とも人の心を見透かしたような言葉であった。さすがタージのスタッフだ。

「本当はそうしたかったのですけど」

彼は優しい笑みを浮かべて手紙を受け取った。

「お渡ししておきます。マダム、またのお越しをお待ちしています」

強引に安い金額で泊めてもらったのに、優しい言葉をかけてもらえて嬉しかった。インドの人というのは、どうして人の心に響く言葉を、絶妙のタイミングで言えるのだろうか。

駅へはドクターモハナンが手配してくれた車で行き、ドライバーはいつもと同じ人であった。彼は駅に着くと、列車が来るまで私の傍についている、と言い、一緒に車を降りてくれた。

トリバンドラムまでエアコンカーの席を買いたかったが、ノンエアコンカーの席しか空いていなかった。たった5時間といえども、この暑さでエアコンなしでは辛いので、一旦ノンエアコンカーのチケットを買い、エアコンカーの空席を列車のコンダクターに聞く事にした。インドの鉄道は思い通り行かないことばかりで、毎回ストレスが溜まる。

チケット代は63ルピーと、とても安く、それを聞いた瞬間、「可哀想なマイケル」と彼のレールパスの値段が頭に思い浮かんだ。

列車が来るまでホームでドライバーと話をして待った。

「トリバンドラムへは、行った事ありますか?」

彼に尋ねた。

「私はコーチンで生まれて、コーチンから一歩も出た事がないんです。子供が2人いますから、家族を養うのに精一杯で、とても旅行に行くお金の余裕なんてありませんよ。この先も一生、家族を食べさせるためだけにひたすら働く、つまらない人生ですよ」

銀行員の女性と同じ事を言っている。コーチンは美しい街だが、人々の生活水準は低い。

「私の暮らしている街は、空も空気も汚れ、コンクリートに囲まれた、殺伐とした都会です。こんな美しい街で一生暮らせるなんて、羨ましいです。コーチンは好きですか?」

「はい、私はコーチンが大好きです」

彼はさっきの寂しそうな笑みとは対照的な、明るい笑顔で即答した。彼を慰めるつもりで言った言葉であったが、自分の暮らす街が「好きです」とこんな笑顔で言える彼を逆に羨ましく思った。贅沢や物によって心が100パーセント満たされる事はなく、そんなものは一瞬の満足感を得るにすぎない。本当に不幸なのは、旅行にも行けない貧しさではなく、精神的に満たされる事のないものを追い求めて、空も空気も汚れた土地の、他人事に無関心な人々の中で暮らす事の方かもしれない。

列車は30分遅れで駅に到着し、コンダクターが降りてくると一気に人が彼に群がった。ドライバーに、荷物を運んでおくから急いでコンダクターを掴まえるように、と言われ、私は慌ててコンダクターを追いかけた。コンダクターは再び車内に戻って椅子に座り、その傍に人の列が出来た。順番を待って立っていると、腕を叩かれ、振り返るとドライバーであった。

「ここに荷物を2つ運んでおきました」

彼は荷物の置き場所を指し示し、すぐに列車を降りようと引き返したので、私は人波を掻き分け、彼を追いかけた。そしてゆっくり動き出した列車から身を乗り出し、ホームにいる彼を呼びとめ、大声で言った。

「ありがとう、さようなら！」

私はドライバーとコーチンの街に大きく手を振った。

コンダクターの所に再び戻ると、無事エアコンカーにアップグレードしてもらえた。列車の空席待ちはストレスが溜まるが、何だかんだ言ってちゃんと席がもらえる。

窓の外は行けども行けども木々が生い茂り、時折アラビア海が見えたり、夕方になると、木々の合間から真っ赤な美しい夕日が見え、椰子の木が密集している地帯では、その夕日に照らし出された一帯の緑が、色を変えて行く様子に感激した。車窓からの美しい景色に、この先のトリバンドラムや、コモリン岬がとても楽しみになった。

列車がトリバンドラムの駅に到着した時、すでに辺りは暗くなっていた。駅前に白い車体のタクシーが多数停まっていて、近づいてきたドライバーと値段交渉をして150ルピーで交渉を成立させた。コバーラムビーチのホテルまでの道のりは見事に真っ暗で、こんな所を女性ひとりでタクシーに乗っている事に不安を覚えたが、30分ほど走って無事ホテルに到着した。

ホテルはコッテージタイプの建物が何棟かに別れていて、エスニック調の部屋は広く、清潔感もあって、快適に過ごせそうだ、と気に入った。しかしシャワーを浴びようとお湯の蛇口をひねると、出てきた水の色は黄色く濁っていて、大分濁りがなくなった所でシャワーを浴びようとすると、今度は停電が起こってなかなか復旧せず、これまた思うように事の運ばない、かなり辺境の地にやって来た事を感じた。

シャワーを浴びる前にスーツケースを開けた時、４本も大きな水のボトルが入っているのを見て、ドクターモハナンを思い出した。彼がいつも残った水を持ち帰る私のために、わざわざレストランにオーダーし、新しいボトルを４本も持たせたのだ。この人の辞書に「少なめ」という言葉はないのか、と思いながら水を抱えて部屋に戻った事を思い出し笑いし、同時に涙ぐんだ。レストランでのひとりの食事も、とても寂しく感じた夜であった。

翌朝、起きてすぐにカーテンを開けると、快晴の空の下、インドでは見た事がない位、青い、綺麗な海が広がっていた。海好きの私はそれを見て、一気に元気が漲ってきた。

顔を洗おうとすると、水の色がまた黄色く、今度はいくら待っても透明にならなかった。濁った水で顔を洗うというのは結構勇気のいる事だが、ここがインドという国である以上、その事に文句を言っても何も変わらない。水が透き通っている、という事ですら常識ではないと学ぶのがこの国なのだ。

観念してその水で顔を洗ったが、綺麗になった気がしなかった。

朝食後、私もドクターモハナン並の部屋料金の割引交渉してみようと思い、ホテルマネージャーに直談判しにフロントを訪れた。よく磨かれたガラス張りのドアを開けて建物の中に入ると、整然としたロビーは冷房がよく効いていて、目眩《めまい》がするほど気持ちよかった。マネージャーは小柄で、一見神経質そうな感じにも見えたが、私がＪＡＬに入社したばかりの時、とてもお世話になった上司にそっくりな顔で、何となく親しみを持った。アジットさんが「ケーララ人と日本人の顔が似ている」と言っていたのを思い出し、確かにそうかもしれない、と思った。

彼に部屋料金の割り引き交渉をすると、いとも簡単に予約時の15パーセントから30パーセント引きにしてくれた。しかもここから50キロ離れた所にここよりもっと綺麗なビーチがあると言って、そこにあるタージホテルのパンフレットまでくれた。随分サービス精神旺盛な人というか、自分のホテルの利益を気にしない人というか、私の上司も気前の良い人だったので、顔だけでなく性格も似ている。「アジット大陸移動説」は人類の歴史と、大陸移動があった時期を考えると無理のある気もするが、ひょっとするとそんな事も考えられるのかもしれないと思えてくる。

フロントのある建物は緩い坂の上にあり、外に出るとそこから海までがよく見渡せた。何の淀みもない真っ青な空と石造りの道が続く先に、空と同じ色の海が広がり、椰子の葉の濃い緑と、コロニアル調のオレンジ色の屋根、建物の白い壁、とひとつ一つがお互いの存在をしっかりと浮き立たせ、まばゆいばかりの色のコントラストを織り成していた。私がもしゴッホのような絵の描ける人間であったら、今すぐここに椅子を置いて、青と緑とオレンジと白の４つの絵の具だけを使って、キャンバスに勢いよくこの光景を描くだろう。この美しい南国リゾート地に、また新しいインドの顔を見つけた、と嬉しくなった。

それからホテルにあるアユルベーダのクリニックへ行ったが、そこは偶然にも、コーチンで行ったクリニックと同系列であった。コーチンよりずっとメニューが豊富だったので、男性ドクターにお勧めは何かと聞くと、コーチンで受けたのと同じものを薦められた。メニューの多さとは関係なく、結局これがいちばんいいようだ。

値段を尋ねると、1200ルピーと言われて驚いた。

「コーチンのクリニックの3倍の金額ですけど。どうしてそんなに料金が違うのですか？」

「ここは、ホテル付属のクリニックなので、ホテルに30パーセントのマージンを払わなくてはいけないんです。だから、コーチンより高いんです」

「それじゃあホテルに内緒にして、私があなたにお金を直接現金で払うから、マージン分の30パーセントを割引にする、というのはどうですか。それなら、あなたに損はないし、私も安くなるのでハッピーです。それが出来ないのであれば、街まで行って他のもっと安い所を探します」

「頭の良い人ですね。わかりました。それではあなたが言う通りにしましょう。そのかわり、ホテルや、他の人には絶対に言わないで下さいよ」

私はそれで予約を取った。まだまだドクターモハナンには及ばないが、彼並の交渉術が身についてきたようだ。ちょっと腹黒い交渉にも思えたが、ホテルへの30パーセントマージンを引いても、コーチンのクリニックの2倍の金額なので、最初に言った金額は、ケーララに多い「ふっかけの値段」だろう。

コバーラムビーチへ行くと、海は綺麗であったが、浜辺に打ち寄せる波が高く、あまり人が泳いでいなかった。デッキチェアーとパラソルを借り、気持ち良くそこで寝そべっていると、ひょろっと背の高い中年男性が寄ってきた。

「明日、ボートに乗って沖にでないかい？　そこで貝やウニ、ロブスターを捕って料理するよ。ウニ、カイ、ロブスター　オイシイ」

最後の所は日本語で言った。彼が日本語を知っているという事はこんな所にまでも結構沢山の日本人が来るという事だ。世界に日本人が行った事のない場所、というのはどれだけあるのだろうか、と考えてしまう。

「どのくらい沖に出るの？　その辺りで潜ったら魚は見れるかしら？」

「あの岩の向こうあたりで色とりどりの魚が見られるよ。魚がいるポイントを知ってるから、そこにも案内するぜ。僕はフィッシャーマンだから、君が魚を見ている間にムール貝とウニを海の中から取ってきて、その後それを焼いて食べるんだ。新鮮でおいしいよ」

この辺の海中にどんな魚が見られるのか興味があるし、新鮮なシーフードも惹かれる話であった。

「それはいくら？」

「3時間ボートを借りて、ムール貝10個と、ウニ2つで600ルピー。ロブスターもひとつ食べるのなら800ルピー」

「ロブスターはいらないから、貝10個とウニ3つで400ルピーはどう？」

ウニはやはり3つは食べたい。

「じゃあ450ルピーで。ウニ3つ食べるならこれがラストプライスだ」

「だって、ウニはあなたが海から取ってくるのでしょう。値段なんかないじゃない。仕入れ値がかかるわけじゃなし。400ルピーに出来ないのなら、船には乗らない」

「わかった、じゃあ400ルピーにしよう。ところでその後、バックウォーターを見学しないか？」

「バックウォーターは、コーチンで十分見学したから結構です」

コバーラムビーチ　夕暮れ

「コーチンで見学した人たちは皆、こっちのバックウォーターの方がよかった、と言ってたよ。この方が断然綺麗だよ。もし、気に入らなかったらお金は返すから行ってみないか?」

そう自信満々に言われると、興味が湧いてくる。

「いくら?」

「午前中のボートトリップと午後のバックウォーター見学で、全部で1200ルピー」

午後のバックウォーターのツアーがやけに高い。

「そんなにするなら、バックウォーターはいいです。全部で800ルピーなら考えるけど」

「わかりました。ラストプライスで850ルピーにしましょう」

その金額であさっての9時に約束をした。予定外の楽しみが増えた。

午後、アユルベーダのクリニックへ行き、マッサージが終わるとまたビーチに戻り、日暮れまで静かな時間を過ごそうと思ったが、たびたびしつこい物売り達に邪魔され、鬱陶しかった。

5時になると日が暮れてきた。当初、ここの夕暮れは、昨日トリバンドラムへの列車の中から見たものの方が綺麗だったな、と思ったが、夕日が水平線に近づくにつれて、見たこともない位、大きく赤くなり、列車の中から見たものよりずっと綺麗になった。

夕日は水平線にかかるとあっという間に沈んしまったが、夕暮れの景色を十分堪能出来て満足し、荷物を纏めて部屋に戻ろうと建物の方に歩き出した時、何気なくもう一度海の方を振り返った。その瞬間、目の前に広がる光景にあっと驚き、目を奪われた。

水平線に沈んだはずの夕日は、その残照に全ての力を降り注ぎ、火を放っていったかのように空を真っ赤に染めていた。そして刻々と燃えさかるように赤みを増して行き、空ばかりでなく、海までもが見たことのない位、赤く染まった。それは火の海を思わせ、足をつけたら火傷するのではないかとすら思えた。

空に浮かんでいた白いうろこ雲は、赤や、オレンジ、黄色に変わり、色彩豊かな空を描き出し、砂浜にある大きな水溜りの水面が、その空をこの上もなく綺麗に写し出していた。そして空が最高潮の赤さに達した時、空と海と大地が全てひとつになって真っ赤に燃え盛り、鳥肌が立つような瞠目《どうもく》の光景に立ち尽くした。

波打ち際には祈りを捧げるサリーを着た女性達のシルエットが浮かび上がり、ひとつ一つの動作がまるでスローモーションのように、ゆっくりと移動してゆく。水をすくい、頭にかけ、祈る。まるで天女が空から舞い降りて来て、水浴びをしているかのようだ。

「God's own country」

その時、ドクターモハナンの言葉が蘇った。そうだ、ここは神が有する国と呼ばれる場所なのだ。この世をこんな類稀《たぐいまれ》な、神の国のような場所に一瞬にして変えてしまうのは、神が有する国以外のどこにあるだろうか。ドクターモハナンが、ケーララを旅していれば自ずとその所以がわかる、と言ったが、まさしくその通りだった。ここケーララは間違いなく、神の有する国。私はこの事を知るためにこの地に呼ばれ、神の国の扉が開かれた瞬間を見せられたのだ、そう思わずにいられなかった。

インド最南端、カニャクマリ

予想もしていなかった夕暮れの余韻に浸りながら部屋に戻ると、6時であった。昨日アジットさんが、明日トリバンドラムに行く予定だから一緒に食事へ行こう、と誘ってくれていたので、彼からの電話を待ったが、7時になっても電話がかかってこなかった。彼の携帯電話に連絡を入れてみると、電話はつながるのだが、出ない。これはきっと、私と食事を共に出来ない用事が出来てしまったのだろう、と思った。どうもインド人は人がいいせいか、約束を断るのに連絡を入れるのが苦手なようだ。

ホテルのレストランで食事を取り部屋に戻ると、まだ寝るには早く、手持ち無沙汰であった。何もする事がなくて退屈だと思うのは、オーランガバード最後の夜以来だな、と思った時アンディの事を思い出した。今頃バンガロールにいるかもしれない、実家に電話をかけてみよう、と思い、電話番号を取り出した。番号を押しながら、誰が電話に出てくるのだろうか、と緊張していると、少し長めの呼び出し音の後、電話に出てきたのは年配の男性の声だった。

「私はアンディの友人でカヨコといいます。彼はそちらにお帰りでしょうか?」

「私はアンディの父です。あいにく、アンディはここにはいないんですよ。オーランガバードという所にいるんです」

「彼とオーランガバードで会った時に、バンガロールに帰る予定だ、と言っていたので、こちらに電話をしてみました」

「そうだったのですか。ミス・カヨコ、あなたはどちらからいらした方なのですか?」

「日本です。神戸という街を知っていますか?」

「知っていますとも。私は学校の地理の先生だったんですよ。ひとりで旅をなさっているのですか?」

突然、見ず知らずの人が電話をかけてきたのに、アンディがいないからと言って電話をすぐに切ろうとせず、こんな風に話かけて下さる事に驚いた。お父さんは、アンディの英語とは違ったインド訛のない英語をゆっくり話し、声のトーンが優しい響きを持っていて、その話しやすい雰囲気に、初めて話す人とは思えない位に打ち解けて話をした。

「私は今、ケーララのコヴァーラムにいるんです」

「ケーララ? 私と妻はケーララ州の出身なんですよ! ケーララはいい所でしょう」

アンディはキリスト教徒だと言っていたが、それはご両親がキリスト教徒の多いケーララの出身だったからなのだ。「ロドリゲス」という苗字《みようじ》は、ケーララ州にポルトガルの勢力が入ってきた事に関連し、キリスト教に改宗した際にこの苗字に改名したのだろう。アンディは自分の家のカーストが恋人よりずっと下だった、と言っていたが、四民平等を説くキリスト教が、カーストの低い層の人々に広まっていった事は容易に考えられる。インドは広いが、ひとつの歴史や事柄を知ることによって、色々な糸がつながってゆき、面白い。

「それでは、ケーララの言葉もお話しになれるのですか?」

「それが私の母語です。でも子供達が話せないので、子供達の前では一切話しません。妻と2人だけの時に、ごくたまに話すだけです」

「どうして子供達にケーララの言葉をお教えにならなかったのですか？」

「子供たちの言葉に、どこの土地でも暮らしていけるように英語を選んだのです。それと、アンディは10歳まで、他の子供たちはもっと上の年齢まで私の仕事の都合でマレーシアで育ち、マレー語を学んでいたため、3つ言葉を教えると、まだ子供なので頭が混乱してしまうといけないと思い、ケーララの言葉もヒンディー語も教えませんでした」

「アンディが、英語を話せたらアメリカの大統領にもなれるからお父様が英語を選んだ、って言ってましたけどね」

私は笑いながら言った。

「アンディは勉強が良く出来ていつも学校でいちばんだったんです。無口で、すぐに友達をつくれないタイプですが、家族の中ではいちばん面白い冗談を言う子で、家族をよく笑わせるんです。ミス・カヨコ、バンガロールにも是非遊びに来て下さい。アンディがいなくても私が案内しますから」

アンディのお父さんも何といい人なのか、と思った。ひとり旅の私を気遣うかのように、彼の方から電話を切り上げようとすることは一切せず、「ミス・カヨコ」と呼びかける柔らかい声のトーンには、見知らぬ人に対する礼儀を崩さない中にも、相手を思いやる優しさに溢れていた。アンディのお父さんを知ってアンディに対する信頼感も強くなった。

翌朝6時に、KTDCのコモリン岬行きツアーバスの待ち合わせ場所に向かった。朝の空気はとても清々《すがすが》しく、海を眺めながらゆっくりとビーチ沿いの一本道を歩いていると、突然人が声をかけてきた。それは、明日ボートに乗る約束をしたフィッシャーマンであった。

「今日はカニャクマリに行くのかい?」

カニャクマリとはコモリン岬のインド独立後の名称で、この地が「ケープ・コモリン」と呼ばれていたのは、「カニャクマリ」の「クマリ(村の名)」という発音をイギリス人が発音しやすいように「コモリン」という名にしたそうだ。

「そうです」

「ここで待っていたら大丈夫さ。バスはこの辺に止るから」

バスのピックアップ場所の「ガンディーコンヴェンションセンター前」はもう少し先では、と思ったが、ここは一本道なのでバスは必ずこの道を通るだろうと思い、ここで待つことにした。

フィッシャーマンと話をしながらバスを待っている途中、白人男性が息を切らせてやってきて、私達に尋ねた。

「コモリン岬行きのバス停はこの辺ですか?」

「そうです。まだバスは来てないですよ」

彼もコモリン岬に行くと知って安心した。それから暫くしてKTDCのバスがやって来て、フィッシャーマンの言った通り、私たちの目の前で止まってドアを開いた。

ツアーに参加しているのは、全部で10人位で、バスはがらがらであった。私の席の通路を隔てた隣には、バス停を聞いてきた白人男性が座った。歳は私と同じか、少し若い位に見えた。ハンサムで、知的な雰囲気があり、その身なりからもインドをひとりで放浪している旅人、といった感じには見えなかった。私たちはどちらからともなく話しかけ、話すようになった。彼の名前はオーエンといい、アイルランド出身で、ロンドン在住との事であった。私と同じホテルに友人家族と一緒に滞在していたが、その家族の奥さんがお腹の具合を悪くし、友人一家が予定よりも早くイギリスへ帰国してしまったため、今はひとりで滞在しているという。テンポのよい口調でアイルランド訛のない英語を話し、久しぶりの「聞きなれた英語」が耳に心地よかった。

コモリン岬へ行く途中、ヒンドゥー寺院の見学にバスを降りた。比較的大きな寺院で、そこでの見学を終えた後、集合時間まで時間潰しに大きな池沿いをぶらぶらと歩いていると、好物のワダを売っている出店が何軒かあった。いちばんふんわりとしたおいしそうなワダが売っている店で２つ買い、立ったまま食べようとすると、店主が中で座って食べるようにと言った。中と言っても、店の内側の荷物置き場に簡易なベンチが置いてあるだけだが、そこに座って食べる事にした。チャイも頼むと、それを運んで来た店主が私に尋ねた。

「どこから来たのかね？」

「日本です」

「日本？　じゃあ、ラジーニカーントを知ってるかい？」

「いいえ」

彼はがっかりした顔をした。だいたい私はインドの有名人など、殆んど知らない。

「その人は一体誰なのですか？」

「映画俳優だよ。新聞に彼の主演したインド映画が大晦日に日本のテレビで放映された、と書いてあったんだが」

それを聞いて、ハッと思い出す事があった。私は去年の大晦日、フライトで名古屋のホテルに滞在していて、夜、先輩と一緒に紅白歌合戦を見ていた。演歌歌手が登場した時、興味がないのでチャンネルを変えると、「踊るマハラジャ」というタイトルのインド映画が放映されていて、見ているところれがなかなか面白く、紅白が終わった後、すぐに自分の部屋に帰ってずっとその映画を見ていた。彼が言っているインド映画とはその踊るマハラジャの事だろうか、と思った。主人公の名前は確か「ムトゥー」であった。

「ムトゥー?」

その瞬間、店主の顔がパッと明るくなった。

「イエス、イエス、ムトゥー！　君は見たのか？　あの男だよ！」

店主は、店の外の看板を指差した。その看板に描かれている男を見た瞬間、私は叫んだ。

「ああっ、あれは確かにムトゥーです！」

「おお!!　ムトゥーを知ってたかっ！」

彼は大声でそう言って勢い良く私に握手を求めてきた。握手をしながら、しかし何でムトゥーを知っているだけでこんなに大騒ぎしてるのか、と思った。彼は私に頼みもしない新しいチャイを持ってきて言った。

「彼はここケーララの出身で、私達ケーララ人が誇るスターなんだ」

それを聞いて私も感激した。あの主人公がここの出身だったとは。

「あの映画はとっても面白かったです。翌日、私の会社ではあの映画を見たか、という話で持ちきりになりました」

実際は、次の日に同僚のひとりとこの映画の話で盛り上がっただけだが、彼があまりにうれしそうに言うので少し大げさに言った。私がインド映画を今回絶対に見ようと思ったのは、この映画の影響でもあった。

「そうか、そうか。ムトゥーを知ってたか」

彼は本当に嬉しそうに何度何度もそう言った。店を出る時に2杯目のチャイのお金を払おうとすると、彼はお金はいらない、というジェスチャーをして、言った。

「ムトゥー!」

私はにっこり笑って言った。

「サンキュー! ムトゥー!」

その言葉に店主は豪快に笑い、去り行く私に朗《ほが》らかに手を振った。面白いおじさんだな、と思ったが、辺りを注意してみてみると、ラジーニカーントの顔を描いた看板があっちこっちにあり、彼がここでの「トップスター」らしいと知った。『カビクシカビガン』に出演していた男優達のようなハンサム顔には程遠いが、「寅さん」のような庶民的な雰囲気で、人情味溢れる、勧善懲悪の役どころが、幅広い年齢から受けているのだろう。インド人はとても頭がいい所と、こういったとても単純な所が混在する点もまた面白い。


そこから一路、コモリン岬に向かい、2時間程走ると青い海が見えてきて、コモリン岬に到着した。ここはケーララ州ではなく、タミールナドゥ州に属する。バスは海沿いから少し離れた小高い場所にあるパーキングに停まり、そこでバスを降りた。ついにこの広いインドの南端まで来た、とうれしくなり、坂道を早足で下って海の傍まで行った。

海に突き出したテラスの柵から身を乗り出し、風に吹かれながら、ここがこの広大なインド最南端なのだ、と思うと、深い感動に包まれた。思えばデリーから始まり、何をするにもスムーズに事が進まないこの国で、夜行列車に揺られ、バスやタクシーを乗り継ぎ、嘘つきドライバーにも、心細さにも、安宿にも、黄色い水にも耐えながら、ついにここまで来たのだ。10億の人口を持つこの国の人ごみのパワーにはじきとばされずに、よくここまで女ひとりで辿りついたものだ。

旅人はなぜか、自分を納得させるべく南端とか北端とかどこかの端というものに辿り着きたがる。

私もこれまで、幾度となくそういった場所を訪れてきた。しかし、インド最南端に到達した今程、感動を覚えた事はない。簡単に成し遂げられる事への感動は薄い。ここにたどり着くまでの長い道程《みちのり》と、苦労が私をそんな気持ちにさせたのだろう。

「思えば遠くへ来たもんだ」

そんな言葉が自然と口から漏れた。

「ここは、インド洋、アラビア海、ベンガル湾が合流する地点なのです」

後からやって来たガイドの声にふと我に返り、もう一度海を見つめた。ここはインドの南端というだけでなく、3つの海の合流地点という珍しい場所でもあるのだ。海の境目を誰がどういう理由で決めたのか知らないが、インド亜大陸で唯一海から日が昇り日が沈む、最南端というこの場所を3つの海の合流地点に決めたのは単なる偶然ではなく、これも神の思し召しのように思えた。

それから船に乗って、巨大な彫像と、記念堂のある小島へ渡り、そこの見学を終えると、サンセットを見る時間まで自由行動となった。

オーエンとお昼を一緒に食べた後、ひとりで町を散歩したが、町は寂れた感じで、特に見るものも買い物をする場所もなかった。唯一店の中に入ったサリーショップには高級素材のサリーは一切なく、1時間もしないうちに夕日を見る予定の建物に戻った。中に入ると、エントランスホールに置かれた椅子にオーエンが座って本を読んでいて、私に気づくと本を閉じてにっこり笑った。私は彼の隣の椅子に座り、夕暮れの集合時間までずっと彼と話をした。インドにいるといつも誰かと出会い、寂しい思いをしなくてすむのはどうしてだろうか。

5時半になるとガイドと共に他のツアー客も建物に集まってきて、屋上に上がった。屋上からは、何の障害もなく海と太陽が見渡せ、暫くすると空がだんだん夕焼け色に染まり始めた。

海辺には多くのヒンドゥー教徒が集まって来ていた。ヒンドゥー教徒の人たちが、夕暮れ時に海辺で祈りを捧げる姿は美しい。朝夕に時間の流れを区切るかのように祈りを捧げる彼らと比べ、1日を思い返す時間と心の余裕のない自分の生活に、虚しさを感じてしまう。インドに初めて来た時、この国に生まれなくてよかった、と思ったが、こうしてインドを旅しているうちに、いつしかインドの人々を羨ましく思う事が多くなった。どうして私はインド人に生まれなかったのか、とすら思う時がある位だ。

屋上には夕日が沈むまでいた。インド最南端の3つの海が合流する大海原に、どこまでも真っ赤で大きな太陽が沈んで行く姿を見られたのは、とてもロマンティックな気分に浸れた。

昨日のような、夕日が放って行く火に染まる空を見る事も期待していが、夕日が沈むとすぐにバスに乗るように言われ、とても残念であった。今度来る時はここに滞在し、朝日と日没後の空もゆっくり鑑賞したい。きっとそこにドクターモハナンのいう、「インド一綺麗な朝日と夕日の景色」が見られるに違いない。またこの地に戻ってくるように、今回はそれはおあずけなのかもしれない。

コバーラムビーチ・ボートツアー

ホテルに到着後、オーエンに夕食を誘われ、ホテルのレストランで食事をした。彼が私に明日の予定を聞いてきたので、フィッシャーマンと共にボートに乗る予定であると話した。

「何だか胡散臭い話だなあ。大丈夫なの？」

「大丈夫よ。一緒に船に乗る？」

「いや、僕は遠慮しとくよ。明日が最終日だから、買い物に行ったり、ビーチでゆっくりもしたいしね。とにかく、気を付けて」

ボートに乗るなど、何の危険もないと思っていたのに、彼の言葉に少し不安になってしまった。彼はMBAも取得した頭脳を持つ人で、多分彼クラスの人間は、私のように、旅に冒険はつきもの、などと好奇心だけで行動するような無謀な事はしない、思慮深い人なのだろう。それは確かに賢明な事なのだが、それでは私《わたし》的には面白みがない。

レストランを出ると、オーエンに明日の夕食も誘われ、約束をして別れた。

部屋に戻ってベッドに横になっていると、電話のベルが鳴った。明日はバレンタインなので、もしかしてアンディでは、と思いながら受話器を上げて「ハロー」と言ったが、相手は無言であった。何度も「ハロー」と繰り返して言うと、ローカル語を話す声が小さく聞こえた。アンディではない、と思い誰かと尋ねると、電話は切れた。間違い電話だろうと気に留めなかったが、それから暫くして今度は部屋のドアを誰かがノックした。夜11時を過ぎていて、こんな時間に誰だろうと不安に思いながら起きあがり、ドアに覗き穴がないのでドア越しに言った。

「誰ですか?」

また無言であった。

「誰ですか?」

「ドアを開けて下さい」

それは男の声で、かなりひどい発音の英語であった。名乗らずにいきなりドアを開けてくれ、と言うなんて変だ。

「何の御用ですか?」

「ドアを開けて下さい」

「フロントの方ですか?」

「はい。ドアを開けて下さい」

「何の用かを聞かなければ開けられません」

暫く同じようなやり取りが続いた後、ローカル語がちらっと聞こえた。その瞬間、その男がホテルの人ではなく、さっき無言電話をかけてきた人で、私が部屋にいる事がわかってやって来たのではないか、と急に怖くなった。

「今、フロントに電話をして確認します」

「OK、OK、もういいです」

「そこで待っていて下さい」

私は急いでフロントに電話をした。

「今、フロントの使いだ、という人がドアを開けるようにと言って、ドアの外に立っているのですが、誰かを私の所に送りましたか?」

「マダム、私たちはこんな時間に誰も部屋に送ったりしません。絶対にドアを開けてはいけません。いいですか、絶対にドアを開けてはいけませんよ。今、セキュリティーをそっちにやります」

電話を切ると、私は再びドアの所に戻って言った。

「あなたはいったい誰なのですか?」

もう返事はなかった。私がフロントに電話している声が聞こえたのだろう。一体誰だったのかと考えられる人を思い浮かべ、オーエンでは、とも一瞬考えたが、声が違うし、いくらなんでもあんな下手な英語は彼には話せない。その時また電話のベルが鳴り、ドキッとしながら受話器を取ると、フロントからであった。

「今セキュリティーをそちらにやったのですが、特に不審な人はいなかったとの事です。どうぞ安心して下さい。万が一また誰かが来ても、決してドアを開けないで下さい。我々が誰かを部屋に送る時は、必ず先に電話をしますから」

電話を切った後、急に女ひとりで旅している事が心細くなった。

翌朝、私は朝いちばんにフロントへ行き、ホテルマネージャーに昨夜の話をした。彼は外部から人が入ってくる可能性はないとして、すぐに昨夜のシフトの従業員を調べるためにいくつか電話をした。

「昨夜のその時間帯にフロントとレストランで働く者以外、このホテル内にいたのはハウスキーピングの2人だけだが。レストランの従業員が昨夜あなたが白人男性と一緒だったと言っているが、その人では?」

レストランには大勢の外国人がいたのによくそんな事を覚えている人がいたものだ。

「彼はアイルランド人なのでローカル語は全く話せないし、あの英語とは全然違います。ハウスキーピングの可能性は?」

「彼らは今ここにいないのですぐには調べられないが、調査しておく。部屋をこちらの建物に移すかね? ここなら、フロントを通らなければ誰の部屋にも行けない」

確かに1階にフロントのあるこちらの建物の方が安全だが、今のコッテージの方が海に近くて景色もいい。少し様子を見る事にし、夜部屋に戻る際は必ずセキュリティーと一緒に戻る事にした。インドで出会った人々が皆いい人なので、自分の中で油断が生じていた事を、旅の中盤に警告されたような気がした。女ひとり旅の危険を忘れず、これから少し気を引き締めて旅を続けなくては、と思った。

マネージャーと話をしていたせいで、ホテルを出るのが遅くなってしまい、ボートツアーの待ち合わせ場所に小走りに向かっていると、あのフィッシャーマンが砂浜で白人女性に声を掛けているのが見えた。私は大声で彼を呼んだ。

「Mr. フィッシャーマン！」

彼は私に気づくと、他の人に声をかけているのを見られた事をきまり悪そうにしながら、すぐに道路に上がってきた。

フィッシャーマンに連れて行かれたビーチには、簡素なボートが置いてあった。これが日本だったら、「こ、これに乗るの？」と驚く所だが、インド旅行も長くなってくると、ちょっとやそっとのものに驚かなくなる。逆に、新しかったり、よく出来ていたりする方が驚く。

ボートを海に浮かべ、私がいちばん先に乗り、続いてフィッシャーマンと船漕ぎの男が乗ると、ボートはゆっくり沖に向かって進み出した。

ビーチから大分離れた所で、日本から持ってきていたスノーケル用のマスクをつけ、フィッシャーマンと共に海に入った。海水の温度は意外と高く、透明度も高かった。特に珍しい魚は見当たらなかったが、思ったより多くの魚が見られた。アラビア海のこんな所で魚を見る観光客もそうそういないかもしれない。

ボートに上がると、交代に今度は船漕ぎの男が、ウニを採ってくると言って、海に潜った。船漕ぎの男こそが現役フィッシャーマンで、私に声をかけて来たフィッシャーマンは、単なる客引きだったようだ。船漕ぎの男は長い間潜っていてなかなか浮き上がって来ないので、少し心配になって海面を見ていると、漸く浮かび上がってきた彼の手には、しっかりウニが３つ握られていて、思わず拍手をした。

それから私たちのボートに寄ってきた漁師のボート上にある網の中からムール貝をもらうと、その漁師は私に食べないか、とばかりに小さなロブスターを1匹摑み上げて見せた。

「おいしいよ。ふたつで300ルピーにしておくよ」

フィッシャーマンが言った。1日分の食費より高い値段だが見ると食べたくなり、誘惑に負けて結局買う事にした。

全てが揃うと、ボートはビーチに程近い岩場に停泊した。岩場近くの海水を見ると、見事に透き通っていて、ボートを降り、ごつごつした岩を注意深く登りながら、その途中海の方を振り返ると、海がエメラルドグリーンに近い色に輝いていた。インドに来るようになって、「インドは美しい」と何十回思ったであろうか。本当に自然の景観の美しい国だ。

岩を登った所に平坦な場所があった。フィッシャーマンがそこで枯葉を集め、その上に貝とウニを置き、またその上に枯葉を置いてマッチで火をつけた。枯葉はみるみるうちに燃えだし、葉の間から出てくる煙を見ると、いい具合にやけている貝とウニを想像し、食欲と期待が高まる。ウニは生で食べるか、と聞かれて悩んだ末、あまり油断しない方がいいと思い、火を通してもらう事にした。

焼きあがるのを待っていると、船漕ぎの男がレモンを持って来た。ちゃんとボートに用意している所がすごい。フィッシャーマンは焼けた貝を枯葉の中から取り出すと、貝の口を器用に開け、身にたっぷりレモンを絞って私に渡した。それを食べた瞬間、あまりの美味しさに思わず唸った。南インドに行けば、新鮮な魚が食べられると期待していたが、ここまで新鮮で美味しいものを食べられるとは思いもしなかった。想像もしなかった事を経験できるのが旅の楽しさだが、ここインドではそんな事が次から次へと起こる。オーエンのようにビーチで本を読んでいるだけでは、こんな楽しさも美味しさも味わえない。旅はやっぱりアクティブに行動した方が、より多くの発見と驚きに出会う。

貝を夢中で食べている途中で、フィッシャーマンは焼けたウニを取り出した。どうやって素手でトゲトゲのウニの殻を割って中身を取り出すのかと思っていると、石に叩きつけてこれまた器用に割り、ムール貝の貝殻を使って中身を取り出した。私のようなシティーガールはこういう技を見ただけで感動してしまう。ウニを空《から》の貝殻の上に盛り、その上にレモンを絞って私に渡してくれ、何ともいたれりつくせりだった。しかし、ウニはやはり生で食べた方がおいしく、焼けた物は炭の味と混ざって今ひとつであった。

その後、ロブスターを焼き、これもフィッシャーマンが身を殻からはずしてくれ、ロブスターのプリプリの身が現れた時、思わず生唾を呑んだ。口にすると、身が引き締まっていて歯ごたえがあり、しっかり甘みもあって本当においしく、2匹をあっという間に食べてしまった。

岩場での食事に満足し、ビーチに戻ると、フィッシャーマンがオートを拾いに行き、やってきたオートに乗って10分程の所にある小さな集落に行った。ここにラグーンがあり、そこでボートに乗るらしかった。

ラグーンに向かう途中に1軒の店があり、その軒先に赤い皮（オレンジ色に近い赤）のバナナが吊り下がっていた。まるでケーララの強い太陽光線を存分に浴びすぎて赤くなってしまったかのような色で、今まで見たことがなく、食べてみたくなった。フィッシャーマンに言うと、吊るしてある赤いバナナをひとつもぎって私に渡した。皮をむいてみると、中は普通のバナナと何ら変わりはなかった。しかしひと口食べてみた瞬間、思わず叫んだ。

「甘い!!」

私がこれまでの人生で食べていたバナナは一体何だったのか、本当にバナナだったのか？　と疑いたくなる程甘くて美味しいバナナであった。これまでもタイ、フィリピン、インドネシアなどで甘いバナナを食べた事はあるが、大概、皮は萎《しな》りかけていて実は小さく、ぼけたような食感であった。しかしこのバナナは大きく、皮はもぎ立てである事を示すように色艶がよく、実がまだ熟れていないのでは、と思う位引き締まっているのに驚くほど甘い。実の外側は白っぽい黄色だが、内側はオレンジがかっていて、それがまたとても美味しそうに視覚に訴えてくる。私は即座にもう3本同じバナナを買った。

その後、民家の前でフィッシャーマンは足を止め、私に言った。

「トーリーを飲んだ事はあるかい？　町で飲むと1杯80~90ルピーする飲み物だよ」

インドにそんな高い飲み物があるとは信じ難い。

「一体それは何？」

「木の実から取れる飲み物で、すごく健康と美容に良いんだ。飲んでみるといい」

彼は民家に入り、持って出てきた白色の飲み物は、コーチンのバックウォーターツアーの時にビール工場で飲んだものと似ていて、ひと口飲むと何ともいえない奇妙な味であった。

「トーリー、ＯＫ？」

「うーん……」

思わず唸ってしまった。

ラグーンに向かってさらに進んで行くと、様々な動物が現れたり、見た事のない種類の変わった植物を見かけたり、観光客が足を踏み入れないような未開の地を探検しているようで楽しかった。何がそこにあるかわからない、というブラインド旅行は実に面白く、やみつきになりそうだ。

やがて鬱蒼としたジャングルで突然出くわした神秘的な空間、といった感じでラグーンが現れ、澄んだ水面が辺りの生い茂る木々を鮮やかに映し出し、深い緑色となって煌《きらめ》いていた。そこに一艘のボートがやってきて、乗り込むと、流れるように静かに進み出した。辺りは本当に静かで、時折響き渡る鳥の声と、オールが水をかく音以外何も聞こえない。こういった静寂を味わえる場所は今の日本にはもうないのではないかと思う。多くの自然の鼓動が騒音によってかき消されている今の自分の生活が、いかに「本当の静寂」というものから遠ざかっているかを思い知らされた。

私たちは岸辺の小さな集落に立ち寄ったりしながら、3時間ほどラグーンを巡った後、もと来た場所に戻った。この間にあの赤いバナナを3本全部食べてしまった。ラグーンツアーはコーチンのバックウォーターと同じようなもので、比べて特に目新しいものもなかったが、この赤いバナナの存在を知った事はとても大きかった。

最後に辿り着く場所

コヴァラムビーチに戻り、ロブスター代とチップを含んだ1200ルピーをフィッシャーマンに渡すと、それを数えた彼が言った。

「午前中のボートトリップが700ルピー、午後のボートが850ルピーで全部で1550ルピーだ」

「はあ？　昨日の話だと全部で850ルピーと言ったじゃない」

「そんな事は言ってない。午後のボートは850ルピーだ。これじゃあ足りない」

「冗談じゃない、あのラグーンツアーだけで850ルピーなんて高すぎる。車だって1日借りても800ルピー位なのに、たった3時間ボートに乗って850ルピーもするわけないじゃない」

「始めからそう言ったはず」

「違う、『全部合わせて』とあなたは何度も言ってた」

「言ってない、850ルピーはラグーンツアーだけのお金だ」

フィッシャーマンは怒って言うが、彼は値段交渉の時、指折り数えるようにして料金に含まれるものを言い、「これ全部で850ルピー」と2、3回言った。それに最初は「1200ルピー」から交渉が始まって850ルピーになった位で、ボートに3時間乗るだけで1200ルピーなんてプリペイドタクシーもびっくりの、有り得ない金額だ。彼の英語はたどたどしいが、日本語も話す慣れた客引きの様子は、大事な値段の部分を言い間違えるはずがない。言葉の行き違いを主張して騙そうとしている事は間違いなく、またケーララのふっかけだ、と思った。

「私はこれ以上払いませんから」

「じゃあ、このお金は返す」

「それは、私の支払う分だから」

「ちゃんと払ってくれないのなら、いらない」

私は、「ああ、そう」と言って、お金を持って帰ろうかとも思ったが、彼も一生懸命やってくれた事は認めているので、それは出来ない。無視してホテルの方へ歩いて行くと、彼は文句を言いながらついてきた。その騒動に、ビーチレストランの従業員がやって来て仲に割って入り、私に「じゃあ、あと100ルピー払ってあげれば？」と言ってきたが、私は交渉金額にちゃんとチップも加算して払ったのだからこれ以上払う必要はない、と言い、ホテルの敷地内に入った。ついて来たフィッシャーマンはホテルのセキュリティーに敷地内に入る事を止められ、何だかホテルに逃げ込んだようでフェアーじゃない気もしたが、彼が叫ぶ声を振り切るように建物の中へ入った。せっかく楽しかったのに、最後のお金のトラブルがとても残念であった。

それからアユルベーダのマッサージを受け、その後、明日のマドライ行き列車のチケットを買いにトリバンドラムの町へオートに乗って出かけた。

駅には外国人用チケットオフィスがあった。そこでマドライ行き夜行列車の2等寝台のチケットを購入する際、ベッドは上と下とどちらがよいかと聞かれた。下のベッドを希望すると、下は予約で一杯だと言われ、上のベッドは上がるのが大変そうで嫌だが、予約が取れるのであればどちらでもいい、と思い、上のベッドで予約をした。

これまで列車に乗る時はいつもコンダクターを捕まえなければいけなかったが、初めてちゃんと予約が取れてホッとした。マドライへは8時間位かかるのに、寝台車が98ルピーとこれもまたとても安かった。インドの列車のチケットには値段が必ず印字されているのだが、そこにいつも「~ルピーオンリー」と書かれていて、必ず「オンリー」がつけられている。確かに外国人からすればインドの列車代は「たったの?」と嬉しくなるような金額ばかりだが、それをオフィシャルなチケットに「~オンリー」と書かれているのが、変で、面白い。

ホテルに戻ると7時で、急いでオーエンに電話をした。聞こえてきた彼の声と流暢な英語に、昨日私の部屋に来たのは絶対に彼ではない、と思った。

「夕食なんだけど7時半でどうかな? 今日知り合ったイギリス人女性も誘ったんだけど、一緒でもいい?」

「勿論」

私はそう答えた。

待ち合わせ時間の少し前にロビーに行くと、60過ぎのとても上品な感じの白人女性がソファーに座っていた。彼女は私を見ると言った。

「あなたが、今日オーエンと一緒に食事をする予定になっている方に見受けられますけど」

その言い方は、まさしく直接的なものの言い方を嫌うイギリス英語のいい方であった。

「はい、そうです」

「私はエリザベスといいます。今日お食事をご一緒させていただいていいかしら?」

私はオーエンの誘った人が(失礼だが)もっと若い女性であることを想像し、私は邪魔ではないかしらと思っていた位だったので、エリザベスに話しかけられた時多少驚いた。イギリスの名門家出身といった雰囲気の彼女の物腰に緊張し、私の英語も普段よりゆっくりで、「よそ行き声」になっていた。

「2人の美しい女性達、お待たせしました」

そう言いながらオーエンが階段をゆっくりと降りてきた。

「もう既にお2人は知り合いになられたようですね」

「自己紹介は必要ないわよ、オーエン」

エリザベスが答えた。全てフルセンテンスの、肩が懲りそうな言いまわしの応酬に、この会話のセンスについてゆけるだろうか、と心配になり、帰りたい気分になった。上品で、綺麗な英語より、インド訛のひどい英語を相手にして話している方が、よっぽど気楽な事を知った。しかし、ネイティブスピーカーじゃないのだから仕方ない、黙っているのがいちばん良くない、と開き直って話し始めると、エリザベスはよく笑うし、オーエンは昨日と同じ調子で話し初め、緊張がほぐれた。

私達はエリザベスの提案で、「ちょっと料理が出てくるのが遅いけど新鮮なシーフードが食べられる」というレストランへ行った。そのレストランはホテルを出てすぐのビーチ上にあり、蠟燭の火が1本灯ったただけのテーブルにつくと、夜空にたくさんの星が見え、海風も心地よかった。

エリザベスはロンドンの出身で、現在はフリージャーナリストだが、かつてはロイターで記者として働いていて、その時、日本に来て中曽根首相にもインタビューをしたという。この年になってもフリーで仕事をし、一線で活躍していられるなんてかっこいい。彼女はご主人が病気なのでひとりでここへ来たそうで、オーエンは奥さんが仕事が忙しくて一緒に旅行へ来られなかったとの事。バレンタインにひとりぼっちの3人が偶然の縁で集まったのであった。

食事は、エリザベスが言った通り、前菜が出てくるまでに1時間近くかかった。しかもオーエンの前菜は頼んだものとは違うものがきて、彼はウエイターに尋ねた。

「頼んだ物と交換してもらうと、また1時間位待つの?」

私とエリザベスは笑ったが、ウエイターは真剣な顔をして、すぐに取り替えてくる、と言った。

「そんなに客もいないのに、いったい厨房で何をしていたら、こんなに料理が出てくるまで時間がかかるんだろう」

オーエンの言葉を聞き、私がよく仕事で行っていたソ連時代のモスクワでは、料理が出てくるまで普通で1時間待たされ、2時間かかったこともあった事や、共産圏ならではの出来事を話すと、彼が言った。

「色々面白い経験をしてるんだね。今まで訪ねた国でどこがいちばん好き?」

これは普段、聞かれるとうんざりする質問であった。しかしこの時、うんざりせずにすっと答えが出てきた。

「今は、インドにすごく興味があるわ」

「インドのどんな所に?」

「今まで沢山の場所を訪れたけど、インド程人々が優しくて、親切で、自然豊かで美しくて、多様性のあって退屈しない国はどこにもなかった」

私の言葉に大きく頷きながら聞いていたエリザベスが言った。

「そうね、私も仕事で様々な国を訪れたけど、最後にこうして繰り返し訪れたい、と思ったのはここインドだったわ。多くの国を旅した人が、最後に辿り着く場所がこのインドじゃないかしら。それだけの魅力がある国だと思うの」

ジャーナリストとしての鋭い感性、洞察力を持ちながら多くの国を旅した彼女が、インドについて私と同じような感想を持っていると知って、とてもうれしくなった。

「最後に辿り着く場所」

さすがエリザベスはジャーナリストだ。それはインドにぴったりの表現だと思った。

その夜、私達は12時すぎまでレストランにいて話をしていた。私なんかの、上品で綺麗なイギリス英語に程遠い英語でも、エリザベスに嫌われなかったようで、次にフライトでロンドンに来た時、ノッティングヒルの自宅（一等地……）に遊びにいらっしゃい、と誘って下さった。楽しいバレンタインの夜であった。

部屋への帰りはセキュリティーについてきてもらった。しかし、その夜も私の部屋を無言でノックする人が現れた。私は即座にフロントに電話をし、見回りをしてもらい、その後は誰も来なかった。

翌朝、トリバンドラムの町へ出かける事にした。町には「パドマナースワミー寺院」というヒンドゥー教の大きなお寺があり、女性はサリーを着たヒンドゥー教徒しか入れないとガイドブックに書かれていた。ダメもとでサリーを着て訪れてみよう、と思い、いちばん地味な色のサリーを着た。デリーにいると、素材の良い、綺麗なサリーを着ている女性達を沢山見かけるが、ケーララではそういったサリーを着ている人達を見かけなくなり、女性達が着ているサリーでも人々の生活水準の低さがわかる。自分がサリーを着るようになり、インドでの滞在が長くなって行くにつれ、人々が着ているサリーからも色々な事がわかるようになった。

街に出かける前にアユルベーダのクリニックに予約のために寄った。そこにはいつも私にマッサージをしてくれる、マリーという名の女性と、もうひとりよく見かける若い女性がいた。私のサリー姿を見てマリーは驚き、大きな目を一層大きく見開いて言った。

「何てよくサリーが似合うのかしら！　着方も上手だし」

若い女性は、私のサリーのショール部分についている房を珍しそうに触りながら眺めていたが、次にしゃがんで私のサリーの裾を触っていたかと思うと、突然大きな声で言った。

「見て、見て！　ペチコートの裾にもこんな飾りが縫ってある！　可愛い！」

ローカル語だったがそのような事を言ったようで、マリーもすぐにしゃがんで私のペチコートの裾を見た。

「ペチコート、プリティ、プリティ！」

彼女は私を見上げて言った。私が持っている殆んどのペチコートの裾は、飾りの一切ついていないプレーンなものだが、オールドデリーで買った既製品にたまたま可愛い飾りがついていた。値段は当然高くなるし、彼女達にとっては下に隠れるようなものに飾りをつけたものは、お洒落云々《うんぬん》以前の贅沢品で、ここではあまり出回っておらず、珍しいものなのだろう。マリーは立ち上がると、自分のサリーにつけている安全ピンをひとつ外し、私のショールのプリーツ部分に留めた。

「こうした方がいいわ」

なるほど、と思った。ショールのプリーツ部分は形が崩れやすいので、ピンで留めておけば形が崩れない。色々な人に少しずつ教えられながら、サリーの着方が段々うまくなってゆく。

「このピン、もらってもいいんですか？　外してしまって、大丈夫ですか？」

「プリーズ、プリーズ」

そう言って彼女はにっこり笑い、若い女性もにこにこして立っていた。

今日は時間があるので、バスで町まで行ってみる事にした。バス乗り場は、ホテル前から続く坂を上った所にあるのを、昨日駅へ行った時、オートの中からしっかり確認していた。バス停への坂道を上って行く途中、藁で作った簡素な家がいくつもあり、女性達や子供までもがせっせと働いていた。皆ガリガリにやせている上、かなり着古した、薄汚れたサリーを着ている。私がその傍を通ると、外国人がサリーを着ているのが珍しいらしく、皆が一斉に私に注目し、「ジャパニー、サリー」と口々に言っているのが聞こえた。何だか恥ずかしくなって、そそくさと歩いていると、ひとりの老女が私に近づいてきて、何かを言った。彼女は私のサリーを指差し、持ち上げて、後ろにやるようなジェスチャーをした。私はすぐにそれが、私のサリーの着方を言っているとわかった。サリーのショールの部分は背後に垂らすのが一般的だが、私は「パーティ、ディナー外出用」であるショールの部分を前に持って来る着方をしていた。

ケーララでは、この着方をしている人を見た事がない。パーティーやディナー外出などとは無縁の生活を送っているこの人達は、間違った着方をしていると思ったに違いない。私は老女に向かって「(ショールの)この部分は、普通、後ろにもってくるんですよね。知っていますよ」と、ジェスチャーを交えて一生懸命伝えようとした。私のジェスチャーが愉快だったのか、彼女の土埃にまみれ、深い皺の刻まれた日焼けした顔に、白い歯がこぼれ、周りの人々も笑って見ていた。私も笑い、言葉は通じないが、温かい気持ちの交流を感じる瞬間であった。サリーを着る事が、言葉の通じない人々と私を近づけてくれる。

バス料金はたったの5ルピーだった。昨日オートで往復150ルピーも払ったのは、随分お金を無駄にしてしまった。バスの終点はトリバンドラムの町中で、ヒンドゥー寺院へ続く大通りはそのすぐ傍であった。

大通りを寺に向かって歩き、門前の階段を上って、そのままお寺の門の中に入ろうとすると、やはり呼び止められた。

「あなたはヒンドゥー教徒ですか?」

「いいえ」

「この寺ではヒンドゥー教徒以外は、中に入れない事になっています」

やはりだめか、とがっかりしたが、その老人が続けた。

「もしどうしても中を見たいのなら、お寺の事務所で献金をして手続きをして下さい」

予想もしない言葉であった。

「その事務所はどこにあるのですか?」

「私はこの寺のガイドです。ついてきて下さい」

ドクターモハナンもコーチンのお寺の事務局で僧侶にお金を渡していたので、この老人の言っている事は「サギ」ではなく、この寺院では献金さえすれば、中を見せてもらえるのかもしれない、と期待して彼についていった。

お寺の事務局へ行くと、そこに僧侶と洋服を着た男性がいた。洋服を着た男性に200ルピー献金するように言われ、払うと領収書を私に手渡し、お寺の中に入る許可をくれた。これはラッキーな展開になった、と嬉しく思いながら事務局を出ると、ガイドが言った。

「通常、お寺にはサリーを着ていないと入れないが、あなたはちゃんとサリーを着ているので、問題ないです。サリーを着ていない女性は、事務局で他の服に着替えなくてはいけないんです」

そう言われた時、丁度白人2人が寺から出てきて、女性が洋服のズボンの上に白い布を巻いた変な格好をさせられていた。彼らの横には、私と同じくインド人男性が付き添っていて、どうも自称ガイドが、外国人観光客をつかまえてはお寺の事務局につれてゆき、献金させて許可をもらい、自分はガイド料をもらってお寺を案内する、というのが一連の流れのようであった。

お寺の中は広々としていて、ここも至る所に神々の像が祀られていた。柱にはひとつ一つに彫刻が施されていて、高い天井には絵が描かれ、立派なお寺であった。あちらこちらで人々が真剣に祈りを捧げている様子は、コーチンのお寺と同じであった。

町の観光を終え、帰りのバスの中、隣に座った私と同じ歳位の女性が話しかけてきた。

「初めあなたをインド人と思ってたわ。ひとりでサリーを着れるの?」

「はい。今は10分位で着られるようになりました」

「サリーは何枚位持ってるの?」

「3枚です。あなたは?」

「数えた事ないけど、多分、すごくたくさん持っていると思う。100枚位かしら?」

彼女は、外見からしても、こうしてバスに乗っている事からしても、そんなに裕福な生活を送っているとは思えないが、それでもサリーを100枚も持っているとは驚いた。それが彼女位の歳の人のごく一般的なサリーの量だとすると、結構すごい。サリーはサイズがあるわけでも、柄に大きな流行《はや》り廃《すた》りがあるわけでもないので、捨てる事がなく、少しずつ買っているといつの間にかその位溜まってしまうのだろうが、インド人女性がお洒落好きである現れでもあろう。

ホテルに戻ったのは2時前であった。ホテルマネージャーの所へ行き、昨日も深夜に男性が部屋にやって来た話をしたが、結局それが誰かわからず、事の真相は闇のままとなった。彼は申し訳なく思ったのか、夜8時（出発時間）まで部屋を無料で使う事を許可してくれた。

部屋に戻ってベッドに横になると、オーエンは今ごろコロンボに向かう飛行機の中だろうか、と思い出し、これからまた孤独なひとり旅が続く事に気分が沈み、無気力になった。誰かと話がしたくなり、ドクターモハナンに電話をしてみようか、と思った時、ふいに彼が紹介してくれたマドライの友人の事を思い出した。確か、15日頃にマドライに行く、と言ったと思うが、今日がその15日だ。私はベッドから起き上がり、ドクターモハナンが書いてくれたメモを財布から取り出した。迷惑がられるかもしれないが、せっかく紹介してもらったのだから、とりあえず電話だけでも入れてみよう、と緊張しながら電話をかけてみた。電話に出てきた男性は私の声を聞くと、すぐに言った。

「やあ、この間電話で話した日本人の子だね？」

「はい、そうです」

「元気かい？　私はこの数日間、君からいつ電話がかかってくるのかとずっと待っていたんだよ。いつマドライに来るのかね？」

私からの電話を迷惑がっていない感じで、ホッとした。

「今日の夜行列車で行きます」

「そうか。その列車は何時に着くのかい？」

「明朝5時20分の予定です」

「じゃあ、駅に迎えに行くから」

見ず知らずの私をそんな朝早くに迎えに来る、と言うとは想像もしていなかったので驚いた。

「いいえ、あまりにも朝早いので、ホテルまで自分ひとりで行きます」

「構わないさ。座席の予約はもうすんでいるのかい？」

「はい。でもそれは申し訳ないので……」

「気にしなくていい。コーチナンバーは？」

私は鞄の中から切符を取り出し、恐縮しながらコーチナンバーを告げた。

「では、ホームでそのコーチが止まる辺りで待っているから」

「初めてお会いしますが、すぐに見つけられるでしょうか？」

「大丈夫さ。私が君を見つけるから。日本人女性はすぐにわかるさ。ハッハッハッ」

彼もドクターモハナン同様の豪快で、明るい性格のようで、何だか嬉しくなった。電話を切った後、さっきの気分の落ち込みはどこへやら、マドライへ行くのが楽しみになり、ベッドから元気良く立ち上がった。

アユルベーダのマッサージへ行くと、今日もマリーが丹念にやってくれた。3日間のマッサージのお陰で、随分体が軽くなり、ハーブオイルのせいか、髪も肌もすべすべになった。

その後、ケーララ最後の美しい夕暮れの景色を存分に楽しもうとビーチへ行った。デッキチェアーに腰掛けて本を読んでいたが、日が傾き、日差しがパラソルの下から私に当たるようになった時、若いビーチボーイの男性がやって来て、パラソルの角度を変えてくれた。気が利くなあ、と感心しながらお礼を言うと、彼が話かけてきた。

「君は日本人？」

「そうだけど」

「僕には日本人のガールフレンドがいたんだ。もう日本に帰ってしまったけど」

「今でも連絡を取ってるの？」

「彼女が帰ったばかりの頃は頻繁に手紙や電話をくれたんだけど、この頃は全く来なくなってしまったんだ。何かあったのかと思って日本に電話もしたんだけど、繋がらない」

「彼女はいくつ?」

「24歳さ。彼女ひとりでここに旅行に来ていて、出会ったんだ。2週間ずっと一緒に過ごして、彼女が本当に、本当に僕を深く愛してくれている事を実感していたんだ」

彼はそれから彼女と自分がいかに愛し合っていたかを話し続けた。

「それなのに、どうして突然連絡をくれなくなってしまったのか、その理由が知りたいんだ」

若い日本人の女の子と南インドのビーチボーイとの遠距離恋愛が成立するとは考えにくかった。彼女はひとり旅の寂しさの中で彼を必要としたのか、日本に帰って現実の生活に戻った時、彼への気持ちが冷めたのか、彼との関係を存続してゆくのは無理と悟ったのか、他にボーイフレンドが出来たのか、その辺の理由だろう。しかし、私にはその現実を彼にはっきりと言う事はできなかった。

「理由は私にもわからないけど、あなたにアドバイスするとしたら、ここに旅行に来ていて、いずれは帰ってしまう外国人の女の子より、身近にいるインド人女性をガールフレンドとして見つけた方がいいって事かな」

「インド人の女の子は最悪だよ。何か物を買ってもらう事ばかり考えて、こっちの経済状況なんておかまいなしさ。僕にお金がない、ってわかった段階でもう相手にされないよ」

インド人女性のおねだり好きの話はインド人男性から本当によく聞く。

「日本人の彼女はあなたに何もねだらなかったの?」

「何ひとつないよ。彼女は本当に、本当に僕を愛してくれていたから」

「彼女があなたよりお金を持っていなければ、インド人の女の子と同じようにねだっていたかもしれないと思うけど」

純粋に彼女の愛情を信じている彼に対して、少し意地悪な言葉だったかもしれない。彼は首をすくめた後、言った。

「じゃあ、僕はもう行くから」

砂浜をギュッギュッと踏みしめるかのように歩いて去って行く彼の足取りとその背中に、何だか彼が可哀想になった。少なくとも、このビーチボーイは、彼女の事で深く傷ついているように見えた。ガイドブックには、いつも日本人女性が「すぐ声をかけてくるインド人男性」の被害者のように書かれているが、日本人女性の方が加害者になっている事もあるのだ。それをどれだけのインドを旅する女性達が知っているだろうか。


今日の夕暮れも、大きく真っ赤な夕日が現れ、火を放って沈み、空と海と大地は見事に赤く染まった。全てが最高潮の赤さに達し、神の有する国で、神の国の扉が開かれた瞬間、私の頭の中にくっきりとひとつの言葉が浮かんだ。

「最後に辿り着く場所」

マドライへの列車移動

夜9時にタクシーでトリバンドラム駅に着くと、いつものようにポーターが近寄ってきた。荷物を運んでもらい（彼もスーツケースを頭に乗せていた）、列車が到着すると、彼と共に車内に乗り込んだ。

とここまでは全て順調であった。しかし、車内の様子を見た瞬間、私は唖然とした。オーランガバードからムンバイまで乗った寝台列車に比べてあまりにもオンボロで、もう廃車寸前の車両では、と思える位どこもかしこも古めかしく、薄汚れた感じであった。ベッドにはカーテンもついていない。たとえ一夜でもここで寝る気になれず、1等車両がないか車掌が来たら聞いてみようと思い、ポーターが私の荷物を収納してくれた後、空いているベッドに腰掛けて車掌が来るのを待った。辺りを見れば見るほど、何かの雑誌の写真で見て「凄い」と息を呑んだインド列車内の光景がここにあり、自分がその中にいる事を納得させられないでいた。

車掌は列車が出発する前に切符を見に来た。私は即座にこの列車に1等はないかと聞いたが、1等車両はないし、2等のコーチはどこもことさほど変わりはない、と言われ、がっくりきた。どうあがいても、この状況から逃れずにマドライに着くのは不可能と諦め、寝ていればあっという間に着いてしまうだろう、と気を取り直して上段のベッドに上がる梯子を探した。すると、通路側のベッドの脇に簡易な梯子らしきものがついていたが、まさかこれを使って上にあがるの？と目を疑いたくなるようなものだった。垂直な上、ベッドが高い位置にあるのに3段しか足場がついておらず、かなり腕力を使ってよじ登らなくてはいけない感じだ。この梯子をよじ登ってベッドに這い上がる自分の姿を想像しただけで恥ずかしい。とても女性が使って上がるものとは思えない。

いい歳して何が悲しくてこんなサバイバルな旅をしなければいけないのか、と悲しいやら、腹立たしいやらでしばし立ちすくんだが、意を決して梯子に手をかけた。1段目2段目を必死になって上った後、最後の1段からベッドに這い上がるのが最も大変で、しとやかな女性が多いインドで、こんな風に逞しくベッドによじ登る女性の姿は珍しく、皆の注目を浴びているのではないか、という恥ずかしさが、私の重い体を一気にベッドまで押し上げた。「旅の恥は掻き捨て」という言葉に、今日程救われる思いをした事もない。この国をある程度若くて体力があるうちにひとり旅しておいてよかった。さもなくば、揺れる車内でひとり2階ベッドによじ上り、カーテンもない所で平気で熟睡しているなど、さらさらできなかったろうから。

2階ベッドは天井がすぐ傍で、座っていても頭が支えてしまうので、不自然な格好で寝床を整えた。見れば見るほどオンボロ車内の様子がショックで、この様子をビデオに撮ろうという気さえ失われた。さっさと寝てしまおうと思い、すぐに横になった。ドクターモハナンの友人が迎えに来てくれる事になっていてよかった。さもなくば、またこの状況に気が滅入る所だった。楽しい事が待っている、と思えばこそ、どんな状況も我慢できるというものだ。

下はまだ皆起きていて話し声が聞こえ、カーテンがないなら上の方が静かでよかったかもしれない、と思いながら目を瞑ると、疲れのせいかすぐに眠ってしまった。

夜中に目が一度覚めた時、車内は真っ暗になっていて皆寝ており、次に目が覚めた時に時計を見るともう5時であった。私はあせってベッドから降り（降りるのは簡単）、洗面道具を持ってトイレへ行き、ドクターモハナンの友人に会うために身だしなみを整えた。この列車に乗ったばかりの時は、こんな所で眠れるだろうか、と心配になったが、実際は思いの他快適に眠れた。列車のオンボロさも、快適に眠れた後では、別に気にならなくなった。

列車は予定より10分早くマドライ駅に到着した。今まで沢山の国で列車に乗ってきたが、予定より10分も早く駅に到着したのは初めてで、相変わらずインドでは何でもありだ。ドクターモハナンの友人もまだ来ておらず、その場で待つ事にした。

しかし5時半を過ぎ、ホームに殆んど人がいなくなっても彼は現れなかった。電話をする事も考えたが、電話屋はホームにはなく、渡り廊下を渡った駅構内にしかなかった。列車が到着した時には、ホームに多数いて声を掛けて来たポーター達は、誰ひとりいなくなっていて、ひとりで重い荷物を2つも持って渡り廊下の階段を上り下りするのは無理で、もう少しここで彼を待つ事にした。

6時を過ぎ、空が明るくなり始めても依然彼は現れなかった。私はこの時、洋服ではなく、パンジャビードレスを着てきた事を後悔していた。ドクターモハナンの友人は、洋服を着ている女性を探し、薄暗いホームで私の後ろ姿とすっかり日焼けした腕を見てインド人と間違え、外国人はどこにもいない、と思って帰ってしまったのかもしれない、と心配になった。

6時半まで待った所で私はあきらめ、ひとりでホテルに行くと決めて、渡り廊下の階段傍まで荷物を運んだ。そこでポーターを探し、暫くして、荷物をホームに運び、手ぶらで戻って来たポーターを見つけて話しかけたが、言葉が通じず、足早に去って行ってしまった。カースト制のインドの事。「出発客の手荷物運び」と「到着客の手荷物運び」という仕事の領域でもあるのだろうか、他の列車がこのホームに到着するまで待つしかないか、と思っていると、丁度列車が入って来た。しかし、その列車はここが始発のようで、到着客はおらず、荷物を車内に運び終わったポーターは、一目散に去って行ってしまう。それでも言葉が通じれば強引に荷物を頼むのだが、言葉が通じない事で弱気になってしまって、足早に去って行く彼らの行く手をさえぎって、声を掛ける事が出来なかった。

自分で荷物を運ぼうかとスーツケースを持ち上げてみたが、あまりに重くて片手では数センチしか持ち上げられず、とてもではないが2つの荷物を一緒に運ぶのは無理であった。しかし、ひとつずつ運ぶのでは、貴重品が多数入ったペギーバックをぽつんとひとつ置き去りにせねばならず、それは人の大勢行き交う駅では、インドがいくら治安がいいからといって、あまりにも危険すぎた。私は途方に暮れ、こんな事になるなら最初からすぐにタクシーに乗ってホテルに行けばよかった、と腹立たしくなってきた。

時間は7時になり、荷物を運んで来たポーターに思い切って声をかけたがまた無視され、いい加減に疲れて暫く荷物の傍にしゃがみこんで座っていた。すると、近くにやって来た男性が足早に歩いているポーターに声をかけ、私の荷物を指差して何かを言った。ポーターは私の荷物を一瞥し、頷いて何処かへ行ってしまった。もしかしたら彼が私の荷物を運びに戻ってきてくれるかもしれない、と半ば期待して待っていると、そのポーターが戻ってきて私の荷物を持ち上げた。すぐにさっきの男性にお礼を言おうと辺りを探したが、もういなくなっていた。自分のした親切を告げず何処かへ去って行ってしまっている所がまた心憎い。お礼を言えなかったのが残念であった。

ポーターが荷物をタクシー乗り場まで運ぶと、私を見たタクシードライバー2人が、競うようにすごい勢いで私の傍にやってきて、最初に私の荷物に触れたドライバーと、最初に話しかけたドライバーのどちらが私を乗せるかで口論になった。それもすごい剣幕で、ついにはつかみ合い、一方が相手を殴るまでの喧嘩になった。驚き、怖くなったがなすすべがなく、そこへ警官がやって来て仲介に入り、2人は喧嘩をやめた。

しかしほっとしたのも束《つか》の間、警官が行ってしまうと、2人がまた激しい口論を始めた。私は呆れて他のドライバーの車に乗ろうとしたが、結局先に声をかけてきたドライバーが勝ったようで、彼の車に乗る事で事態は収まった。ここマドライでは初っ端からスムーズにいかない事が続き、先が思いやられた。

ホテルに到着し、チェックインをしようとすると、フロントの男性が言った。

「ドクターがホテルにお見えになり、あなたがいらしたらこちらの電話番号に連絡をするよう伝えて欲しいと、この名刺を置いていかれました」

私はそれを聞いて驚いた。どうして彼は駅でなくホテルに来たのだろうか。

「ドクターは何時ごろここにいらしたのですか？」

「5時半頃だったと思います。電話しましょうか？」

「お願いします」

やはり彼は列車が着く時間に駅に迎えに来てくれたようだ、一体どこですれ違ったのだろうか、と思っていると、フロントの男性から受話器を渡された。

「ハロー」

「What's happened ?」

私の声を聞くやいなや、挨拶もなく、いきなりこの言葉で少しムッとしてしまい、心の中で、（それはこっちのセリフよ！）とブーイングしていた。

「駅のホームで、ずっと待っていたのですが」

「私は駅に君がいないので、そこのホテルへ行った後、外国人がよく宿泊するタージホテルにも電話したんだよ。まあいい、とにかく今から5分でそこへ行くから」

そう言って彼は電話を切った。

一旦部屋に行き、再びロビーに降りようとすると、フロントから電話が掛かってきて、ドクターが到着した事を知らされた。急いでロビーに降りると、ソファに腰掛けていた男性が立ち上がった。スラット伸びた長い足と大きな目が印象的な男性であった。

「ドクター・バスカーララジャーンです。マドライへようこそ」

この旅をひとつの大きな結論へと導く扉が開かれた瞬間であった。

変わった観光

彼の長い名前に目眩を感じながら、さっきフロントでもらった名刺をチラッと見て、「バスカーラ」が彼の苗字だろうと思った。

「初めまして、ドクターバスカーラ」

「ちゃんと駅で迎えてあげられなくて悪い事をしたね」

なぜかさっきと打って変わった謙虚な態度であった。

「朝早くから、お騒がせして申し訳ありません。どこかですれ違ってしまったのでしょうか?」

「私が駅に着いた時は、もう列車が着いた後だったんだ。大概遅れて着くから、まさか10分も早着《そうちゃく》するとは思わなくて。慌ててホームで君を探したんだが、見つけられなくて」

「3番線のホームに来られたのですか?」

「普段、トリバンドラムからの列車は1番線に到着するんで、1番線に探しに行ったんだ。その後、3番線に到着したと知ってちょっと覗いてはみたんだが、まさかまだそこで待っているとは思わなかったから、ちゃんと探さなかった。それからこのホテルに来たんだ」

〈普通、到着ホームで待ち合わせしたら、そこで来るまで待っているものでしょう……〉

何はともあれこんな朝早くに迎えに来て下さった事に感謝しなくてはいけない、とはわかっているものの、あの不安と途方に暮れた2時間を思うと、つい心の中で文句を言ってしまった。

ドクターバスカーラは、マドライ市内に自分の経営する病院を持つ眼科医で、口髭を生やし、威厳のある顔つきをしていて、50歳前後に見えた。だみ声で、ドクターモハナンとはまた違う独特のイントネーションの英語を話す。

「今からこの辺を少し案内するが、ミナクシー寺院は後にして、まずひとつ別のヒンドゥーのお寺を見に行こう」

そう言うと、長い足で大きく一歩を踏み出して歩き出した。

車でお寺に向かう道の途中、ドクターが突然言った。

「ココナツウォーターを飲むかい?」

ココナツ味という飲み物なら今まで飲んだ事はあるが、ココナツウォーター自体は飲んだ事がなかった。

「外国人が飲んでも大丈夫ですか?」

「勿論さ」

そう言って車を止め、沿道でココナツを売っている男に向かって何かを叫んだ。その男は山積みになったココナツの中から吟味してひとつを右手に乗せ、なたで勢いよく端から10センチ位の所を切り落とし、切り口の丸く穴があいた所にストローを挿して私に渡した。なるほど、ココナツとはこういう風にして飲むのかと思いながら、ひと口飲んでみて即座に叫んだ。

「美味しい!」

赤いバナナに次ぐ感動の美味しさであった。甘いのに水のようにさらっとした飲み心地で喉の渇きを潤す。100パーセント天然なので健康にも良さそうだ。美味しくてごくごくと飲んだが、見かけ以上にたっぷり入っていて、一気に全部は飲みきれない量であった。しかし、隣でココナツを手にしたドクターは、ストローを抜いて丸い穴に口をつけ、たったの3口で全部飲み干してしまった。その間、たった30秒位だ。

〈恐るべし、南インド人……〉

南インドの男性は私の3倍位の太さの食道を持っているのだろうか。5分たってもまだストローでちゅうちゅうココナツを飲んでいる私に彼は笑いながら言った。

「急いで飲む必要はないが、明日までには飲み終わっておくれ」

ココナツウォーターへの驚きは、それを飲み終わった後にもあった。空になったココナツをココナツ売りの男に渡すと、男はそれを再び鉈で縦半分に切り、真ん中の窪みにくっついている白い寒天のようなものをココナツの破片を遣《つか》って上手に剝がし、片方に集めて私に渡した。

「これ、食べられるんですか？」

「勿論さ」

ドクターはそれをペロリと食べた。こんな所まで食べるのは南インド人だけではなかろうか、と思いながら少し食べてみると、私はまた叫んだ。

「美味しい！」

「だから食べられるって言っただろう」

ドクターは笑いながら言った。これからは、この人の言った通りにとりあえず試してみよう、という気になった。

ドクターバスカーラは、威厳のある顔つきに似合わず冗談好きな人で、寺に向かう途中、ずっとジョーク話をしていた。ただ、オチの部分を笑いながら、一層の濁声で言うので、肝心のオチが聞き取れない事がしばしばある。例えばシーク教徒をネタにした「サルダルジージョーク」という冗談で、

「シーク教徒を日曜日に笑わすにはどうしたらいいか？　やつらに木曜日に冗談を言うのさ」

という話の中で「木曜日」の部分を笑いながら言うので聞き取れず、オチがわからない。最後の部分だけを聞き直しても、また最初から話し直し、オチの部分にくるとを笑いながらだみ声で言うのでまたもや聞き取れず、諦めてわけもわからずに一緒に笑う。そんな事が何度もあった。

このサルダルジージョークは結構面白いものが多い。サルダルジーとはシーク教徒のことで、男性は頭にターバンを巻いていて、髭を生やしているという、日本人の持っているインド人の代表的イメージの人たちだ。彼らは、一生髪を切らず、髭も剃らない、という話を聞いた時は驚いた。よく腕にシルバーカラーのブレスレット（鉄らしい）をつけていて、それも宗教上の理由らしい。シーク教徒は、インドの全人口の数パーセントにすぎず、男性はその半分の2パーセント位という事になるが、目立つ風貌のためか、実際はもっと沢山いるように感じる。

サルダルジージョークをもうひとつ紹介すると、

「シーク教徒が電気屋に行き、店主に『このテレビを買いたい』と言った。でも店主は、『悪いがシーク教徒にはウチの商品は売らない事にしているんだ』と答えた。彼は次の日、ターバンを取って帽子を被り、変装してその店にテレビを買いに行った。しかし、店主は彼をシーク教徒と見破り、またもテレビを売ってもらえなかった。彼はその次の日、完璧に変装してその電気屋へ行き、このテレビを売ってくれ、と頼んだが、店主がまたシーク教徒と見破った。何度も変装を見破られて頭にきた彼は言った。『クソォ！　何で俺がシーク教徒だって、毎回見破るんだ！』すると店主は答えた。『おまえさんが言っている品物は、テレビじゃなくて、電子レンジだからさ』」

サルダルジージョークはこういったシーク教徒を馬鹿にするような冗談ばかりであった。彼らは本当にそんな風に間抜けなのだろうか、他に何か理由があるのだろうか、と疑問に思い、ドクターに理由を聞いてみると、

「サルダルジーに会ってみるとわかるさ」
と言ってニヤッとした笑いを浮かべ、お茶を濁した。シーク教徒の友達が出来ても、「サルダルジージョークってどう思う?」などとは口が裂けても聞けない感じのジョークばかりだが、どんな風に思っているのか聞いてみたい気もする。このせいで、私の中にすっかりシーク教徒に対する偏見が出来上がってしまった……。

連れて来てもらったヒンドゥーのお寺はアラガーコイル寺院といい、山の中腹にあり、寺はそんなに大きくはないが、沢山のカラフルな神体彫刻で飾られた塔門が美しく、2、3世紀頃に造られたという古い石の彫刻も見られた。千何百年も前に造られたものがあっちこっちにあるのは南インドも同じで、こういった古い彫刻を見すぎて、単に古い、というだけでは感動しなくなってくる。

その後、山を降りて町へ向かう途中、大きな近代的な建物にやってきた。そこはドクターバスカーラが経営コンサルタントをしている病院との事で、なぜかそこの癌患者の入院病棟を見学させられた。中央のナースステーションを中心に円形になっている病室は、ベッド1台ごとに仕切りの壁があって個室のようになっているが、ドアがないので中央からは全ての患者が見渡せるようになっている。

「ここの病棟に入院している人達はもう末期で、助からないんだよ」

ドクターが声を潜めて言った。見学するにはあまりにも気の咎《とが》める場所で、看護婦さんたちにもジロジロと見られた。

病院を出ると、彼は私をホテルへ連れて帰り、少し休んでから、また電話してくるように言った。彼と別れた後、時計を見るとまだ朝の9時で、普通ならこれから行動を始める時間だが、もう既に随分色々な事があって、時間の感覚は夕方位であった。

部屋でひと休みした後、サリーに着替えた。サリーは観光に出かけるのに適する服装ではないが、ここマドライはヒンドゥーのお寺を中心に栄えている町なので、サリーを着たい気分になった。しかし今日はなかなかうまく着れず、30分もかかってしまった。朝起きて洋服に着替えるなど何秒の世界だが、インド人女性は毎朝サリーにこのプリーツを作り、少なくとも5分はかけて着替えると思うと、慣れとはいえ尊敬してしまう。

ドクターに電話すると、すぐに迎えに来てくれ（さすが自営業）、車が走り出すと彼は言った。

「私の経営している農園があるんだ。そこを見に行こう」〈農園……〉

私の予定では今日中にマドライの市内観光を済ませ、明日はマドライから日帰りで行ける近郊の街を訪ねたいと思っていた。しかし、自分の農園を見せたがっている彼に「農園はいいので、ミナクシー寺院へ行きましょう」とも言えず、仕方がないと思っていると、彼が続けて言った。

「明日の日曜日、娘のダンスの発表会があるんで、君にとってもここでしか見られない珍しいものだと思うから明日それを見に行って、私の音楽コンサートの練習会もあるから、それも聞きに来るといい。次の日、コダイカナルへ行って、その次の日はラメシュワラームに行くといい」

それでは滞在が予定の3日で終わらないし、知らない町の名前ばかりで、私が行きたいと思っているタンジャバールという町の名前がない。日程が押している私にはダンスや知らない町より、自分が見ようと決めてきたものを見るのが優先だ。このまま彼のペースで事が進んでしまうと、ミャンマー行きを延ばさなければいけなくなるのでは、と心配になった。しかし、ここはインド。あれこれ考えず、次に呼ばれる場所に行くことにしよう、と決めた。

市内を抜け出し、彼の農園までの道は、インドでは珍しく凸凹のない平らな道路だった。ドクターは「いい道路だろ！」と自慢気に言いながら、スピードを出し、快調に走った。

30分程走った所に彼の大きな農園があり、栽培しているものについて木々を見ながら説明してくれた。途中彼は背の低い木になっている実を採り、私に食べてみるように言った。ポンカンに似た色形をした果実で、まだ濃い緑色をしていて、熟れていないように見えた。

「これはまだ熟れてないように見えるのですが」

「その位ならもう食べられると思うが」

まだ硬く、本当に食べられるのか半信半疑であったが、ハンカチで皮を拭いてから思いっきりかじってみた。しかし案の定とても渋くて思わず口から吐き出してしまった。ドクターを見ると、それをカリカリ音をさせながら食べている。

〈恐るべし南インド人！〉

ドクターが食べているのに「渋い」などと文句を言えず、残りを食べずに手に持っていると、彼はそれに気づいて言った。

「美味しくなかったら、捨てなさい」

その言葉を聞くやいなや捨てた。

彼はそれから暫く歩くと、今度はとうもろこしをもぎり取った。

「とうもろこしは好きかね？」

私は夏には毎日とうもろこしを食べる位のとうもろこし好きだ。もしかして、捥《も》ぎたてのとうもろこしを後で茹でてご馳走して下さるのかな、こっちでは焼く方が主流なのかな、などと楽しく考えていると、彼はもぎとったとうもろこしの皮をむき、私に渡して言った。

「これを食べなさい」

驚いて渡された生のとうもろこしを見つめた。

「すいません、とうもろこしを生で食べた事はないのですが、食べられるのですか？」

「ここに生《な》っているもので、生で食べられない物などないよ」

彼が当然のように言うので、新鮮なとうもろこしなら生で食べても甘みがあるのかもしれない、と思い、ためらいを捨ててかじってみた。しかし、またもすぐに口から吐き出した。硬いし、甘みも全くなく、口の中に苦味すら残った。私はかばんに入れていた水で口をゆすいだ。ドクターの方をみると、彼はその生のとうもろこしをかじって平気でカリカリ噛んでいる。

〈この人は何者……？〉

私は彼がこれ以上何も食べる事を勧めないことを祈ったが、彼がまた何かを木から取り、こっちを振り向いた瞬間、思わずボクサーのファイティングの構えを取りそうになった。

「こっちを食べてごらん。さっきのものより熟れていると思うが」

さっき私が口から吐き出した緑の果実だ。これまた未熟そうな色をしている。もう少し熟れていて美味しく食べられるような物はないのかと思い、聞いてみた。

「この農園では、他にどんな果物があるんですか？」

「バナナとか、ジャックフルーツとか、マンゴーも採れるよ」

「マンゴー!?」

何を隠そう、マンゴーは私がいちばん好きな果物だ。

「ああ、しかもここには色々な種類のマンゴーの木があるんだ」〈早くそれを言ってよ！〉

「マンゴーは私がいちばん好きな果物なんです！」

「そうか。でも残念ながらまだマンゴーのシーズンじゃないんだ。シーズンは3月の下旬からだな」

「……」

かなりがっかりした。

「来月ここに来るべきでしたね……」

「また来月ここに来るかい？　ハッハッハッ」

い。果物がどれも甘くて美味しい南インドのマンゴーを食べられないのはとても残念であったが、すぐにマンゴーがまだシーズンではなくてよかったかもしれない、と思い直した。私は気に入ると徹底的にそれを食べ続ける、という習性がある。小学生の頃、近くの空き地に生っているイチジクの実を金網に上って取って食べてみると、甘くて美味しく、あっという間にその木に生っている熟れたイチジクを全部食べてしまった。それから毎日のようにそこに通い、新たに熟れたイチジクを探して食べ続け、ついにはひとつも実がなくなった。

もしこの農園に今マンゴーが生っていたら、私は木の下でひたすらマンゴーを食べ続けたかもしれない。その話をドクターにすると、かなり大笑いしていた。

市内に戻ると、ドクターの病院へ連れて行ってもらった。1階は待合室で、2階に診察室があり、太めの人の良さそうな女性が、患者の診察にあたっていた。彼女は私を見ると立ち上がり、ドクターは「私の妻だ」と言って紹介した。ミセスバスカーラは、女医というより、専業主婦といった感じの、のんびりとした、優しい雰囲気を持った女性であった。

診察室は2つあり、ドクターは私を自分の診察室へ案内し、そこに目をつぶった老女が座っていた。彼は私にその患者の近くに来るように言い、彼女の目を開きながら、これから行う彼女の目の手術について説明してくれたが、専門用語が多くてよく理解できなかった。

説明が終わると診察室を出て小部屋に連れて行かれ、看護婦さんが持ってきて下さったセブンアップを飲んでいると、ドクターが言った。

「今からさっき見た女性の目を手術するから、それを見学するといい」

飲んでいたセブンアップを吹き出しそうになった。目の手術を見るなんて怖い。

「看護婦が手術着を持ってくるからそれを着て、手を消毒して手術室に入ってきなさい」

そう言うと、私にイエス、ノーを聞かずにさっさと診察室に戻っていってしまった。私は一気にセブンアップを飲む気を失くした。気丈な私とはいえ、手術を直視できるだろうか、切ったり、血が沢山出たりするのだろうか、と怖ろしく感じた。そんな不安をよそに、看護婦さんが緑色の手術着を持ってきてサリーの上にてきぱきと着せ、帽子までかぶらされ、最後にマスクを手渡された。手術着まで着てしまってもう見るしかない。意を決してマスクをつけながら、今日の予定はマドライの市内観光で、ミナクシー寺院を見学することがいちばんの目的だったのに、どうしてこんな変わった観光ばかりしているのか、有り得ない、と可笑しくなってきた。

ドクターバスカーラは、私が見たいものを見せる、というより、自分が見せたいものを見せる、といった感じで、イエス、ノーを尋ねない、ドクターモハナンと似たマイペースさがある。でも医者でもない私が眼科手術を見学出来るなんて、ある意味ミナクシー寺院見学よりも貴重な体験だし、こんな変わった観光もいいかもしれない、と思えてきた。

洗面器に入った消毒液に手をつけた後、手術室に入る前に看護婦さんが言った。

「手術室に入ったら、決して何にも触れないようにお願いします」

返事をしながら緊張が全身に走った。私は単なる見学者だが、患者さんにとっては目を手術するという人生の一大事、緊迫の時であり、ドクターにとってはその患者の人生を預かるという責任重大な場面なのだ。それを邪魔するような事になったら、取り返しのつかない事になる。私は不用意に手が何かに触れてしまわないよう、手を握り合わせて看護婦さんについて手術室に入った。

手術室ではさっきの老女が手術用の椅子に横たわっていて、ドクターはその頭側に座っていた。

「何にも触れないように気をつけて私の傍に立っていなさい」

私は腕組みをして彼の傍に寄った。

初めに麻酔のため、彼女の目に注射をした。目に針を刺すのを見るのは、見ているこっちの目まで痛くなる。それでも私はその様子を凝視していた。ドクターは私に彼女の目を捉えているマイクロスコープを覗くように言い、一瞬躊躇《ためら》ったが、怖いもの見たさで、覗いてみると、彼女の瞳が大きく写っていて、素人の私が見ても、それが健康な状態でないとわかった。人の目を見ているというより、何か違う物体を見ている感じであった。

私がマイクロスコープから目を離すと、ドクターは手術を行い、途中、針を看護婦から受け取り、マイクロスコープを覗きながら彼女の目を縫い始めた。朝からくだらない冗談ばかり言っていた彼とはまるで別人のような表情で、黙々と針を渡して行く。その繊細な手の動きに感動し、息をこらしながらじっと見続けた。

暫くするとまたドクターが私に顕微鏡を覗くように言った。除いてみると、縫うのに使った細い糸が青く見え、測ったかのような等間隔で瞳をしっかり固定していた。

〈すごすぎる!〉

感動して熱心にマイクロスコープを覗いている私に、彼はまた説明をしてくれた。

手術はほんの20分位で無事に終わった。眼科医が見たら、こんなのはよくある簡単な手術だ、と言うのかもしれないが、私は素晴らしいと思った。彼の所にはインドのみならず、モルジブやスリランカなどからも手術が必要な患者がやってくるそうだ。インドのお医者さんは、沢山の患者、多種の疾病を診るため、熟練した名医が多く、医療技術も高いらしい。

診察室で手術着を畳んでいると、手術を受けた患者さんが看護婦さんと共に診察室に来て椅子に腰掛けた。そこにドクターがやって来て、彼女の目の見え具合を確認し、彼女は胸の前で手を合わせて、ドクターに向かって何度も拝むような仕草をした。手術は成功したようであった。

診察室を出ると、さっき手術着を着せてもらった小部屋へ戻り、そこにはまだ私の飲みかけのセブンアップが置いてあったので、それを一気に飲んだ。なんだか緊張して、知らない間に喉が渇いていた。そこへドクターがやってきた。

「手術を見た感想はどうだったかな?」

「他の手術も見てみたくなりました」

この言葉に彼は大きな声で笑った。

「私の病院で君を手術のアシスタントとして雇ってもいいが。人によっては、麻酔をかけているのを見ただけで気分が悪くなったり、倒れたりする人もいるが、君は実に気丈だ。面白い子だ」

彼はそう言いながら私の背中を2、3回叩いたので、飲んだばかりのセブンアップのゲップが出そうになった。彼はそんな事はつゆとも気にせず、さっきの真剣な表情とは打って変わり、またいつものジョークを飛ばし、相変わらずオチの部分で自分が先に笑っていた。まったくインド人は面白い。面白くて賢い。インドという国以上に、インド人が私をこの国に惹き付けて離さない。

マドライ市内観光

その後、ドクターは私を3階の彼の執務室へ連れて行った。部屋を見回していると、棚の上に飾ってある、古典舞踊のダンスコスチュームを着た綺麗な女性の写真に目が留まった。

「その写真の女性が、ドクターの娘さんですか?」

「そうだ。普段はまだ子供なんだが、こうしてダンスの衣装を身につけてお化粧した写真を見ると、もう一人前の大人のように見えるから不思議だ」

「お嬢さんはいくつなんですか?」

「17歳だ」

確かに写真の女性は、お化粧をしている分、17歳よりは大人っぽく見えたが、まだどこか大人になりきっていない、瑞々《みずみず》しさがあった。

「綺麗な娘さんですね」

「彼女は頭もよく、非常に成績優秀なんだ」

才色兼備の上に、ダンスまで踊れるのだから、これは年頃になったらお見合い結婚の申し込みが殺到するに違いない。

それから、昼食にドクターの自宅へお邪魔した。彼の家は一軒家でこの辺ではかなり大きい方だ。家にはひと足先に帰っていた奥様の他に、ドクターの義理の妹(実弟の妻)、写真で見た彼の娘がいた。ドクターの一族は、私がこれまで出会ってきたインド人の中でも肌色が濃く、それは彼らだけでなくマドライの人たちが皆そうで、同じ南インドのケーララの人たちよりも濃い。

ドクターの娘の名前はスバンと言い、お化粧をしていなくても綺麗な顔立ちの子であった。人見知りなのか、大人しい性格なのか、あまり私の質問に多くを語らないので、仲良くなりたいと思い、彼女に家の中を案内して欲しい、と頼んだ。彼女は無表情に「いいわ」とひと言だけ言うと、私を2階に連れて行き、ひとつ一つの部屋を案内してくれた。

最後に彼女の部屋を見せてもらうと、恐ろしく散らかっていて、一瞬絶句してしまった。関西の男性はこういう時、おちゃらけて、「えろう散らかってまんなぁ」などと、さりげなく本音を言うことが出来るのかもしれないが、彼女のようなナイーブそうな子は、下手な事を言うと、もう口を利いてくれない事にもなりかねない。

「ひとりの部屋があっていいわね。私は子供の頃いつも妹と一緒の部屋で、ひとりの部屋が欲しいとよく思ったわ」

その言葉に、彼女は限りなく愛想に近い笑みを浮かべた。

下に再び降りると食事の用意が出来ていた。スバンと私はドクターと一緒に席に着いたが、奥様と義妹はテーブルに着かず、次々と食事を運んできて下さった。特に義妹は世話焼きで、私の近くに立って、コップに水が少なくなるとすぐについでくれたり、気に入って食べているチキンが皿に少なくなると、即座に盛ってくれたり、まるで給仕係りのように気を使って下さる。

ドクターはヨーグルトをたっぷりとカレーを混ぜたご飯にかけ、それを手でこねるようにして混ぜ合わせて食べた。またまた登場した恐怖のヨーグルトかけご飯。ドクターモハナンはこれをスプーンで混ぜて食べていたが、ドクターバスカーラは手でこねるようにクチャクチャと混ぜ、そのまま手で摑んで食べるので、思わず私の眉間には皺が寄った。しかし、ドクターがあまりにも美味しそうに食べているのを見て、私ももう一度だけチャレンジしてみようと思い、ほんの少しご飯にヨーグルトをかけて同じように手で混ぜて食べてみた。しかし、それを口の中に入れた瞬間、チャレンジした事を即座に後悔した。インド料理は美味しいが、これだけはダメだ。

食事の間中、スバンはあまり喋らなかった。ドクターは「娘は普段から口数が少ないんだ」と言ったが、口数が少ないと言うより私に心を閉ざしているように感じられた。父親が女性を連れて来たのが面白くないのだろうか、と、気になった。ドクターも家では私と2人きりの時とはまったく異なる態度で、ずっとしかめっ面をしていて、冗談を言う時のあの悪戯っぽい笑顔を全く見せない。奥様は一緒に席に着かないし、保守的で伝統的な慣習が残る南インドでは、家長としての尊厳ある態度、妻と夫の距離感はこういった感じなのだろうか、と思った。

食事が終わると、奥様が言った。

「主人は病院に戻らなければいけないから、私が今から市内を案内するわ」

「お仕事、いいんですか？」

「大丈夫、大丈夫。ハァー」

奥様は、言葉の最後に念を押すように、「ハハァー」とか「ハァ」と語尾を上げて言う独特のしゃべり方をする。2人とも忙しいので、かわるがわる私の相手をしているようで気が引けた。

奥様も自分の車を持っていて、市内観光には彼女の車で出掛けた。車はライトバンで、体格の良い彼女が運転していると結構迫力がある上、四六時中クラクションを鳴らしながら「そこどけ」状態で、他の車に道を譲る事なく走ってゆく豪快な運転は、さっきまでの控え目で優しい態度からは想像出来ないものであった。インド人女性は普段のもの静かで優しい態度から、ここぞという時に、普段温存している力を一気に爆発させるかのように別人になり、そのギャップには毎度驚かされ、可笑しくなる。

始めに連れていってもらったのは大きな人造池で、池の真ん中にヒンドゥー寺院のような建物の建った島があった。奥様は私に待っているように言ってどこかへ行き、ひとりの男と共に戻ってきた。彼はボート漕ぎで、私達は池に浮かんだボートに乗りこみ、中央の島に渡った。

島にある建物は、昔は王様のサマーパレスとして使われていたそうで、中には入れなかったが豪華な内装が外からも少し見えた。島は池からの風が吹き寄せてきて、たった今私が渡って来た池向こうの世界とは別世界のように涼しく、快適であった。

この辺りには赤い花が沢山咲いていて、奥様はそれを2つ摘んでひとつを私に渡した。

「この花、コブラみたいだと思わない、ハァ?」

そう言って奥様が花の中央部分をサイドから押すと、おしべとめしべのの生えた部分がぱっくりと2つに分かれ、まさしくコブラが口を開けたような形になった。

「本当！　コブラみたい！」

「そうでしょ。ハハァー。これは、コブラに似ている事からタミール語でコブラという名前がついた花なのよ。ハア」

花も南インドまで来ると、見た事のないようものがたびたび現れてくる。彼女はその花を私の三つ網にした後ろ髪に挿し、その後自分の髪にも挿した。コブラの花を髪に挿す、というのもいかがなものかと思ったが、奥様の後ろ姿を見ると、赤い花びらが思いのほか後ろ姿を可憐に飾っていた。それに生花を髪に挿して歩くなんて日本ではまずない事で、女らしい気分になった。

次に行ったのはマハトマ・ガンジー記念博物館であった。彼はマドライの出身ではないが、何度かこの地を訪ねて来たらしく、彼が最期銃弾に倒れた時に着ていたという、血痕のついた服が展示されていた。血痕の付着具合に、ひとつの衝撃的歴史上の事実を実感させられた上、その状況の様々な想像を掻き立てられ、かなりショックを受けた。

博物館を出ると、奥様は私を近くの店に連れて入った。そこではアイスクリームとジュースが売られていた。私がフレッシュオレンジジュースを頼むと、その場でオレンジを切ってミキサーにかけてくれ、飲むととても美味しかった。インドのフレッシュジュースはいつもおいしいが、ここ南インドは果物が新鮮で甘いので特に美味しい。あっという間に飲んでしまった私を見て奥様が言った。

「マドライは暑いでしょう。ここはね、3つのシーズンがあるの。それは hot, hotter, hottest と言われてるのよ」

彼女はそう言って笑った。今は hotter らしく、まだ暑くなる時期があると知ってぞっとした。

そこから10分程車で走って、待望のミナクシー寺院へ到着した。ミナクシー寺院には立派な、高い塔門があり、街にはそれより高い建物を建ててはいけないという規制があるそうだ。そのてっぺんまでを埋め尽くす、夥《おびただ》しい数のカラフルに色づけされた神々の像と装飾彫刻は圧巻で、今までみたヒンドゥーのお寺の中でいちばん感激した。オンボロ列車の2階ベッドに恥を忍んで這い上がって一夜を過ごしてまで、このマドライに来た甲斐があったと思えるほどのものであった。

ミナクシー寺院の名前の「ミナクシー」とは、シヴァ神の妻の南インドでの呼び名だ、と奥様が説明した。シヴァ神の妻は一般的には「パールバティー」という名だが、その土地によって土着の女神が二大神（シヴァ神とヴィシュヌ神）の妻として見立てられている事が多く、ここタミールナドゥ州は、ミナクシー神がシヴァ神の妻となっているそうだ。

寺院内は、天井がかなり高く、とても広い。神々や動物の像が細やかに彫刻された太くて立派な柱が立ち並ぶ美しい回廊や、天井に描かれた絵など、まるで神殿のようであった。

途中、お寺の主祭壇に入る入り口があり、その門の前に「ヒンドゥー教徒のみ」と書かれていた。奥様はその門の傍にある事務局で私も一緒に中に入る事を頼んで下さったが、許可をもらえず、この立派な寺の主祭壇がどんなものか見てみたかったので、とても残念であった。奥様ひとり、寺に入る前に買ったフルーツバスケットを祭壇にお供えするために、門の中に入って行った。

彼女を待っている間、回廊から外をみると、お寺の敷地内に大きな貯水槽があり、それを取り囲む階段に人々が腰掛けて涼んでいた。人々の後ろには、カラフルな塔門が夕暮れの空に向かって一際高く聳え、まるで１枚の美しい絵をみているかのような印象的な光景であった。「神宿る」とよく言うが、立派で美しい寺院の数々、無数の神々の像、信仰心の厚い人々、美しい自然、と全てが揃った中で、本当にこの国には神が宿ったのではないか、と思えてくる。

奥様は戻って来ると、寺の中に併設されている博物館へ私を連れて行った。中には実に見事な神々の彫刻や、寺の宝物が展示されていた。私は元来、彫刻にはあまり興味がなく、ヨーロッパの美術館や博物館でも、彫刻の展示室は殆ど素通りするのだが、インドの神像彫刻には強く惹き付けられ、いくら見ていても飽きない。それはきっと、彫刻技術もさることながら、それが「石」という無機質な存在を全く感じさせず、崇められる事で、そのもの自身から「神々しさ」が発せられ、魂を吸い寄せるかのような不思議な力強さを持っているせいであろう。宗教美術の素晴らしさも、この国に惹き付けられる一因だ。

博物館の見学を終え、寺院の出口に向かう途中、沢山のお店の前を通った。その店のひとつで奥様は私にミーナクシー神とナタラーシャ神（踊るシバ神の呼び名）のミニチュア像を買って下さった。私は大事にその２つの神像を鞄の中にしまい、ドクターモハナンのようにホテルの部屋に祀ろうと思った。

お寺を出た後、奥様に他に行きたい所はあるかと尋ねられ、マドライ特有の柄のサリーを買いたい、と答えると、相変わらずの豪快な運転で「ハハァ」と叫びながら車を飛ばしてサリーショップに連れて行って下さった。そこで奥様に選んでもらい、マドライ特有の柄と言われる、黒地に緑と白のわっか模様のついたサリーと、オレンジと紫のチェック（まるでテーブルクロスのよう）のサリーの２枚を買った。綿のサリーなので、値段も３５０ルピーと４００ルピーと、とても安かった。両方共シルクサリーような華やかさはないが、何とも言えない素朴さがあって気に入った。そのサリーはブラウスの生地が含まれておらず、奥様が、自分よりスバンの方が既成のブラウスを選ぶのがうまいので彼女に選んでもらうといい、と言い私を家に連れて帰り、バトンタッチするかのように今度は、ドクターがスバンと共に私をショッピングセンターへ連れて行って下さった。

店に入るとスバンは私の買ったサリーを袋から取り出し、店の人に指示しながらいくつかのブラウスを持ってこさせ、サリーと見比べながら色選びをしてくれた。ブラウス位、17歳の少女に選んでもらわなくても自分で選べるのに、と最初心の中で思っていたが、彼女が選んでくれた私のサリーにぴったりの色のブラウスを見て、私ひとりではこんなに要領良く、ここまで合う色選びを出来なかっただろう、と思った。それに、「嫌われてるんじゃないか」と気になっているスバンが一生懸命選んでくれて嬉しかった。

ドクターは彼女を家まで送った後、私をインド料理の店に連れていってくれた。全て辛くない料理を注文して下さり、どれも美味しかった。勘定を払う時、今日一日お世話になったお礼に私が支払う、と言ったが、彼はその申し出を受けず、全て払ってくれた。これでは全ておんぶにだっこだ。ドクターモハナンに何か恩義でもあるのか、とも思ったが、私への接し方は決して他人への義理のようには感じらず、彼の人間性に思えた。

ドクターバスカーラも、ドクターモハナンと同様に少しマイペースな所があるが、世話好きで、優しく、信頼できる人。彼の事もすっかり好きになった。

ホテルの部屋に戻るとすぐに買って頂いたミナクシー神とナタラーシャ神の像を机の上に安置し、持っていた果物を備え、手を合わせた。こうすると、ヒンドゥーの神々にも守られるような気持ちになる。

今朝マドライに着いた時はトラブルばかりで、一体この先どうなるかと思ったが、結果的にはとても充実した1日となった。インド旅行の中で一環して起こっている現象は、ひどく気分が落ち込んだり、トラブルの後は、何かいい事、楽しい事が必ず待ち受けている、という事だ。だから私は、どんな目にあってもインド旅行を楽しく続けていられるのだ。思い返してみれば、それはインド程回数は多くないが、これまでの他の国の旅でもそうだった。これはひとつの旅の教訓かもしれない。

南インド芸能

その夜、寝る前にシャワーを浴びようとすると水しか出てこず、フロントに電話すると夜10時から朝6時まではホットシャワーを使えないと言われた。ここは1泊５０００円で、街で2番目に大きなホテルなのにどうして、と不服に思い、汗と埃にまみれた体を気持ち悪く思いながら寝る事となった。

翌朝、８時にドクターが迎えに来て、朝食に連れて行ってくれた。レストランは街の外れにあり、古い街並みのマドライでは珍しい、綺麗な外観のレストランであった。店の周りの緑が朝日に照らされて美しく輝いていた。

ドクターが適当に朝食をオーダーしてくれ、運ばれてきたのは私の大好きなワダで、その皿の上に見たことのない白いふわっとした塊が置いてあった。それは、お米から作られている、タミール地方特有の、ワダにつけるものとの事であった。同じワダでも地方によって色々な食べ方がある。

もうひと皿きた料理は、「ドーサ」という名で、クレープをパリッとさせたような生地が巻いてあった。かなり大きかったが2種類の付け合わせにつけて食べると美味しく、ペロっと全部食べてしまった。最後にデザートに出てきたお菓子は、私には甘すぎてとても全部は食べられなかった。インドは、チャイにしても、デザートにしてもとても甘く、インド人はかなり甘いもの好きだ。

朝食後、ドクターは山の中腹にあるという石窟へ向かって車を走らせた。その道の途中、彼が言った。

「カサブランカの話をしっているかい?」

「いいえ」〈またいつものジョーク?〉

「カサブランカという名の子供が父親と共に船に乗って旅をしていたんだ。ある時、父親がデッキ上でカサブランカに、『はぐれるといけないから、何があってもお父さんが戻ってくるまで絶対にこの場から放れないように』と言ってどこかへ行ってしまった。カサブランカはそこで父親を待っていたが、その時、船が突然他の船と衝突し、徐々に沈みだした。皆は救命ボートに乗り移り、人々がカサブランカにも救命ボートに乗り移るように言ったが、彼女は父親にこの場を離れるな、と言われていたから、決してその場を離れなかった。一方、父親は船が沈みかけていたので、娘はデッキにいたからもう救命ボートに乗り移っただろう、と思い、自分は救命ボートに乗り移ってしまった。結局船は沈み、カサブランカは危機一髪の所で助け出された。その事を知った父親がカサブランカに怒って言った。『どうして、船が沈む前に救命ボートに乗り移らなかったんだ?』すると彼女は答えた。『だって、何があってもこの場を離れるな、と言ったのはお父さんじゃないですか』カヨコはまさに、このカサブランカだな」

この言葉には大いに異議があった。彼は昨日のマドライ駅での一件を指し、言いつけ通りにその場を動かず、1時間ホームにいた私はカサブランカと同じで、まるで子供のようだと言っているのだ。私は、「待ち合わせ」という状況の中で、待ち合わせ場所を離れない、というのは鉄則だと思う。人には色々な考え方があるとは思うが、ドクターの考え方がインド人的考え方で、私はまさしく「カサ

ムルガ寺院

ブランカ」という風に片付けられてしまうのだとしたら、ちょっと納得いかないものがある。

到着した石窟は、Thenparankundram といい8世紀頃のものだそうで、小規模ではあるが浮き彫り彫刻や、当時のマドライの王様の生涯について書かれた碑文なども見られた。石窟彫刻も色々見ているうちに、作られた年代の違い、地域による違い、宗教特徴など色々わかるようになってきて、さらに興味深く、面白くなってくる。

その後、石窟から少し車で走った Thirunparn-kundram という街（マドライから10キロ位）にあるムルガ寺院（ヒンドゥー教のお寺）へ行った。そこはムルガ神を祀っている寺で、ミナクシー寺院と同様のカラフルな神体彫刻で飾られた塔門が美しく、寺院内は塔門同様にカラフルに色づけされた柱が並んでいる様子が珍しかった。

寺の中で、結婚式を挙げているカップルに出会った。花嫁はまだ10代では、と思う位あどけない顔をしていた。若くして見合い結婚する事が多いインド社会でも、昨今都会では男女共に年々結婚適齢期が上がってきており、女性は24、5歳位になってきているとのことだ。しかし田舎の方では未だに早婚で、本人の選択の余地なく、親が決めた相手と結婚するらしい。今なお残るインド女性の早婚の背景のひとつには、結婚前の女性は異性と性交渉を持った事がない事が重んじられ、他の男性とそういった関係を持ってしまった独身女性はそれだけで結婚できなくなるので、両親が娘をできるだけ早く結婚させたがる、という事もあるらしい。

マドライの街に戻ると、スバンがダンスの発表会のリハーサルを行っている練習場へ行った。始めは彼女の発表会を見に行く予定であったが、会場の見学者数が決まっていて、新たに追加出来ないとの事で、急遽リハーサルを見に行く事となった。

スバンの踊るダンスは、「バラータナーティヤム」という古典舞踏で、タミールナドゥ州発祥の、とても有名な踊りだそうであった。練習場には、南インド人とは思えない程肌色の白い30代半ば位の女の先生が、スバンともうひとりの女性ダンサーのレッスンを行っていた。ドクターに気がついた先生は、彼に挨拶をし、私にも何かを言ったが、よく聞き取れずもう一度聞きなおすと、ドクターに向かって言った。

「彼女は英語を喋れるの?」

たった一度聞きなおしただけで、いきなりそんな風に言うなんて失礼な人だな、と思った。多言語国家のインドでは、言葉についてこういうダイレクトな質問の仕方をするのが普通なのかもしれないが、私は少しムッとした。

ドクターが椅子を運んできてくれ、そこに座ってダンスを見学した。今まで様々な国でその地方特有のダンスショーを見てきたが、もの珍しさばかりが先行していて、踊り本来のよさが私にはよくわからなかった。スバンの踊りも、発表会を見られないと知った時、衣装を身につけておらず、本番の緊張感のないリハーサルの踊りを見る位なら、お寺の観光に行った方がいい、と思った位で、期待するものは何もなかった。

しかし、実際に見てみると、実に高度な技術を必要とする、芸術性の高い、素晴らしい踊りで驚いた。顔はそのシーンに合わせて様々な表情を作り、足は床を何度も強く踏み鳴らしながら常にステップを踏んでいて、手の動きもバラエティーに富んでいる。その激しい動きの中でも、足、手、顔と3つの細部にまで神経をいきわたらせ、ひとつのストーリーを体現している様子は見事としか言いようがなかった。合わせて踊る音楽は、インド音楽に民謡のような独特な節回しの歌が歌われていて、時々、竹を打ち鳴らすかのような大きな音が入り、それに合わせた激しい動きが、ストーリーの盛り上がりのようで、内容がわからなくてもドキドキしてしまう。

何より驚いた事は、踊っているスバンが、普段の無表情な彼女からは想像出来ないほど様々な表情を浮かべ、別人のようである事だった。一見、何事にも無関心でクールな彼女だが、こういったダンスを好んで踊るという事は、内に秘めた情熱は人並み以上なのだろう。もうひとりダンサーがいたが、スバンの方が圧倒的にうまかった。少し気難しい少女だな、と思っていたが、その内に秘めた熱いものを見た瞬間、私はたちまち彼女のファンになった。

私は2人の休憩時間まで夢中でそのダンスを見続けた。休憩になった時、2人に大きな拍手を送り、まだ息を切らしているスバンに言った。

「とっても素敵だったわ。すごく激しい踊りなのね。あんな風にずっと踊り続けていて疲れない？」

「このダンスを始めた頃はとても疲れたけど、今はもう慣れました」

「私が今まで見た民族舞踊の中でいちばん印象深い踊りだったわ」

その言葉に彼女は初めて自然な笑顔を見せてくれた。彼女が少し開けてくれた心の扉に、私達はいつかきっと女同士の本音で話が出来るような仲になれる、とそんな気がした。

再び練習が始まった後、何処かへ行っていたドクターが戻ってきた。踊りの先生はドクターと少し言葉を交わした後、私にお愛想程度の質問をいくつかした。彼女の話し方や淡々とした表情からも少しきつい印象を受け、肌色も白いし、この街の出身ではないのかもしれない、と思った。その理由はダンスの練習場を出た後に知った。

車に向かいながら歩いていると、ドクターが言った。

「さっきの踊りの先生はバラモン一族でとても高いカーストの家柄なんだ。彼女のお姉さんはもっと色白で、かなりの美人なんだよ。バラモンはもともと美男美女が多いんだけどね」

あの気位の高そうな顔つきと話し方は、そのせいだったのか、と思った。3シーズンの常夏で、人々の肌色の濃いマドライでもカーストが高い人はやはり色白なのだ。バラモンの女性はまさしく、薔薇もん（バラモン）人生で、働かないのかと思っていたが、こういったダンスの先生は、バラモン階級の女性の職業として存在するのだ。

その後ドクターの病院へ行き、そこで昼食を頂いた。日曜日なのにどこからともなく看護婦さんが現れて、食事を運んできてくれた。カレーだったが私には辛くてあまり食べられず、残してしまった。

食後、ホテルに戻って、少し休憩を取った。暑さで体力が消耗するのか、ベッドに横になると、すぐに眠ってしまった。フロントから迎えが到着したと知らせる電話で飛び起きると、既に約束の時間を過ぎていて、慌ててサリーに着替えて下に降りた。

ロビーには見知らぬ男性が立っていた。彼はドクターの弟との事で、ドクターとよく似た顔をしているが、おとなしそうな人であった。忙しいのなら電話でもしてくれれば自分でオートを拾ったのに、わざわざ弟を迎えによこすなんて、ドクターはどこまでも面倒見がいい。彼はバイクで迎えに来てくれていて、私は後ろの席に横乗りした。サリーやパンジャビードレスを着ているとバイクの後ろにまたがったりは出来ないので、女性は皆バイクに横乗りしていて、ちゃんと足置きが片側についている。

病院に連れて行かれると、執務室でドクターが床に座ってひとり笛の練習をしていた。彼は横笛の奏者で、楽団を結成し、コンサートをミナクシー寺院始め、あっちこっちの寺やコンサートホールで開催している事をよく話していた。今日はその練習日らしかった。科学者であり音楽家というのは対極にあるものを2つ同時にやっている感じで、尊敬してしまう。

笛の音を聞いていると突然彼が演奏をやめて言った。

「日本の曲を演奏した事がないんだが、何か簡単な曲はあるかね？」

「五線譜があったら、代表的な曲を書きますけど」

「五線譜は西洋のもので我々は使わないから、読めないんだ。我々は違う楽譜を使うんだ」〈?_?〉

意味がわからず怪訝な顔をしていると、彼はこれが楽譜だ、と言ってノートを開いて見せた。そこには、おたまじゃくしの音符は一切なく、わけのわからない文字のようなものがびっしり書き込まれていた。

「こ、これが楽譜なんですか？」

「そうだ。西洋の譜面、音階とは異なるんだ。西洋の音階を言ってごらん」

「ドレミファソラシド」

「そうだろう。我々のは……」

そう言って彼が口にした音階はドレミと同じ音調ではあったが、発音は全く異なっていた。子供の頃、当然のように五線譜にかかれた音符の読み方を習い、音楽はそれが全世界共通のものだと思っていた。確かに音楽はドイツからやってきたので、五線譜は「西洋のもの」といえるし、日本の楽器

「琴」の楽譜は特殊なものだ。音楽に関しても古くから独自の文化を持つインドは、この「西洋のもの」に侵略されることなく、自分達の音楽様式を今なお引き継いでいるのだ。私はその事にすっかり感動してしまった。

「でも、西洋の音楽を演奏する時は、どうしているのですか？　今みたいに日本の楽曲を演奏しようとする時とか」

「そういう時は、西洋の楽譜を読める人が、我々が読めるものに替えてくれるのさ」

私は、ノートにびっしり書かれた字の羅列をじっと見つめた。西洋音符のない楽譜。インドが他の国と違う理由はここにもある。古来からの自分達独自のものをずっと受け継いでいて、欧米や他の文化に侵食される事がないのだ。私はインド芸能にまた新たなカルチャーショックを受けた。

暫くして太鼓や、弦楽器、笛などをそれぞれ持った人が4人やって来た。5人の合奏が始まると、祭囃子のような曲調の音楽で聴いていて楽しく、飽きる事なく演奏を聴き続けた。

ダンサー、古典音楽の奏者と、演じる人たちから直接南インド芸能に触れられたのは、とても貴重な経験で、その素晴らしさが一層よくわかった。

神の声

ドクターは練習が終わった後、私をミナクシー寺院へ連れて行き、あのヒンドゥー教徒以外立ち入り禁止の門の前で足を止めた。

「ここは昨日奥様も私を連れてきて、事務局で頼んで下さったのですが、入れてもらえませんでした」

　私の言葉に彼は何も言わず事務局へ入って行った。彼について私も事務局に入ると、細い体つきで、長い髭を生やした60過ぎ位の僧侶がいた。ドクターは彼に自分の名刺を見せ、私を指さしながら何かを話し出した。私を門の中に入れ、主祭壇を見学する許可をもらおうとしているようであった。このインド一とも思われる程美しく、格式ある大きな寺院のヒンドゥー教徒だけに厳しく限られた主祭壇を見学出来るのであれば、こんな幸運はない。ドキドキしながら、2人の話の成り行きを見守った。

　暫く2人の話が続いた後、僧侶は私の方を向いて言った。

「名前は何というのかな？」

　聞き取りにくい英語の発音で、「ネーム」と言ったのがかろうじて聞き取れた。

「カヨコと申します」

「どこから来たのかね？」

「日本です」

「君は仏教徒かな？」

「はい」

　僧侶はドクターに向かって何かを言い、その雰囲気から仏教徒ではやはりダメか、と落胆した。その僧侶は火の灯った蠟燭《ろうそく》の立ったトレイを他の僧侶から受け取り、その上にある赤と白の粉をドクターの額につけ、その後再び粉を指に付けて私の方を向いた。私の額にも粉を付けて下さる、と思い、胸の所で両手を合わせ、彼の身長に合わせてかがみ、目を閉じた。彼の指が軽く額に触れるのを感じた時、このミナクシー寺院で、神に仕える僧侶にこうして粉を付けてもらっている事に、それだけで感激した。目を開け、僧侶に向かって手を合わせたまま一礼した後、ドクターに付いて事務局を出た。

門の中に入れずとも、ミナクシー寺院の僧侶に、異教徒の私がこうして粉をつけていただけただけで満足であった。

それからドクターは、あのヒンドゥー教徒以外立ち入り禁止の門の前に再び行った。そして、

「Come（ついてきなさい）」

とただひと言《こと》言って、門の中に入って行った。

〈門の中に入れる！〉

私は興奮し、彼に付いて大きく頑丈な門の中へ入って行った。

「君がサリーを着ていなければ入れない所だった」

ドクターが言った。多くの日本人がこの寺を訪れたであろうが、この門の中に入る事が出来た日本人女性旅行者は私位かもしれない。願いを受け入れられるだけの、条件の揃ったドクターバスカーラがうまく頼んで下さり、私がサリーを着ていたからこそ実現した事だ。自分のこの旅の度重なる運強さに感謝せずにいられなかった。

門の中は薄暗く、通路脇には所々に神々が丁重に祀られていた。特に小さな祠《ほこら》に、「シバリンガ」と呼ばれる細長く、黒い石が祀られたものが多かった。これはシバ神の象徴であり、男根を模《かたど》ったものだそうだ。大きく立派な神々の彫像も見られたが、それらをよく見ようという観光気分に全くならず、このスピリチュアルな空間にいる事にただただ厳粛な気持ちに陥り、緊張しながらドクターに付いて歩いた。いつもは冗談ばかり言う彼もここでは殆ど話をしなかった。

暫く歩くと扉があり、そこを中に入ると、主祭壇に参拝する順番を待つ人々の長い列があった。私達はそこには並ばず、主祭壇を隔てる柵に沿って歩いていると、ドクターが門番のいる柵の出入り口前で立ち止まった。どうしてここで立ち止まるのだろう、と疑問に思いながらも何も聞かずに黙って

立っていると、さっきの僧侶が現れ、柵の中へ入って行った。するとドクターはまた私に「Come」と言って柵の中に入り、私なんかがこんな神聖な場所に入ってもいいのだろうか、と戸惑いながら中に入ると、門番はすぐに入り口を閉めた。

立ち入り禁止の門の中に入れたことだけでも、ラッキーと思っていたのに、まさかこんな一般のヒンドゥー教徒も入らないような所にまで入れてもらえるとは思いもしなかった。見た事も聞いた事もない光景を目の前に、薄暗がりの中、足元がふわふわして雲の上を歩いているかのような錯覚に陥り、夢と現実の狭間、とはこういった感覚を言うのだろうか、と思った。

主祭壇近くまで行くと、僧侶が私の傍にやって来て、私の名前をもう一度尋ねた。名前を言うと、それを2度復唱し、またどこかへ行ってしまった。一体これから何が起こるのか見当もつかず、私はただただ緊張して立っていた。

ドクターは主祭壇が正面に見える床の上に座り、私にも座るように言った。目の前に廊下があり、その先にいくつもの花輪や、供え物と共に祀られている神像が見えた。座る前に後ろを見ると、柵に大勢の人々が群がり、押し合いに負けまいと、しっかり柵を握りながらこちらを見ている。その人垣は延々と後ろの方まで続いていて、切れ目が見えず、その光景と人々の熱気に圧倒され、すぐに前を向いて座った。

ヒンドゥー教徒でもない自分が、この背後にいる夥しい数の人々の一員ではなく、柵の中にひとりこうして座っている事が、不思議でならなかった。インドに初めて来て以来、起こったすべてが、この格式高い寺院の主祭壇前でサリーに身を包み、額に赤と白の粉を付け、群がる人々を背にするという、私にとって全く無縁のはずであったヒンドゥー教の世界に私を導いていったように思えた。

その見えない力の正体は一体何だったのか、と考えながら、両手を胸の前で合わせ、神様の祀られた正面をしっかりと見据えると、辺りの沢山の蠟燭の火の揺らめきが、私をこの神秘の世界に包み込んでゆこうと、勢い良く燃え盛っているかのように感じた。

その時突然、中央にあった大きな太鼓の音が響きわたり、再び僧侶が現われた。僧侶はマントラを唱え、走って何度も祭壇へ続く廊下を行ったり来たりし、時折神像の前に立ち止まって祈りを捧げた。60歳は優に過ぎていると思われる僧侶が、走って行ったり来たりする様子に驚きながら、その姿を見守っていると、僧侶が唱えるマントラの中に私の名前が口にされているのに気づいた。私はこの時漸く自分が、ヒンドゥーの神々に祈りを捧げてもらっている主人公である事を悟り、とてつもなく恐れ多く感じると共に、感動して、涙が浮かんできた。私は胸の前で合わせた手に一層力を入れ、目を瞑った。

すると、独特の香の香りが漂ってきて、僧侶のマントラを唱える声が、まるで私のすぐ耳元で呟かれているかのように耳に強く響いてきた。そしてその時、私の名を呼ぶ声がしっかりと聞こえた。

〈神の声だ!〉

その瞬間、真剣にそう思った。ヒンドゥーの神々の存在とその宗教世界を、五感で感じた瞬間であった。

お祈りが終わり、門の外に出て再びお寺の事務局へ行くと、僧侶がもう戻って来ており、火の灯った蠟燭の立ったトレイを持って、もう一度私の額に粉をつけて下さった。今なおあの祭壇の蠟燭の火の中に包まれている感じがして、ヒンドゥー教の世界はもはや「異世界」ではなく、自分の一部となった気がした。

ドラヴィタ文化

その後、ドクターは私をマドライでは珍しいイスラムの建築様式が見られる宮殿へ連れて行った。外は薄暗く、中庭で音と光のショーがあるとの事で、並べられた椅子に腰掛けて開演を待っていると、辺りを藪蚊が沢山飛び廻っていて、追い払うのにやっきになった。しかし、ドクターは全く蚊を追い払う様子なく平然と座っていて、私に宮殿の説明をしながら言った。

「あの柱は石造りに見えるが木製なんだ。木製で思い出したが、ドイツ人は、本当に英語ができないんだ。先日も友人の知り合いのドイツ人がマドライを訪れたので案内したんだが、ここで、あの石造りに見える柱を『WOODEN COLUM』だ、と説明したら、『WOODEN とは何か?』って聞いてこられてどう説明すればいいのか苦労したよ。WOODEN の意味も知らないなんて信じられない」

私には、ドイツ人が WOODEN を知らなかった事より、こんな蚊の攻撃がさかんな中でそんな呑気に話をしていられるドクターの方が、信じられない、と言いたい所であった。それに多分そのドイツ人は、WOODEN の意味を知らなかったのではなくて、ドクターの WOODEN の発音のせいで理解出来なかったのだと思う。ドクターは WOODEN を「ウデン」と発音し、しかも「デ」にアクセントを置いて発音する（標準英語では「ウッドゥン」と発音し、第一母音にアクセントが来る）ので、私も一瞬何の事だろう、と思い、蛍光灯状態で「ウッドゥン」と繋がったが、そのドイツ人は「ウデン」とは何ぞや、と思って聞いたに違いない。ドクターに限らず、マドライの人達は、今まで耳にしたインド訛とまた違う独特の発音、イントネーション、言回しの英語を話す。私は蚊を追い払いながら彼に尋ねた。

「ドクターの英語には独特の訛がありますけど、ヨーロッパやアメリカに行かれた時、言葉のトラブルは何かありませんでしたか？」

「ああ。私の英語は、典型的タミールイングリッシュ（タミール語訛のある英語）だからね。初めてヨーロッパに行った時、ちゃんと通じるだろうか、って心配して緊張してたんだ。ホテルに着いて、フロントの女性にこのタミールイングリッシュで『チェックインをお願いします』と言ったら、彼女は目をぱちくりさせながら『Excuse me ?』と聞き直してきたよ」

ドクターはそう言いながら、そのフロントの女性の顔を真似て大きな目をぱちくりさせるので、私は大声で笑った。

「マドライの人たちの英語が独特な事を感じていました」

「タミールイングリッシュはね、独特だから『タミングリッシュ』と呼ばれるのさ」

そう言って彼は笑った。そのタミングリッシュとやらは、英語のネイティブスピーカーでさえ一回聞いただけではわからなかったと知って、安心した。

ショーが始まってからも蚊の攻撃は続き、体のあっちこっちを噛まれて、痒くてしかたがなかった。何匹も常に私の顔や腕の周りを飛び回っていて、耳元でブンブンと聞こえる音が神経を苛立たせ、ショーどころではない。私の前に2人の白人が座っていて、彼らも私と同様にずっと蚊を追い払っていたが、ついに我慢できなくなったらしく、席を立ってどこかへ行ってしまった。

私も今すぐに退散したかったが、折角連れてきてくれたドクターに申し訳なくて言い出せなかった。不思議な事にドクターを含め、辺りのインド人は全く蚊を追い払う気配がなく、平然と座っている。それからも暫く我慢したが、痒さと神経の苛立ちが我慢の限界に達した時、ついに切り出した。

「もうこれ以上蚊に我慢できません。ここを出てもいいでしょうか?」

ドクターはその言葉を聞いて意外そうな顔をした後、ゆっくり立ち上がった。

「10箇所以上蚊に噛まれました。見て下さい、この腕を」

「本当に?」

彼の驚きように驚いた。

「ドクターは噛まれなかったんですか?」

「私は一箇所たりとて噛まれてはいないよ。蚊は白い肌を好むんだ。だから、君の前に座っていた白人や、君ばかりが噛まれたのさ」

蚊が白い肌を好むというのは初耳であったが、中庭にいたインド人達が皆平然と座っていた様子を思い出すと、そうなのかもしれない、と思えた。知らなかった蚊の習性のお陰で私はその日、ずっと手足を掻き続けるハメとなった。

その後、我々はミナクシー寺院近くの小さな古いお寺へ入った。そこで私が見たものは、おびただしい数の足踏みミシンであった。まだ2人程薄暗い中でミシンをさかんに踏んで何かを作っていた。ここは廃墟となったお寺跡を仕立屋として使っているらしく、一本一本の柱に彫刻が施され、高い天井に絵もしっかり残っていて、まだお寺としても十分に復興出来そうな建物の中に、古いミシンが端から端まで一列にぎっしり並んでいる様子が珍しかった。昼間は多くの人がここで仕立屋としてミシンを踏んで作業しているそうだ。カースト社会ならではの光景であった。

夕食に、いかにも地元の店といった感じの食堂に入った。始めにウエイターが持ってきたのは、水の入ったコップと、大きなバナナの葉っぱであった。バナナの葉っぱはお皿代わりに使うもので、コップに入った水はお皿の表面を洗うためのものであった。ドクターは水を葉っぱの上に少量垂らし、手で水を伸ばしながら葉っぱの表面を拭いた。私は生水を警戒して、ミネラルウォーターで葉の表面を拭いた。それにしても、インド人は食事の前に必ず手を洗うし、こうして皿の表面も水できちんと洗って、意外と（と言っては失礼だが）清潔好きだ。

始めに出てきた料理は、お米から作られている「イドリー」という白い蒸しパンのような食べ物で、葉の上に盛られた茶色のドロッとしたソースにつけて食べると、なかなかいける味であった。それから「海老ドーサ」というお好み焼きのような食べ物が出てきて、朝食べたドーサとは全く違い、パン生地の上に海老や野菜などがのっている。その後、黒くて丸い塊がいくつか乗っている皿が運ばれてきた。

「この黒いものは何ですか?」

「ブレイン、ブレイン」

「ブレイン?」

「ああ」

ドクターはそう返事しながらそれをつまんだ。ブレインとは脳の事で、食べるには怖いものがあり、何の脳か聞いたが最後、食欲がなくなりそうであったので、何も聞かずに口に入れた。味はやや濃い目であったが、柔らかく（ちょっと怖い）、意外と美味しかった。ドクターが薦めるものは、とりあえず何でも挑戦しているうちに、かなり度胸がついてきた。それからも、ウタポン、バロータ、と違った種類のパンが次々に出てきた。北インドでは、カレーと一緒にナンばかり食べていたが、南インドへ来て、ナンの他にもパンの種類が色々あると知った。

マドライへ来てから典型的インド料理を食べている、という感じがする。「典型的インド」という印象は、食文化だけに限らず、全てにおいてその印象を受ける。北インドはムガール帝国のイスラム文化の名残があり、南インドでも、ケーララ州はヨーロッパの面影が残るが、ここマドライはイスラムもヨーロッパの影響も受けず、純粋なヒンドゥー世界に根付く「インドの中のインド」なのだ。この南インドに古くからある生粋のインド文化を、「ドラヴィタ文化」(土着民族ドラヴィタ人から来たもの)といい、タミールナドゥ州は、このドラヴィタ文化が全てにおいて色濃く見られる地域なのだ。それはミナクシー寺院の高い塔門に見られるようなお寺の建築スタイルであったり、スバンの踊る古典舞踊であったり、ドクターの奏でる西洋音符のない音楽であったり、食べ物もそのひとつと言っていいかもしれない。私はドラヴィタ文化を知って、この「インドの中のインド」を見ずして、インドを語る事は出来なかったのだ、と知った。

私はこの地がとても興味深くて面白く、ここは「カサブランカ」になって全てドクターの言う通りにし、ミャンマー行きを延ばし、彼の勧める場所に行ってみる事に決めた。

「南インドの文化は何もかもが本当に奥深くて興味深い所ですね。私は北インドより南インドの方がずっと好きになりました」

その言葉を聞いて、ドクターは「南インド自慢」を始めた。それを聞きながら、彼の話す「タミングリッシュ」も是非とも、ドラヴィタ文化と呼ばせてもらいたいものだ、と思わずにいられなかった。

コダイカナル観光

翌朝、6時に眠い目をこすりながら起きた。今日はドクターの弟夫妻が私をコダイカナルという町へ観光に連れて行って下さる予定になっていた。

昨夜帰った時間が遅くてお湯が使えず、シャワーを浴びる事が出来なかったので、シャワーを浴びようと蛇口をひねった。しかし水しか出てこず、暫く待ってもお湯は一向に出てこなかった。朝6時からお湯を利用出来ると聞いていたのに、この汗だくになる暑い地で、朝も夜もシャワーを使えないのはたまったものではない。今日帰ってきたら絶対に24時間ホットシャワーが使えるホテルに変わろう、と思った。

ロビーに下りると正面玄関に車が止まっていて、そこにドクターの他に3人が立っていた。3人のうちのひとりは昨日バイクでホテルに私を迎えに来てくれたドクターの弟、もうひとりはドクターの家で私の食事の世話をしてくれた義妹で、この2人が夫婦であると知った。あともうひとりは、今日ガイドを勤めてくれる、ドクターの知り合いらしかった。

車の後部座席には、ドクターの弟、義妹のデミー、私の3人が乗った。ドクターの弟は会社の経営者、デミーは大学の数学の先生で、Dr. の称号を持っていた。2人とも私のために仕事を休んで下さったと聞き、恐縮してしまった。

出発して30分ほど走った小さな町中で、朝食を食べるために車を降りた。店に入り、そこで私はドーサを頼んだ。出てきたドーサは、昨日の朝食べたドーサの形とは違い、とても薄い生地で、それをとんがり帽子のような形に巻いて皿の上に置かれていた。サクサクとした食感が何とも言えず気に入り、これもあっという間に食べてしまった。ドクターの弟はワダとイドリーを、デミーはプーリーを食べた。プーリーは、小麦粉から作った薄い生地をこんがりと油で揚げたもので、ぷっくりと膨らんでいて、とてもおいしそうだった。インドは朝食もバラエティーに富んでいる。

コダイカナルへの道中は山道であった。私は車中でデミーにコヴァーラムで食べた赤いバナナに感動した話をすると、彼女は、「この辺りで売っているバナナもとても甘くて美味しいのよ」と言って、山道の途中にある店でバナナをひと房買ってくれた。それは赤いバナナではなく黄色いバナナで、食べてみるととても甘くて美味しかったが、あの赤いバナナにはかなわなかった。

私はここであの赤いバナナを「バナナの王様」と決めた。あれより美味しいバナナは世界中どこを探しても絶対にないに違いない。もしあれより美味しいバナナがあるのなら、来世、私はそのバナナの木に生まれてもいい位だ。しかし、デミーが買ってくれたバナナも美味しかったのでその場で2本、ペロッと食べてしまい、デミーはそんな私の様子を見て、かなりのバナナ好きと思ったらしく、暫くしてまた車を止めてもらい、店でバナナをもうひと房買って戻ってきた。

「こっちの方が美味しいかもしれないわ。食べ比べてみるといいわ」

そう言われると食べたくなり、ここでもまた1本バナナを食べた。私は最近、まるでサルにでもなったかのようにバナナばかり食べている。今まで特にバナナが好きだったわけでも何でもないのに、30も半ばになってこんなにバナナにハマるとは、インドバナナの脅威を感じずにはいられない。

その後、私がココナッツウォーターを気に入っている話もすると、デミーはまた車を止めてもらい、ココナッツを買ってくれた。彼女は世話好きなので、私が欲しいという物はすぐに買ってきそうな勢いだ。

マドライに来てからもう何度もココナッツウォーターを飲み、バナナ同様にかなりはまっている。たまにあまり甘くない「はずれ」のものもあるが、大概が甘くてとても美味しく、何といっても飲み終わった後にあの白い実を食べるのが最大の楽しみだ。「赤いバナナ」「ワダ」「ココナッツの白い実」、これが現時点で私がインドでいちばんハマっている食物かもしれない。

それから私達は、山中の滝が流れる場所、キリスト教の教会（かなりドラヴィタ文化調キリスト像が飾ってある）、博物館、植物園を訪れた。

ガイドは私の一眼レフカメラを持ち歩き、写真を何枚も撮ってくれたが、写真を撮る前に必ず絞りとシャッタースピードを指定してくる。カメラの事をよく知っているようなので、こだわりがあるのだろう、と思い、彼が言うままに数値を合わせていたが、ある時カメラを触っていた彼が突然大声で私に叫んだ。

「ちょ、ちょっと見てください！」

どうしたのかと思い、彼のもとに飛んで行った。

「何とこのカメラは、絞りとシャッタースピードを自動的に合わせてくれるんです！」

「……」

「いいですか、見ていて下さい。このカメラのシャッターをちょっとだけ押すと、ほ～ら、自動的に数値が表示されているでしょう！」

「あ、いや、それは当然で、このカメラがオートフォーカスで……」

「あそこを撮るのにボタンを少し押すと……ほら、ほら！　また正しい数値が自動的に出てくる！」

興奮した彼は私の言葉が耳に入らず、嬉しそうに何度もボタンを半押しにして表示される数値を私に見せる。そのはしゃぎように、彼をそっとしておく事にした。いくらここがインドとはいえ、今時マニュアルオンリーのカメラなど売っていないと思うが、適正絞り値とシャッタースピードを設定できる位カメラに精通している彼のこの驚きは、もしかしてインドでは一眼レフはマニュアルオンリーしかないのだろうか、いや、この驚き方は、オート機能自体について全く知らなかった驚き方だ、この時代にそんな事が有り得るか、と葛藤を繰り返した。

先日も、見知らぬ人にシャッターを押してください、と言ってカメラを渡し、ポーズを取った時、その人が親指をシャッターにかけたので、思いっきり、体の力が抜けたことがあった。とにかくインドは想像もしない事を言ったり、されたりして驚く事が多く、退屈しない。

その後、1時間程車で山を登ったところに、忽然と大きな町が現れ、沢山の人で賑わっていた。ここがコダイカナルで、山頂にあり、多くの人が避暑に訪れるそうであった。確かに山頂だけあって、少し肌寒い位であった。

ここで、昼食にホテルのレストランに入ったが、大きなテーブルが空いておらず、私はデミーと2人でテーブルについた。

彼女に、マドライへ来る時の寝台車の上のベッドに上がるのが大変だった話をすると彼女が言った。

「上の寝台しか取れなかった時は、下のベッドの男性に替わってもらうのよ。女性が上のベッドに上るのは大変だから。替わってもらうのはよくある事よ」

やはり、女性が上のベッドによじ登ったりしないのだ。

ドクターバスカーラが私を「カサブラカ」と言った話もすると、

「それはあなたの行動の方が正しいわ。普通は迎えの人が来るまで待ち合わせ場所で待っているものよ」

と言われて安心した。デミーに限らず、タミール人女性はものの考え方や感覚が、日本人女性ととてもよく似ていると感じる。

「デミーはお見合い結婚ですか?」

「そうよ。私の叔母が縁談を決めてきたの」

「普通、お見合いしたら、有無を言わさず結婚させられるんですか?」

「互いが会ってみて、それからお互いの家族が会って、それで決めるわね。でもそれまでの期間は短くて、私は主人と1回会っただけでどうするか決めさせられたわ」

「インドはカーストが結婚の際、重視されると聞きましたが」

「普通は同じカースト同士で結婚するわね」

「カーストについては、皆不公平感を持たないんですか?」

「カーストが低い人はそれなりに国から援助を受けられるの。税金の免除や、教育費、列車などの乗り物も割引料金が適用されたりするしね。政府経営の会社はハリジャンの人達用に雇用枠を確保しているし。ただそういった人たちが民間企業に就職するのはまだ難しいわね」

インド人に職業と会社名を言うと、その会社は民間企業か、政府の会社か、と大抵の人が聞いてくる。「民間企業だ」と答えると、「ラッキーですね」とか、「それはいい会社ですね」と言われ、その理由を給料がいいという認識からか、と思っていたが、民間企業に勤められる事自体、ある程度のステータスである証明だからなのだ。

「デミーの子供達が、カーストの低い人と結婚する、と言ったら反対する?」

「私は本人達さえよければそれでいいと思ってるわ」

保守的な南インド女性の代表のようなデミーが、そんな風に考えているとは意外であった。インドもカーストに対する考え方がある程度緩やかになり、変わりつつあるのだろう。

昼食後、歩いて山の展望台に行き、そこから晴れ渡った空の下、段々畑が広がる緑豊かな景観、連なる山々、切り立った崖、山麓にある白い家の集落が見渡せた。

その後、車で大きな湖へ行き、デミー夫妻と私の3人でボートに乗った。バックウォーターと違って、視界を遮るもののない、広々とした湖上で、豊かな自然の景観を楽しみながらボートに乗るのは、とても気持ちが良かった。「ボートを漕いでみる?」と言われてオールを渡されたが、最近の運動不足が祟《たた》って、ちょっと漕ぐとすぐにバテテ弱音を吐く私を、2人は声を出して笑いながら見ていた。

2人とのボート上での心温まるひと時は、このコダイカナルの旅でのいちばんの思い出となった。

マドライに着いたのは8時を過ぎていたが、それからデミー夫妻に手伝ってもらってホテルを移動した。朝、ドクターバスカーラにホテルを変わりたいと言っていたので、彼がその手配を全て済ませていてくれた。

移動したホテルは出来て間もなく、ロビーはまだ新しく、綺麗であった。お湯が24時間利用できるかをドクターの弟がフロントの男性にタミール語で確認し、私も英語で念を押し、それからチェックインをした。

部屋は広々としたジュニアスイートで、可愛らしいインテリアで清潔感もあり、ひと目見てすぐ気に入った。前のホテルより安い（4、500円）のに、部屋は数倍いい。デミー夫妻は部屋に一緒についてきて、私がこの部屋を気に入った事に安心した表情を浮かべた。

「私達はもう帰るけど、明後日よかったら私達の家に夕食を食べに来ない？」

「喜んでお邪魔させて頂きます」

「何が好きかしら？　辛いものは駄目だったわよね」

どうしてインドで出会う人達は皆が皆、こんなに人がいいのか、と思った。

「今、ルームサービスを頼みますから、ここで一緒に食事しませんか？　今日のお礼にご馳走させて下さい」

「ありがとう。でも今日は帰るわ、明後日一緒に私達の家で食事をしましょう」

〈それじゃあ、何のお礼にもならない……〉

彼らは今日の観光の間も私から一切お金を受け取ろうとしなかった。どうしても彼らにお礼がしたかったので、何か欲しいものを言って欲しいと頼むと、「いちばん安い価値の日本のコインを、外国のコインを集めている息子のために欲しい」と、とても控えめなお願いを言った。日本のコインと、たまたま財布の中に入っていた4カ国のコインをいくつか渡すと、「息子にとって今日はとてもラッキーな日になるわ」と言って喜んでくれた。私には何でも買って良くして下さるのに、自分達はいつも質素で控えめで、彼らの人間性に敬意を感じた。

2人が帰った後、ドクターバスカーラに電話をすると、私が食事がまだだと知り、食事に連れ出すためにホテルに来てくれた。彼もまた本当によく私の面倒を見て下さり、どんなに感謝しても感謝しきれない位だった。

食事から帰ったのは11時すぎで、シャワーを浴びようと蛇口をひねったが、いくら待っても水しか出てこなかった。ハウスキーピングに電話をすると、部屋に男がやってきて言った。

「マダム、ノーホットウォーター」

「は? お湯が出ないって事?」

「イエス」

「どうして?」

「ノーホットウォーター」

彼は英語が話せず詳しい事がわからないので、英語の話せる人を連れて来るように頼んだ。そしてやってきた男性が、これまたたどたどしい英語で言った。

「この時間、お湯、使えません」

「でも、フロントでは24時間お湯が使える、と言われたんですけど」

「お湯は夜10時まで、朝、5時から」

驚いた私はすぐにフロントに電話をしたが、誰も出なかった。もし24時間ホットシャワーを使えなかったら詐欺だ、と思い、部屋を飛び出し、階段を駆け下りた。フロントにいたのは、チェックイン時にその事を確認した男性とは違う人であった。

「このホテルはお湯の供給は24時間ではないのですか？」

「マダム、お湯が使えるのは朝の５時から夜10時までです」

昨日からずっとシャワーを浴びられず、そのためにわざわざホテルを変えた私の怒りは爆発した。

「チェックイン前に、ホットシャワーは24時間使えるか何度も確認したのに、チェックインしてからお湯は24時間使えないって言うなんて、どういう事ですか？　私は夜帰ってくるのが遅いし、朝も早いので、ホットシャワーを24時間使えないと困るんです。始めにそう言われていたら他のホテルを探していました！」

「そういった説明をフロントの者がしたなら、お詫びします。しかし、この時間は客室へのお湯の供給をもう止めてしまっていて、それを再び開く事は出来ないんです。下で必要なだけバケツにお湯を用意して、お部屋に運ばせて頂きます」

バケツにお湯を用意するなんて、聞いた事がない。

「バケツって、髪も洗うからかなりの量のお湯が必要なのよ」

「大きなバケツがありますから、十分なお湯を運べると思います」

「そのバケツは清潔なもの？」

「はい、絶対に清潔です」

このインドで、清潔で綺麗なバケツなど見た事がない。何に使ったかわからない古びたブリキのバケツで持ってこられるのが関の山だ。しかし、この汗と埃まみれの毎日で、２日もシャワーを浴びずにはいられない。

「わかりました。とりあえず、それを運んできてもらいます」

「バケツ何杯ぐらいご用意すればいいでしょうか？　かなり大きなバケツです」

「じゃあ、3杯ほど」

「かしこまりました、マダム。すぐに部屋に運びます」

　彼は背筋を伸ばしてそう言った。

　部屋に戻り、一体どんなバケツでお湯を運んで来るのだろうかと思っていると、それから10分もしないうちに、部屋をノックする音が聞こえた。ドアを開けると、さっきのフロントの男性が腕まくりをして立っていて、その横にお湯のたっぷり入った大きなバケツが置いてあった。彼の後ろには、下働きの男性2人と、同じバケツが見えた。

「お湯をお持ちしました」

　彼は額に汗を一杯かいていた。バケツは想像と違い、まだ真新しいと思われる白いプラスチック製の清潔なもので、これなら大丈夫だと思った。

「バスルームまで運んでもらえますか？」

「かしこまりました」

　彼は重そうにバケツを持ち上げ、バスルームに運んだ。それに続いて小柄な2人の男性も、それぞれ両手でバケツの取っ手を持ってバスルームに運んだ。バスタブの傍にはたっぷりお湯の入った大きなバケツが3つ並び、なんだか妙な光景であった。お湯に手をつけてみるとしっかりと熱く、久しぶりに熱いお湯に触ったので、とても気持ちよく感じた。

　彼らが去った後、そのバケツのひとつをバスタブの中に置くために持ち上げようとしたが、かなりの重さで、とても容易には持ち上げられなかった。こんな重いバケツを下から運んできたから、あんなに汗をかいていたのだと知り、自分がとても我儘を言ったように思えた。

やっとの思いでバケツを持ち上げてバスタブの中に置き、バスルームに備えつけてあったプラスティック製の手桶でお湯をたっぷりすくって体にかけると、まとまったお湯を一気に体にかけられるので、シャワーよりよっぽど気持ちが良かった。お湯の温度も完璧なまでに丁度良く、これは明日もバケツのお湯の方がいいかもしれない、とすら思った。

お湯をたっぷり使って難なく体と髪を洗え、予想以上に気持ちよくバスルームから出た私は、すぐにフロントに電話をした。

「お陰で、とってもさっぱりしました。ありがとう」

「マダム、お湯は足りましたか?」

「はい」

「それはよかったです。ところで明朝、目覚ましコールは必要ですか?」

「そうだ、6時半にお願いします」

「かしこまりました。コールと共に紅茶をお持ちします。他に何か私に出来る事はありますか?」

気の利《き》く応対に感心した。

「あなたの名前を教えてもらいたいかな?」

「メルィンといいます」

「ありがとう、メルィン」

今日も爽やかに一件落着。インドはトラブルが多いが、それを乗り越えて行くのが痛快なのだ。

ダンジャバール・世界遺産

朝6時半にメルィンからの電話で起こされた時は、眠くて気を失いそうであった。しかし、その後すぐに運ばれてきた熱いマッサーラティーを飲むと、一気に目が覚め、元気が出てきた。マッサーラスパイスは、目を覚ますのに非常に効果的なようだ。

7時半にドクターがホテルにやってきた。今日は世界遺産の寺院があるダンジャバールという街へ、ローカルバスに乗って行く予定となっていた。昨日ドクターにその事を言った際、マドライから4時間もかかる所にローカルバスで行くのは快適ではない、と反対されたが、4時間位ならバスで全然問題ない、と言い、朝バス乗り場まで送ってもらう事を頼んでいた。

バスターミナルに向かう途中、運転していたドクターが突然少し前かがみになって外を見たかと思うと、叫んだ。

「ダンジャバール行きのバスだ、車の窓を開けて手を振りなさい！」

窓の外を見ると、丁度バスが私達のすぐ横を走って追い越して行った。私は急いでウインドウを降ろし、バスのサイドミラーに向かって手を振った。ドクターの車のクラクションと、手を振る私に気づいたドライバーがバスを止めた。

「お寺があるのは、終点のひとつ前の停留所だから、降りる所に気をつけて。帰りのバスの時間がわかったら、電話して来なさい」

返事をしながら急いで車を降り、バス停でも何でもない道路の中央でバスに乗り込むと、車から降り立って心配そうにこっちを見ているドクターに手を振った。彼がいなければとても出来なかったバス乗り技だった。

ダンジャバール行きのバスはエローラに行った時と同じようなオンボロバスで、料金は35ルピーとかなり安かった。ダンジャバールまで2回パーキングエリアに止まり、そこで必ず食べ物売りの少年がバスの中にやって来た。1回目のパーキングではワダを、2回目のパーキングではカットされたパイナップルがビニールに入って売られているものを、両方共10ルピーで買った。これがインドに来たばかりの頃なら、外国人がこんな所で売られているものを食べても大丈夫かと心配したであろうが、ここまで20日間の滞在の中で、恐る恐る色々なものを食べているうちに、食べても大丈夫、と判断出来る範囲が大分広がった。そうなると、かなり経済的にインドですごせるようになってくる。私はまだ一度もインドでお腹の調子を崩していない。インドは、そんなに不衛生な国ではなく、水と、土に直接触れる生野菜に気をつけていれば、大丈夫なような気がする。まだミネラルウォーターが普及していない時代に、インドに来たら大変だったかもしれないが、今は水に困る事もない。

タミールナドゥ州でマドライ以外の街に行くのは初めてなので、外の景色を眺めているとちっとも退屈しなかったが、3時間を越えた辺りで、背中とお尻が痛くなってきた上、バスの揺れ具合にいい加減気分が悪くなってきた。

今まで訪れたどこの国でも、4時間位のバス移動を苦痛に感じなかったので、ドクターに反対された時、何の問題もないと思った。しかしそれはこの国をまだまだ甘く見ていた。道が悪いために車体はたびたび上下左右に揺れ、シート座面のクッションが薄っぺらいので、その振動がかなり伝わってくる。硬い背もたれは肩甲骨の下位までしかなく、同じ所がずっと当たっていると痛くなってくる。この状態は私には3時間が限界で、残りの1時間はかなり長く感じられた。帰りもこれと同じ思いを

ダンジャバール　ブリティーシュワラ寺院

しなければいけないと思うと、マドライがとても遠くに感じた。

4時間程走ったところで大きな街中に入り、写真で見たのと同じ、大きく立派なお寺の塔門が見えた。即座にこれがダンジャバールのお寺だ、とわかり、そのお寺を過ぎた所の停留所でバスを降りた。

世界遺産に登録されているブリディーシュワラ寺院は、南インドで11世紀に最盛期を迎えたチョーラ朝の代表的建築物で、ドラヴィタ文化独特の形の塔門を持っている。マドライで見られるカラフルな神体彫刻はなく、少し離れた所からこの寺を見た時は、多少質素な印象を受けたが、近くで見ると石の塔門の彫刻の数々は素晴らしく、重厚感もあった。この寺はラジャラジャーンという、とても強く、賢く、武力に長《た》けた王様によって建てられたシバ寺院で、塔門をくぐると、これまで見た事のない程巨大なナンディ像が祀られていた。

本堂の塔はかなりの高さがあり、その先端まで彫刻がびっしり施されている。この寺の塔にふんだんに使われている大きな石の数々をここまで運び、積み上げて寺を造った方法、何十トンもする重い大きな石を、高い本堂の塔のてっぺんに乗せた方法などが長く謎であったが、近年の研究で、象を使ってここまで石を運び、積み上げたという説が有力となっている、と聞いた。

寺の外壁の彫刻は素晴らしく、回廊の壁に見られるカラフルな色彩のフレスコ画も興味深かった。しかし、ここには自称ガイドがおらず、観光客もまばらで、世界遺産の遺跡らしい賑わいのない寺であった。

ダンジャバール王宮「ダルバールホール」

お寺の見学後、王宮跡にオートで行った。そこのダルバールホールはカラフルな室内装飾がとても綺麗で、しばしそこに座って眺めていた。

ここは博物館と美術館も併設されていて、それらの見学を終えると2時半であった。ドクターに電話をしてお薦めのレストランを聞いた際、マドライまでデラックスバスが出ているので、帰りはそれに乗って帰る事を勧められた。デラックスバスがあるなら絶対にそれに乗った方がいいと思い、昼食後、ガイドブックの簡易な地図を頼りにツーリストインフォメーションへ向かった。

ガイドブックの地図通りの場所に行くと、そこは交番のような小さな建物で、入り口に人がたくさん群がっていた。

〈出た、サバイバルインド！〉

この人ごみに割り込まなくてはいけないのかと気後れしながら立っていると、私に気づいた群集のひとりが何かを言い、すると皆が私の方を振り向き、ツーリストインフォメーションへの道を開けてくれた。建物の中から男性が出てきて私に手招きをし、この群衆は何のためにここに群がっているのか、と不思議に思いながら中に入った。

中には3人の男性が何をするでもなく座っていた。ポスターのひとつも貼ってなければ、パンフレットの1冊も見当たらず、小さな机がひとつ置いてあるだけで、もしかして全く関係ない場所に入って来てしまったのだろうか、と心配になった。

「あの、ここはツーリストインフォメーションですよね？」

「そうだが。君はどこから来たのかね？」

ひどい英語の発音であった。

「日本です。今からデラックスバスに乗ってマドライへ帰りたいと思っているのですが、どこから、何時に出るのかわかりますか？」

「デラックスバス？　聞いた事ないなあ。ニューバスターミナルから沢山バスは出ているが」

「調べる事は出来ませんか？」

「出来ないな」

それでもツーリストインフォメーションか！　と言いたいところであったが、This is Indiaだ。諦めて立ち去ろうとすると、彼らは私を返すまいとするかのように、次々に個人的な質問をしてきた。ひどい英語で、私が答える内容も殆ど理解していない感じだが、次々に質問してくる。この辺りの観光について聞いても殆んど何も知らず、どうやらここはツーリストインフォメーションではなく、外国人の私が珍しくて話をしようと招き入れただけ（いかにもインド人らしい）のようであった。暫く彼らにつきあって話をしたが、結局最後まで、ここが何のためにあるものなのかわからなかった。

そこからオートに乗ってニューバスターミナルへ行った。ニューバスターミナルというからには、少しは新しく、綺麗なバスターミナルなのかと思ったが、古めかしい建物で、停まっているのも、朝乗って来たようなオンボロバスばかりであった。インドの「ニュー」とつくものにあまり期待しないほうがいい。たいして綺麗でも、最新の設備が整っているわけでも全くない。

ここは英語が殆んど通じないので、下手にデラックスバスなど探そうとせず、何でもいいからとにかく早くマドライへ帰ろう、と思い、ちょうど10分後にマドライ行きのバスがあるとの事で、それで帰る事にした。

バスの中で2時間位ずっと眠っていたが、行きと同様に最後の1時間はかなり苦痛で、長く感じられた。起きていても、寝ていても、このバスが体に与える疲労度は変わらないのだ。ここインドでは、料金の安い乗り物は、技術の発達した乗り物に乗っている先進国の人間にとって、ハードな乗り物であるという結論に漸く達した。

マドライのバスターミナルには8時半に到着した。バスを降りて待合所の方へ歩いて行こうとすると、ドクターが行く手を遮るように目の前に現れた。彼はいつも洋服を着ているが、初めて民族服の綺麗な青いクルタを着ているのを見て、何だか別人のように見えた。

「こんなバスに往復9時間も乗って、さぞかし疲れただろう。明日からの観光は車にしなさい」ドクターに会ったら真っ先に言おうと思っていた言葉を、私の心の中を読んだかのように先に言われた。彼はこの事を知っていたから反対したのだ。カサブランカの私らしく、言う通りにしておけばよかった。

「お腹は空いてないかい?」

「お腹も空きましたし、喉も渇きました」

「何か飲みに行こう。来なさい」

ドクターの顔を見てホットすると、このバス旅の疲れも忘れ、急に元気が出てきた。

彼は私を果物と野菜が売られているスーパーに連れて行った。インドでスーパーを見たのは初めてであった。カーストがあるので、インドは全て個人商店で、スーパーなるものは存在しないと思い込んでいた。中に入ってみると、ここまで綺麗に並べなくても、と思う位整然と果物や野菜が並べて売られていた。インド人は意外と(と言っては失礼だが)几帳面だとたびたび感じる。

スーパーを出ると、入り口のところにバナナが吊るされているのが目に入り、黄色と赤いバナナの他に、黒い(正確にはこげ茶色)バナナまであった。黒バナナはこれまた初めて見る色のバナナで、触ってみるとしっかりと固い。

「こんな色のバナナ、初めて見ました。美味しいんですか?」

「試してみるといい」

彼は黒バナナと私の好きな赤いバナナをひと房ずつ買ってくれた。

そのスーパーの外側の一角にフレッシュジュースを売っている店があり、店先に沢山のフルーツが並べられていた。ドクターはそこで赤色の飲み物を作ってもらい、「ストロベリージュースだ」と言って私に渡した。「ストロベリージュース」とは、喉が渇いていなくても魅力的な飲み物なのに、喉が渇いている時に、絞り立ての泡を浮かべてグラスにたっぷり注がれているのを見ると、かなり生唾ものだ。取り忘れたストローをもらいに行ったドクターが戻ってくるのを待ちきれず、ひと口飲んだ。すると、新鮮なイチゴの味が口の中に優しく広がって行き、冷たい上に甘さも程良く、体に滞留している疲れがみるみる溶けていくような美味しさであった。ジュースでこんなに生き返る事が出来るなら、ビールがこの世からなくなってもいい位だ。南インドのフレッシュジュースは半端でなく美味しい。

それから食事に連れていってもらったが、これがまた変わっていた。インド版ドライブスルーというか、屋台の傍に車で乗りつけると、店員がすぐに寄ってきて、オーダーを聞き、暫くすると紙皿にのせられたお好み焼きのような料理が車に届けられた。適当なタイミングで店員が追加オーダーを聞きに来るし、飲み物も運んできてくれる。インド版ドライブスルーは中々のヒットであった。

ホテルへの帰り道、ドクターが言った。

「明日だが、ラメシュワラームへ観光に行くといい。もう車は手配しておいた」

ガイドブックの地図を開くと、その地はスリランカに程近い、突き出した岬にあった。街についての説明のページを開くと、そこに載っているヒンドゥー教のお寺に目が留まった。寺内の長い回廊に、ひとつ一つカラフルに色付けされた大きな人の彫像が施されている柱が並んでいる様子が珍しく、すぐに実物を見てみたいと思った。

「ラメシュワラームの近くに海に浮かぶ無人島があって、そこは政府の所轄で一般の観光客は申請なしには立ち入れないんだが、私が許可をとっておいたから、君は明日そこも訪れる事ができる。船で行く途中、海に潜って魚を見たりもできる。夜は、帰って来たら弟の家に私も一緒に行って食事をするから」

全く行く予定にしていなかった街に加え、無人島ツアーと聞いて楽しみになった。

ホテルに戻ったのは10時半で、フロントにメルィンはいなかった。しかし、部屋に戻ると、すぐに電話のベルが鳴り、彼からであった。

「マダム、こんばんは。今日もお湯を部屋に運びましょうか？」

「明日も早く出かけるので、悪いけど今日もバケツに3杯お願いしてもいい？」

「かしこまりました。すぐにお持ちします、マダム」

いつも彼は対応がきびきびしていて気持ち良い。その10分後、腕まくりをしたメルィンと2人の下働きの男性がバケツと共に現れ、バスルームにお湯を運んでくれた。

お風呂から上がると、また電話のベルが鳴り、メルィンからで、明日の目覚ましコールの時間を聞いてきた。いつも電話をかけてくるタイミングが絶妙だ。

このホテルはタージやオベロイのような5つ星ホテルではない。しかし、彼のホスピタリティー（もてなし）は、5つ星以上であった。私もサービス業に携わる人間なので、「人に感動を与えるサービス」というものがいかに難しいかを良く知っている。でもそれを簡単にやってのけてしまうのがインドの人々なのだ。私はインドにいると、自分に劣等感ばかり感じる。初めてインドに来た時、感謝せずにはいられなかった、先進国の人間である事など、何の自慢にもならないと日々思い知らされていた。

天国の入り口

翌朝5時半に、メルウィンからの電話と、その直後に運ばれてきたマッサーラティーの力を借りて何とか起きあがった。朝食にバナナを食べようと、昨日ドクターに買ってもらった黒バナナを袋から取り出した。楽しみに皮をむこうとすると、普通のバナナのようにスルスルと剝けず、皮が実にしっかりとくっついている。何とか皮を剝けた部分をかじってみると、硬い上に渋く、かなりのまずさで、思わず口から出した。インドへ来て、世界一美味しいバナナと、世界一まずいバナナの両方に出会ってしまった。この黒バナナはまだ熟していないか、何か違う方法で食べる物なのかもしれない。すぐに口なおしに赤いバナナを口にすると、ほっぺたがおっこちそうになる程甘くて美味しかった。やっぱり赤いバナナが王様だ。

下に降りると、既にドクターもタクシーも着いていた。ドクターは傍に立っている20代後半の男性を紹介した。

「こちらが今日、君の観光ガイドをしてくれる私の知り合いだ」

彼の名前もまたとても長くて覚えられなかった。ドクターの奥様の名前も、デミーの正式名も見た瞬間に読む気もなくなる位長い名前であった。マドライにいる時程、英語に「you」という代名詞がある事を有難く思った事はない。

タミール人の名前について知って驚いたのは、彼らの名前には苗字がなく、ファーストネームしかないのだ。だから、結婚したからといって名前が変わる事もなければ、誰と誰が家族であるかもわからない。ドクターバスカーラの名前は「バスカーララジャーン」でひとつの名前で、これがファーストネームにあたる。名刺には「Dr. Baskara Rajan」と書かれていたので、日本と同じで苗字が先に来るインド人の名前を思い、「ドクターバスカーラ」と呼ぶようになったが、それは変な呼び方だったのだ。もうそのままで呼び続けているが。

車が走り出して暫くして、強いオレンジ色の光に気づき、顔を上げると、車のフロントガラスから真正面に、真っ赤な朝日が見えた。すぐさま車を止めてもらい、降りると、そこに朝の澄んだ空気の中に、その真実の姿をついに惜しみなく現し、自分こそが万物の長であると思いしらせようとするかのような、見たこともない位大きな太陽が、大地をオレンジ色に染めながら昇って行く姿があった。

道幅より大きなその太陽を背に、2頭の牛と、ゆっくり荷台を引く男の姿が道向こうから浮かびあがってきた時、自分が太古の世界にタイムスリップしたのでは、という錯覚に陥り、もしかしたら、この道の先はもう現世ではないのかもしれない、とすら思えた。もし天国の入り口なるものが本当に存在するのであれば、それは三途の川を渡ったところでも、花畑の中でもなく、ただ真っ赤で美しく、とてつもなく大きな太陽に続いている道の先にあるのかもしれない。そんな思いに囚われながら、私はその場に立ち竦んだ。

私達はしばらく朝日に向かって、強いオレンジ色の光の中を進んでいった。人、動物、行き交う荷車、全てのものが光の中で、スローモーションのようにゆっくりと動いているように感じ、自分が太古の世界にいるという錯覚からなかなか抜け出せずにいた。インドには、もうこれ以上素晴らしい光景は見られないだろう、と思う位感動しても、次々とさらに素晴らしいものが現れる。朝日はあっという間に空高く昇ってしまったが、その余韻と感動は私の元をなかなか去らなかった。

マドライを出発して3時間たったところで、漁村に到着した。ガイドは、ここから船に乗って無人島に渡る事を告げた。水着に着替える場所があるか彼に尋ねると、どこかへ行ってすぐに戻ってきた後、私を1軒の民家に連れてゆき、ここで着替えさせてもらえる、と言った。ガイドの知り合いの家でも何でもないらしく、あまりに厚かましくて躊躇したが、その家の男性が私を快く中に招き入れてくれたので、そこで着替えさせてもらった。

着替えた後海岸に戻ると、ガイドは車から運んできた鞄の中からシュノーケル用のスーツを取り出し、私に渡した。まだ真新しく、こんなものがこのインドにあるのに驚いた。そのスーツを水着の上から着ていると、人が集まってきて、かなりジロジロ見られた。

船は手漕ぎではなくエンジン付きボートで、４００ルピーで借りられた。ボートには私とガイドの他に2人の男が乗った。

海岸を離れた当初は、空が曇っていたが、沖に出る途中でにわかに晴れ上がり、それと同時に海の色がエメラルドグリーンに近い緑色になった。透明度が高そうで、これなら結構魚が見られるかもしれない、と期待が高まった。しかし岸から30分程沖に行ったところでガイドと一緒に海に入ったところ、魚は全くいなかった。

しばらく魚を探して泳いでいると、少し離れた所にいるガイドがこっちに来いというジェスチャーをした。魚がいたのかと思い彼の方に泳いで行くと、彼が海中で指差した先にいたのは、たった一匹の普通の魚であった。私は、思わず泳ぎのバランスを崩しそうになるぐらい、ガクッときた。

「もっと沢山魚を見られるポイントはないのですか？」

少し不満げに言った。

「以前は、この辺は珊瑚が沢山あって、魚も沢山みられたんだけど、地球の温暖化で珊瑚が死んでしまって魚もいなくなってしまったんです」

言い訳のようにも感じながら船に戻ってポイントを移動し、再び海に入ってガイドと共に魚を探して泳いでいると、魚が現れ始めた。そこで沢山ではないが何とか魚を見る事ができたので、納得して船にあがった。私に付き合ってずっと泳いでいたガイドはかなり疲れた様子で、ぐったりしていた。

その後、私達は無人島に向かった。行く手に3つの小さな島が見え、そのうちのいちばん大きな島がマナリ島、次に大きいものが突然新しく現れたマナリコピ島、その後、新たに3つの小島が見えフォーマルチャ、フリワーサ、フリーサレという名前であると教えてくれた。

船はシュノーケルのポイントから20分位のところで、ファーラ島という無人島に近づいた。海面が浅くなって、船がそれ以上進む事が出来なくなり、私とガイドは船を降り、島まで歩いた。海はまるで真水のように透き通っており、波のない海底の白い砂に私達の影がくっきり映っていた。見渡す限り透き通った美しい海の中で、私は思わず叫んだ。

「天国みたい！」

島に向かって浅瀬を歩いたが、海水の温度が高く、しばらく浸かっていたい気分になった。

ファーラ島の砂浜は真っ白でまぶしく、潮が引いた砂の上には沢山の貝殻があり、鳥達が舞い降りてきて啄《ついば》んでいる。島には木々が密集して生えていて、中には入り込めなかったが、鳥達が生息しているようで、あっちこっちで鳴き声が聞こえた。

360度エメラルドグリーンの海、浅瀬の透き通った水、所々に浮かぶ小島の木々の緑、真っ白な砂浜、青い空。どれもが汚された事のない、自然の自然の色をしていて、息が止まりそうになる位美しい景色の中に佇みながら、もしかしたら私は、あの朝日に向かって道を走っていて、いつのまにか天国の入り口をくぐっていたのかもしれない、と思えた。この場所で見られる朝日と夕日はどんなに綺麗なのだろうか。その時、太陽はどれだけ大きく見え、どれだけこの海と空は真っ赤に燃えるのだろうか。その瞬間、間違いなくここは天国になるに違いない。

ラメシュワラーム

岸辺に戻ってきた後、私達はシャワーを浴びられる場所へ向かった。ガイドは、近くの小さなホテルの空いている部屋で、シャワーを使わせてもらおうとあてにしていたらしいが、生憎そのホテルは満室で断られた。もう一箇所心当たりがあると言って連れていってくれた場所は、かなり古い建物のロッジであった。そこの空いている部屋で、水でシャワーが浴びられる、と言われ、少し寒いかもしれないが、何も浴びないよりはましと思い、シャワーを借りることにした。

しかし、宿の人が案内してくれた部屋に入った瞬間、今まで見たこともないくらい汚い部屋に愕然とした。女性にはとてもではないが、泊まれそうにない部屋だ。恐る恐るバスルームを覗くと、トイレからもう少し離して欲しい、という距離に錆付いたシャワーがついていて、なんだか水が出てきそうにない雰囲気だな、と思いながら蛇口をひねると、案の定水は出てこなかった。その真下の私の腰位の位置に蛇口が付いていて、そこからは無事に水が出て、体を屈めれば何とか水を浴びる事は出来そうであった。しかし、トイレの便器に体が接しそうな位すぐ傍での水浴びだ。

私のインド旅行もついにここまで来たか、というサバイバルなものになってきた事に一瞬納得出来ない気持ちに陥ったが、すぐにもう何でもいい、死ぬわけでなし、と思い、水を浴びることにした。立て付けの悪い部屋の扉に必死で鍵をかけ、バスルームに入った時、まったく、さっき見たのが天国の入り口なら、ここは地獄の入り口か、と思った。

ラメシュワラーム海橋線路

水は生ぬるく、震えることなく髪と体を洗えたが、体をかがめなくては水を浴びられないので、体を洗い流すのは背の高い私にはひと苦労であった。傍の便器に触れないよう、見ないようにして何とか水浴びを済まし、服を着ると結構さっぱりとした。

ロッジの外に出ると、ガイドが待ち構えるように立っていた。

「シャワーはちゃんと浴びられましたか？」

「刺激的な体験でした」

私の返事に彼は深刻な顔をして詫びるので、慌てて冗談だ、と打ち消した。彼はとても真面目なタイプなのだ。

次の場所に移動する途中に通った海橋の上で、車を降りて橋の下を見ると、綺麗な青い海のすぐ上を走る単線の線路が見えた。電車に乗ってここを渡るのは、海の上を走っているかのようでさぞかし気持ち良いだろう。

そこからさらに30分走って丘の上にあるヒンドゥー教の小さな寺院に到着し、その寺のテラスか

ラメシュワラーム　沐浴の海辺

ら見渡せるラメシュワラームの景観に感激した。木々で覆われた緑の大地の向こうに、青々とした海が広がっている。ラメシュワラームをマドライのような古い門前町とイメージしていて、こんな美しい緑と海の景観を持った町であるとは想像もしていなかった。

その後町中の海岸へ行くと、沐浴をする人々の姿が多数見られた。皆ここで身を清めて、それから寺院へお参りにゆくそうだ。

女性はサリーを着たまま海の中に入っていて、男性は服を着たままの人もいれば、腰に布を巻いただけで上半身裸で海に入っている人もいる。女性たちは顔を何度も水面につけたり上げたりし、サリーも髪もびしょぬれになっていたが、その姿が何かとても美しく感じた。

沐浴の海辺の近くに、有名なラーマナータスワーミ寺院というラーマ神を祀った大きな寺があった。塔門はドラヴィタ様式にしては彫刻が少なく、多少質素な印象を受けたが、中に入ると、大きく、カラフルな人の彫像を伴った大きな柱が、長い回廊に整然と立ち並んでいる様子が実に素晴らしかった。

ここもヒンドゥー教徒以外は本殿に入れないとガイドブックに書いてあったが、サリーを着ていなくても中に入れた。ガイドと共に人波を掻き分けて、本堂に祀られた神様に祈りを捧げた。今や私にとって、ヒンドゥーの神々は一生懸命に祈りを捧げる対象で、主祭壇のある本堂まで入らないと気が済まないが、本堂の中はいつも薄暗く、あくまで祈りを捧げる場所で、回廊に施されているような豪華な彫刻類は殆んど見られない。ヒンドゥー教徒以外の一般観光客は、美しい回廊を歩いている方が興味深いだろう。

日差しがオレンジの色味を増しながら傾いてゆく中、コザンダラマール寺院という海辺の傍にある寺を訪ねた。寺の中には、猿神「ハヌマーン」の活躍（叙事詩「ラーマーヤナー」で、ラーマ王の妃シータが、魔王に誘拐されてスリランカに連れて行かれた際、猿軍団将軍ハヌマーンがその奪回に大活躍する）の絵が多数飾ってあり、ここも「ラーマ一族」の寺であった。2階のアーチ型のバルコニーから海と緑の景観が遠くまで望め、私もオレンジ色に染まりながらその景色に見入った。

そこを出ると、ひたすら漁村を走った。浜辺には延々と簡素な漁師の家が続く。

夕日が海に沈む景色を見たくて、途中で車を降り、砂浜に降り立った。海にはまだいくつもの船の黒いシルエットが浮かびあがっており、赤い夕日がその合間に落ちてゆく。その光景は、印象派の絵のように、何ひとつくっきりした形はなく、ぼんやりとした輪郭で静かにゆらめいていた。

夕日が沈んだ後のほんのり赤い空と、ほんのり赤い海は、空と海を燃えるように真っ赤に染める派手な夕暮れとはまた違う、少し寂しげな漁村の風景とマッチしていて、心に染み入る光景であった。

神々の国

マドライに着いたのは10時を過ぎていた。ドクターの病院に着くと、執務室に駆け上がった。

「随分、ゆっくりしてきたんだね」

珍しく眼鏡を掛けて書類に目を通していたドクターは、眼鏡をずらして私を見ながら、そう言ってにっこり笑った。

ガイドから請求書を渡され、タクシー代は時間と距離で計算されていて、ガイド代も含めて全部で5000円であった。これまでいちばん高いツアー料金となったが、色々な楽しい経験をさせてもらったので、不満はなかった。

ドクターと共に訪れたデミーの家は、アパートの3階であった。待ち構えていたかのようにデミーとドクターの弟がすぐに出てきた。

「随分帰りが遅くなったのね。お腹空いたでしょう?」

相変わらず母親のように優しいデミーの第一声であった。

デミー夫妻には2人の息子がいて、ひとりはチェンナイ、もうひとりはバンガロールの大学に通っているので、2人とは一緒に住んでいなかった。

私とドクターが席につくと、デミーは手際良く食事の用意をしてくれた。デミー夫妻はもう夕飯を済ませたとの事で、私たちが食事をする間、見守るように傍にずっと立っていた。チキンの煮込み、魚料理、野菜、2種類のカレーの他に、柑橘類の皮からデミーが自分で作ったという漬物、、デザート、どれもとても美味しく、私がこれまで食べたインド料理の中で最高のディナーであった。
食後、ドクター兄弟は居間で話をし、私とデミーは食卓テーブルに向かい合って座って話をした。デミーはよく笑う人で、私のこれまでの旅の話を聞きながら声を出して何度も笑った。特に、コモリン岬に行く途中で、ワダを食べた店の主人の「ムトゥー」の話は、何回しても彼女は大笑いした。ラジーニカーントは、『カビクシカビガン』のようなヒンディー映画ではなく、南インドのタミール映画に多く出演するスターで、ここマドライでもトップスターの人気だそうだ。デミーは彼を、ケーララ州出身ではなく、「カルナタカ州出身でチェンナイ（タミールナドゥ州の州都）在住」だと言った。彼はケーララにも住んでいた事があり、「出身」の定義をどうとるかで変わってくる話なのかもしれないが、とにかく彼は皆が係わり合いを持ちたがり、それを自慢したがる位の人気スターという事なのだ。

デミーも典型的タミングリッシュを話すが、ドクターとはまた違う、女性らしい、可愛らしい響きのあるタミングリッシュだ。彼女の「タンキュ、タンキュ。（サンキュー）」と独特のイントネーションで2回繰り返すのは、私もよく真似をするタミングリッシュだ。大学の数学の先生とは思えないような、家庭的な彼女の雰囲気はこの家の居心地の良さに繋がっていて、疲れているにもかかわらず、なかなか帰りたい気分にならなかった。

帰り際にデミーは、私が美味しいと言ってもりもり食べたものを、いくつかのタッパに分けて詰め、それらと共に赤いバナナをひと房袋に入れて持たせてくれた。デミー夫妻には、最後の最後まで感激する事ばかりだった。

ホテルへの帰り道、私はドクターに言った。

「今日、朝日があまりにも綺麗ですごく感激したんです。どこの国でもあんな朝日を見た事がありません。マドライでも朝日が綺麗に見える所はありますか?」

「ああ、それならいい場所がある。明日の朝ホテルに向かえに行くよ。6時だな」

またの早起きに、自分から頼んでおいて、後悔しそうであった。

クタクタになってホテルの部屋に戻ると、フロントでお湯を頼み忘れたと気づき、電話をしようとすると、またタイミング良くメルィンから電話がかかってきた。今日は2杯だけお湯をお願いしたので、メルィンは部屋に来なかった。

熱いお湯を体に流すと、疲れも一緒に流され、今日もまた気持ち良くお風呂から出た。つくづくこのホテルの滞在の快適さはメルィンのお陰だと思うと、彼に電話ではなく、面と向かってお礼を言いたくなった。時間はもう1時であったが、洋服に着替えて下に降りた。メルィンは、私の姿を見ると驚いたように言った。

「マダム、何か問題がありましたか?」

「何も。ただ、いつも色々気遣いしてもらっているお礼を直接言いたくて」

「どういたしまして、マダム。明日お発ちになられるのですか?」

彼の英語は典型的タミングリッシュとは違うので、出身を尋ねると、タミール人の母とアラブ人の父を持ち、インド生まれだが小学校から15歳までアブダビで育ったため、母語のタミール語の他、アラビア語、英語の3か国語を話すとの事であった。3か国語も話せるのに、このホテルで働いているのは、もったいなく思った。彼は私の質問に対し、ひとつ一つまるで軍人のような受け答えをし、いつも態度がビシっとしている上、対応も迅速なので、非常にきちっとした性格なのだろう、と思う所だが、なぜかいつも丸めたハンカチのような、しわくちゃなシャツを着ていて、そのアンバランスさが気になった。一旦気になると解明しないと気が済まないのが私の性格で、彼の人間性に少し探りを入れようと2、3質問をしてみた。しかし私に対して礼儀正しい姿勢を決して崩さず、その人間性を知る事は難攻不落の城のようで、すぐに諦めて部屋に帰った。

翌朝、5時半にメルィンから電話がかかってきた時、どうしても起きられずにいると、また電話のベルが鳴り、ドクターからであった。

「あと10分でそっちへ着くよ。朝日が昇る前に連れてゆきたいところがある」

そう言ってすぐに電話を切ってしまった。私は飛び起き、急いで支度をしていると、ドクターから電話が入り、もう着いたから早く降りて来るようにと言われた。慌てて下に降りて車に乗り込んだ。

「他の用事ならいいが、朝日は昇るのを待ってくれないから、急がして悪かったね」

そう言うと、車を思い切り飛ばして街を離れ、日の出と競争するかのようにチラチラと外を見ながら車を走らせた。そして丘を大分上った所で車を停め、歩いて頂上まで登った。

丘の頂上には、またもや夢のような光景が広がっていた。朝日は、昨日ラメシュワラームに行く途中で見たものに負けず劣らず、大きく、真っ赤で美しかった。その姿に、自分がこれまで見てきた太陽が、本来の姿ではなかったのだと痛感した。そして、その朝日に照らされた辺りの景観がこれまた言葉にならないほど素晴らしかった。ごつごつとした岩が一斉に真っ赤に染められ、草も木も池も遠くまで見渡せる大地も、その生の鼓動が直《じか》に聞こえてきそうなくらいのエネルギーを発し、輝きを増していた。

「世界一美しい国、インド」

私の中でのこの位置づけは、この国が変わらない限り、一生変わらない、と思った。

私は今日予定通りチェンナイに発つか、1日遅らせるかを昨日からずっと迷っていたが、ドクターにホテルに送り届けてもらった後、今日はここでゆっくり休息を取り、明日チェンナイに行く事に決めた。その飛行機の予約変更のため、ドクターの昼休みにインディアン航空のオフィスへ連れて行ってもらった。

インディアン航空のマドライ支店のマネージャーはドクターの同級生との事で、広々としたオフィスに着くと、カウンター奥にあるマネージャー室を訪れた。そこには綺麗な白髪で、まるで俳優のような整った顔立ちをした男性が机の所に座っていた。ハンサムな上、ショーンコネリーのような渋い雰囲気もあるのだが、怖そうな感じで、私を一瞥した後、笑顔なくドクターと挨拶を交わした。2人はしばらくタミール語で会話した後、マネージャーが私に英語で言った。

「それで、私は君の何の手伝いが出来るのかな?」

彼も典型的タミングリッシュをだみ声で話した。

「予約の変更をお願いできますか? チェンナイに明日入り、24日にカルカッタへ行き、25日にヤンゴンへ入りたいのですが」

彼はメモを取った後、コンピューターを見て言った。

「ヤンゴンへのフライトは明日22日か、27日になるが」

驚いて壁にかけてあるカレンダーを見た。25日は月曜日だ。ヤンゴン行きは週2便で、水曜と金曜発なのを知っていたのに、なぜかヤンゴン行きのフライトが25日と思い違いをし、牧子にも25日に行くと言っていた。今日のチェンナイ行きの飛行機に乗らなければヤンゴンに行けるのは27日になり、それではミャンマーに2泊しか出来ない。私は慌てて時計を見たが、今からでは、もうチェンナイ行きの飛行機に間に合いそうになかった。

この国ではなぜか、いつもしないような馬鹿な勘違いをする。ただそれだからこそ、自分の意思と全く無関係に、インドに思うままに操られている気がするのも事実だ。これはきっとインドが私を離さず、ミャンマー行きを諦めて行く事になる地に呼ばれているのだろう、と思った。楽しみに待っている牧子の事が唯一後ろ髪を引いたが、ミャンマー行きを諦め、デリーから日本に帰る事にした。

デリーに近づく場所で2、3日旅の疲れを癒すべくのんびりしよう、と思い、あれこれと考えた末、綺麗なホテルで、大きなプールがあり、ホテル代を安くしてくれる、オーランガバードのアンディのホテルに滞在しようと決めた。アンディに冷たくした事が、このインドの旅で唯一、心にひっかかっている事でもあった。マネージャーに伝えると、フライトを調べて予約を取ってくれた。マネージャーは終始笑顔なく、怖い表情であったが、お礼を言って席を立つと、タミングリッシュのだみ声で言った。

「何かあったらいつでも言って来なさい。私が何とかするから」

怖い顔でも、やはりタミングリッシュの人は親切なのだ。

インディアン航空のオフィスを出た後、ドクターが昼ごはんに何を食べたいか聞いてきた。しかし、私は朝からお腹にシクシクと痛みを感じ、食欲もあまりなかった。

「何だか、少しお腹の調子が悪いみたいで食欲がないんです。昼ごはんは日本から持ってきたものでも食べます」

「今夜、君をタージリトリートに連れてゆこうと思っていたが、そこで食事は出来そうかな?」

タージリトリートといえばマドライ一の高級ホテルで、山の上にあり、宿泊しなくてもそこのガーデンテラスで景色を楽しみながら食事するだけで、十分価値がある、とガイドブックに書いてあった。マドライ最後の夜を、街いちばんのホテルで美味しいワインでも飲みながら食事をし、夜景を楽しむ、というのは怖いくらい完璧なシナリオであった。タージに行くために復調しなくては、と思い、疲労

マドライタージリトリート　Dr. バスカーラと共に

と寝不足から来ている腹痛に感じたので、その日の午後、クーラーのよく効いたホテルの部屋で休養を取った。ドクターの奥様が心配して、私の部屋に様子を見に来てくれた。

そしてその夜、見事復活を遂げた私は、サリーを着て、ドクターと共にタージリトリートへ出かけた。タージリトリートはマドライの街とはかけ離れた雰囲気の豪華で洒落たホテルで、そこのガーデンテラスのレストランからマドライの街の夜景がとても綺麗に見えた。

飲み物を聞きにきたウエイターに、どんな葡萄の銘柄のワインがあるのか聞いたが、インドワインとフランスワインがあるという以外、ワインについて何ひとつ知らなかった。

「君はワインに詳しいんだね」

ワインについて質問をする私にドクターは尊敬の眼差しで言った。専門的な事は何ひとつ質問したつもりはないが、インドではまだワインは広く飲まれているものではなく、皆知識がない。お陰でカサブランカの私がドクターに少し見直してもらえた。

グラスワインが運ばれてきて、楽しみにひと口飲むと、かなり酸味があり、味もひどかった。インドワインのせいかと思い、フランスワインに変えてもらったが、それも同じようなひどい味で、ボトルの保存状態の悪さが露骨に感じられた。美味しくなくても、せめてもう少し普通の味のワインはないかと、私はレストランにあるワインを次々に試飲し、テーブルの上には6つのワインボトルと6個のワイングラスが置かれている、という有様になった。ドクターは初めて見た事だったようで、その様子に唖然として言葉を失っていた。

その後、食事が運ばれてきた。

「今日はフォークとナイフを使って食べるかな」

ドクターが何気なく言った言葉であったが、自分がいつも当たり前のように使っているものを、「使ってみるか」と言われると、何だか妙な感じがした。もう右手だけで食べる事に慣れ、何の不便も感じなくなっていたが、ほんの数パーセント、心の中にフォークやスプーンを使った方が食べやすい、という気持ちが燻《くすぶ》っていた。久しぶりにフォークを握った瞬間、その数パーセントの思いが一気に100パーセントになり、フォークとナイフを握った感触が何とも言えず嬉しかった。

ウイスキーのストレートを2杯飲んだドクターは、調子よくジョークを連発し、酔いの回った私も関西人の底力を見せてジョークの応酬をした。

「君は相変わらず面白いな。いつも細かい神経を使う仕事をしているから、この1週間、仕事の合間に明るく元気な君から電話がかかってきたり、会って一緒に冗談を言っているだけでとても気持ちが休まった。明日から君がいなくなってしまったら寂しいよ」

知り合いでも何でもないのに鬼のように世話ばかりかけた私に、何の見返りを期待する事もなく、まるで自分の家族の一員のように接してくれ、「いなくなってしまったら寂しい」などと言ってくれる。もったいなすぎる言葉だった。

食後、ホテルを見学した。屋上からは、マドライの夜景がガーデンテラスからより、さらに遠くまで見え、絶え間なく吹き寄せる風が心地良い、このホテルで最高の場所であった。輝く月、満天の星、暗闇に浮き立つ光の粒。マドライ最後のロマンティックな美しい夜の光を、目にしっかりと焼き付けた。

翌朝、電話のベルで起こされた。時計を見るとまだ6時すぎで、久しぶりに寝坊出来る日に誰がこんな早くに電話をかけてきたのか、と思いながら受話器を取ると、メルィンからであった。

「今朝は目覚ましのコールを頼んだ覚えはないけど」

「申し訳ありません。お起こしした方が良いのかと思いまして」

「その必要はなかったけど、心遣いありがとう」

そう言って電話を切った。すると、すぐにまた電話が鳴った。それもメルィンからだった。

「マダム、邪魔をして申し訳ございません。今日、何時にチェックアウトされるのでしょうか?」

「12時ごろかしら」

「空港への送迎は必要でしょうか?」

「空港まで友人が送ってくれるから、必要ないわ。ありがとう」

「マダム、またマドライにはいらっしゃいますか?」

「また来たいと思ってるわ」

「この街にまた来る時は、連絡をくだされば、部屋をお取りしておきます」

「そうね、その時はそうするわね」

「マダム、何か私にお手伝いできる事はありますか?」

「もうあなたには十分よくしてもらいました。ありがとう」

「今日は出発までどうされるのですか?」

いつもすぐに電話を切る彼が、今日はなかなか切ろうとしない。その様子に彼は私と話がしたいのではないかと思った。

「午前中は特に用事はないけど。メルィン、私とお茶でも飲みたいんでしょう?」

冗談っぽく言うと、メルィンはいつもと変わらぬまじめな調子で言った。

「はい、マダム」

「仕事は何時に終わるの? 仕事が終わったら、私の部屋で朝食を一緒に食べましょう」

「はい。7時に仕事が終わりますので、それからそちらにお伺いします」

電話を切った後、メルィンがこの間話した時より壁がずっと低くなった感じがして、話すのが楽しみになった。

7時を過ぎ、ドアをノックする音が聞こえた。ドアを開けると、今日も皺くちゃのシャツを着たメルィンが少し照れくさそうな表情で立っていた。彼を部屋に招き入れ、朝食に何を食べたいか聞くと彼が言った。

「実は私は朝食を今食べられないんです。私はキリスト教徒で、イースターまで朝食の断食があるんです」

タミール人の母、アラブ人の父を持つ彼がキリスト教徒という事にも、断食の戒律がキリスト教にある事にも驚いた。

「じゃあコーヒーか紅茶でもどう?」

「飲むこともできないので」

私は彼にソファーに座るように言った。それから暫く話をしたが、メルィンには「しわくちゃシャツ」にみられる粗雑さはどこにも見られず、父親を早くに亡くし、家計を支えて母親と妹の面倒も見ている家族思いの、真面目な青年であった。体力的にきつい夜のシフトを選んでいるのも、お金のためのようであった。

30分程話した所でフロントの男性から電話がかかってきて、メルィンがここにいないかと聞いてきた。いるので電話を変わろうかと訊ねると、彼の存在を確かめるだけだったようで、「いいです」と言ってすぐに電話を切ってしまった。

インドにいてしばしば感じるのは、インド人は男性も非常に噂話好きで、あっという間に話が広まるという事だ。女性が噂話好きなのは、世界中どこも同じだが、男性がここまで噂好きと感じた国もない。私が街でアンディと食事をしていたとか、オーエンと2人で夕食をとっていたとか、その他にも全く知る由《よし》もない人（いつも男性）に私の行動を指摘されて驚く事が何度となくあった。

この電話もそんな噂話好きのインド人男性の習性に違いないと呆れる思いだったが、メルィンが女性ゲストの部屋に入った事で、何かペナルティーを受けてはいけないと思い、部屋を出た方がいいと彼に言った。

別れ際に彼が言った。

「マダム、今度マドライに来た時は、私の家にも遊びに来て下さい。私の母は、とても料理がうまいんです。インド料理も、アラビア料理も作れますから。是非ご馳走したいです」

今まで私に対する丁寧な態度を決して崩さなかったのに、最後の最後に彼からその壁を取り去ってそんな風に言ってくれて嬉しかった。インドの呪縛はここにあるのだ。人と人を結びつけ、またこの人に逢いにこの地へ戻って来たい、と思わす。

昼前にホテルをチェックアウトし、ドクターの迎えの車で彼の病院へ行き、執務室に上がった。

「ここで昼ごはんを食べて行きなさい。それから空港に送って行くから。君の食事の支度をするように言ってある。私も君と一緒にここで食事をするが、まだ診察が残っているから、食事が届いたら先に食べていなさい」

そう言ってドクターが出て行った後、何度も訪ねたこの部屋を改めて眺めていると、マドライへ来てから起こった様々な出来事が、走馬灯のように頭をよぎった。

そこへ初めて会う女性が食事を運んできて、目の前で黙々と私のために食事を用意し始めた。私のお皿にはご飯とカレーが盛られ、彼女はタミール語で「食べなさい」というような事を言った。手でカレーとご飯を混ぜていると、彼女は運んで来たいくつもの容器の蓋をひとつ開けて中から食べ物を取り出し、私に「食べてみなさい」と勧めた。私がそれを口にし、美味しくなさそうな顔をすると、その食物が入った容器のふたを閉め、また別の容器の蓋をあけて違う食べ物を差し出し、それを美味しいと私が言うと、いくつも皿に盛った。

始めは無表情に食事の用意していた彼女だが、食べ物に対する私の反応が可笑しかったようで、時折薄笑いを浮かべ、徐々に表情が和らいでゆき、親切に私の食事の面倒をみてくれた。あまりに次から次へと容器のふたを開け、食べ物を取り出すので、私が「もういい」、と言っても、「オンリーワン、トライ（ひとつでいいから）」とまるで母親のように言って、食べさせる。

彼女の「オンリーワン、トライ」攻撃に、それまで皿に盛られたカレーを口に出来なかったが、それが止んだ時、漸くカレーを口にする事が出来た。しかしその瞬間、私の目にみるみる涙があふれてきた。それはこのカレーが辛かったからではない。それが食べた事のない位、「甘いカレー」だったからだ。

横で彼女が再び容器の蓋を開けて私に、「これも健康に良いから食べてみてごらん。ん?」と言って顔を覗き込み、その優しい目についにこらえきれなくなり、大粒の涙が次々とこぼれた。そのカレーは甘くて、美味しくて、拭っても拭っても涙が毀れてくる。その涙を手で拭い続けながら、私のために作られたカレーを一生懸命食べた。せっかくの甘いカレーも涙の味でしょっぱくなってしまったが。

私は涙のカレーを食べながら、この時知った。この国では多くの神様が存在し、人々はその神を信じて生活している。故に人はこの国を神の支配する国と呼ぶかもしれない。しかし、この国の本当の神様は宗教上の神々ではなく、この国の人々そのものなのだ。ここは誰よりも人に暖かく、優しく、愛情に満ちた神様が大勢暮らす「神々の国」なのだ。私は神々の国に呼ばれ、その無償の愛に溢れた世界を旅する事が出来た、幸運な旅人であったのだ。

そこにドクターがやって来て、驚いて言った。

「どうしたんだい? どうして泣いているのかい?」

私は何も言わず、ただ微笑んで涙を拭った。ドクターはそれ以上何も聞かず、少し間をおいてから言った。

「今度はまた違う季節にここを訪れるといい。君の好きなマンゴーがたくさん生《な》る季節にな」

また涙がこぼれて、声が出なかった。

インドとの別れ

昼食後、ドクターの奥様にお別れの挨拶に行くと、彼女は心配そうに尋ねた。

「お腹はまだ痛む?」

「もう大丈夫です。大変お世話になり、本当にありがとうございました」

手を胸の前で合わせてお礼を言うと、彼女も手を合わせた。

「また遊びにいらっしゃい。体に気をつけて。ハァ」

いつもの奥様の話口調と優しい瞳に胸が熱くなった。

空港に向かう車の中で、ドクターは相変わらずジョークを飛ばし続けた。空港に到着して一緒に車を降りると、カートを運んできて私の荷物を乗せ、検査台の所まで運んでくれた。そして「それじゃあ、気をつけて」と言うやいなや、すぐに背中を翻して行ってしまった。あまりにもあっけない別れで感傷的になる間も、お礼を言う間もなかった。

しかし、彼が車の中で息つく間もなくジョーク話を続けたのも、あっけなく行ってしまったのも、逆に私との別れを惜しんで、わざとそうしたように感じた。もし感傷的にならない自信があれば、ちゃんと私の目を見て別れを告げただろう。ドクターはそういう人だ。私は彼の後ろ姿に向かって手を合わせ、「ありがとうございました、ドクターバスカーラ」と心の中で呟いた。

オーランガバードの空港に着き、ターミナルで荷物が出て来るのを待っていると、見覚えのある人が私に声をかけてきた。

「お帰りなさい、マダム。アンディはここへ来られないので、私が迎えに来ました」

アンディのホテルのスタッフであった。彼は私の荷物をキャリアーに載せて運び、車に乗せてくれた。ホテルに着くとアンディがフロントに立っていて、私に気づくと、満面の笑みを浮かべた。その笑顔に、もうひとり、私の神様がここにいた、と思った。

それから数日、アンディのホテルでのんびりと、思いのままに過ごした。朝は多少遅めに起き、プールでひと泳ぎしてから朝食を取り、午後からは、買い物へ出かけたり、映画を見に行ったり、ビューティーパーラーへ行ったりした。サリーの師匠のいる仕立屋に、今では5分で着られるようになったサリーを着て訪ねると、師匠は私がすっかり上手にサリーを着こなすことが出来るようになった事に驚き、とても褒めてくれた。スパルタ先生だった彼女に褒めてもらえて、学生時代、怖い数学の先生に褒められた時のような嬉しさを覚えた。

ホテルでアンディと同じ家に住むモヌハに久しぶりに会った。彼に今回の旅で訪れた場所を挙げていると、彼が口を挟んだ。

「ケーララ州にも行ったのですか？　私はケーララの出身なんですよ！」

彼が南インド出身とは知っていたが、ケーララ州とは知らなかった。彼に初めて会った時、「日本人によくいる秀才タイプの顔の人」と思った。ケーララ人と日本人は顔が似ている、というアジット説をこんな所でまたひとつ確認できた。

アンディの仕事はいつも9時頃に終わり、それから一緒に食事に出かけた。一度、彼の仕事が終わってから一緒にアメリカ映画『オーシャン11』を見に行った。輸入映画なので、インド映画よりも料金が高いのかと思っていたら、同じだった。たった30ルピーでハリウッドの新作映画を劇場で見られるなんて、得した気分になった。

映画の舞台のラスベガスは、ホテルやカジノのネオンの洪水、整備された大きな道路を走る高級車、お洒落なレストランで食事をする綺麗な洋服を着た人々、とインドで見ると全くの夢の世界のようで、少し恋しく思った。しかしその帰り、アンディのバイクの後ろに乗ってオレンジ色のストリートライトに照らされた道を、牛や馬を避けながら風を切って進んで行くのは心地良く、また楽しくもあり、「夢の世界」の事などすぐに忘れてしまった。

私はアンディに対し、この旅の始めと今とでは、全く違う感情でいる事に気づいていた。以前、彼の手と自分の手の違いを見て、私達は別世界に住んでいる、と思い、それが私の中に彼に対する壁をずっと作っていてた。今にして思うとその壁の根底をなしていたものは、愚かな先進国人意識であり、それがこの国を旅してゆくうちに、根元から崩れ去って行った。私は漸く本当の意味での彼の友達になれた。

オーランガバードを発つ日、空港まで送ってくれたアンディと別れ際、握手を交わした。その彼の手を見ながら思った。私達は決して別世界になんて住んでいない。心で繋がっている限り、同じ世界に生きている。


約1カ月振りのデリーは夜にもかかわらず、暖かかった。日本の2月の終わりといえば1年のうちでいちばん寒い時期だが、インドでは2月も終わりになると、夏がすぐそこまでやって来ている事を感じる。デリーを離れてからムンバイを除いて小さな街にばかり滞在していたので、整然としたニューデリーの街が別の国のようにすら感じた。デリーやムンバイのような都会だけを訪れて、「インドへ行った事がある」と胸を張って言えないかもしれない。本来のインドの姿、良さはここには少ない。

翌朝、今日インドを去るという実感がわかず、またこれから飛行機に乗って、インドのどこかの街へ出かけて行きそうな気がした。

朝食を食べにホテルのコーヒーショップへ行くと、テーブルにナイフとフォークがきちんと並べられていて、それを見て、ドクターバスカーラが「今日はナイフとフォークを使ってみるか」と言った言葉を思い出した。私はこの時、わざとナイフとフォークを一切使わずに食事をした。

フライトの出発時間は夜で、それまで特に予定はなかったが、デリーに行ったらどうしてもしたいと思っていた事がひとつあった。それはドクターモハナンに会う事であった。コーチン行きの飛行機でもし彼に会わなければ、私の旅はごくごく平凡に終わっていただろう。この旅を本当に素晴らしいものにして下さり、この国との切っても切れない深い絆を作って下さった私の太陽神、ドクターモハナンにここを去る前にもう一度会い、お礼を言いたかった。

私は10時過ぎに彼の携帯電話に電話をかけた。受話器から聞こえてきたのは、懐かしいあの声であった。彼は私からの電話をたいそう喜んでくれ、2時に日航ホテルのロビーで会う約束をした。出会った時、聞きづらいと思った彼のインド訛の英語が、タミングリッシュを聞きなれた今、難なく聞き取れるようになっていた。

ドクターモハナンに会うために、オーランガバードで新調した緑色のシルクサリーに着替え、2時にロビーに降りた。しかし、彼は30分待っても現れず、部屋から電話をしようとエレベーターの方に歩きかけた時、足早にエレベーターに向かって歩く彼の姿が見えた。

「ドクターモハナン！」

大きな声で呼びかけたが、彼は気づかずにエレベータに乗り込んだ。私は走って、何とかドアが閉まる前に彼に私の存在を気づかせる事が出来た。エレベーターから慌てて出て来た彼は、笑顔で何度も握手の手を振った。

「今日もまた美しいサリーを着ているね。ドクターバスカーララジャーンは元気だったかい?」

「はい、とてもお世話になりました」

「私が紹介した人物は、最高に適材だったろう?」

懐かしいモハナン節であった。彼をラウンジに案内し、長椅子に並んで腰掛けた。

「この時計を覚えているかい?」

彼は左腕の時計を見せた。それはコーチンのタイタンでバンドを取替え、新品のようになったと無邪気に喜んでいた時計だった。

「君とコーチンで別れた後しばらく、この時計を見るたびに君を思い出していたよ。この文字盤が君の笑顔に見えた」

そう言って大事そうに時計をさすり、そのしぐさに胸が熱くなった。

私達はコーチンでの思い出話や、私のその後の旅の話を続けた。今日はモハナン節が炸裂する事なく、彼は終始静かに微笑んで私の話を聞いてくれた。1時間程過ごした後、彼はそろそろオフィスにもどらなければならないと言って立ち上がり、私も見送るために一緒に正面玄関に出た。

車を待っている間、彼に言った。

「あなたはとても偉大な方です。こんな素晴らしい旅を私に与えて下さって、本当に有難うございました」

「いかん、また涙がこぼれそうだ」

ドクターはしんみりとした顔で言った。その時、車が到着した。

「後でまた電話を入れるよ」

そう言って車に乗り込み、窓越しに私を見て浮かべた笑顔に、胸の前で手を合わせて深く一礼し、車が見えなくなるまで手を振り続けた。

部屋に戻ってチェックアウトの支度をした後、最後にホテルの部屋から見えるデリーの街を撮ろうとビデオカメラを取り出した。

フライトで初めてインドに来た時、霧で見えなかったデリーの街。この1年、その霧の向こう側に沢山の景色を見て、今ここに戻ってきた。その今、インドの奥深い文化、世界一の美しさ、そして何より、「神々」の存在に、私はこの国が世界一好きになった。だから今までうんざりしながら考え、答えてきた人々の問いかけに、これからは胸を張って即答するだろう。「世界一好きな国はインドです」と。そんな思いを胸に、1カ月のインド旅行最後の映像をビデオに納めた。

空港に着き、チェックインを済ませた後、ドクターバスカーラに電話をした。私が「ハロー」と言っただけで、彼はすぐに言った。

「おお!! 元気かい!?」

「今デリーの空港にいて、これから日本に帰ります」

「ちょうど今日農園にいる時、飛行機が飛んできて、空を見上げて君の事を思い出してたんだよ。何だか君がここにいた時間が、夢の中の出来事だったように感じてる。また遊びに来ておくれ」

私こそ、マドライでの日々は、「夢の中」という以上の出来事であった。

お礼を言って電話を切った後、アンディのお父さんに電話をし、これから日本へ帰ることを告げた。

「もう日本に帰ってしまうのですか? 私はあなたがバンガロールに遊びに来てくれると思って楽しみにしていたのに。次はいつインドに来るのですか? その時は必ず来て下さい」

「アンディのお父さん、ひとりで旅をしていて寂しかった時、突然電話をかけてきた私にとても優しくお話して下さって、まるで日本にいる父と話しているような気持ちになりました。ありがとうございました」

「ミスカヨコ、私でよければいつでも、あなたのお父様の代わりにお話ししますよ」

電話を切った後、私がミャンマーに行けずデリーに戻る事になったのは、この旅でお世話になった人々にこうして改めてお礼を言うためだったのかもしれない、と思った。お世話になった人々の笑顔を旅の終わりにもう一度見られた事、最後の最後まで変わらぬ優しい言葉をかけてもらった事、その人達に心からお礼を言えた事、それは私を感激させ、幸福な気持ちにさせた。今度は場所に呼ばれたのではなく、人に呼ばれたのだ。呼ばれて行くと、感動が待っている。またその通りだった。

飛行機がゲートを離れ、ゆっくりと滑走路に向かう間、私は窓から外の景色をずっと見つめていた。いよいよインドとの別れの瞬間《とき》に、寂しい気持ちもあるが、それ以上に満足感が私の心を満たしていた。

やがてエンジンの音が高鳴り、機はあっという間に重い胴体を夜空に浮かび上がらせた。そして機体を傾けながら旋回して行く時、再び窓の外に目をやると、デリーの街が無数のオレンジ色の光に包まれ、暗闇の中に浮かび上がっているのが見えた。その美しさに目を奪われ、じっと眺めていると、街を包む光の揺らめきが蠟燭の火のように見えてきた。その火は勢いよく燃え盛り、まるで私を神々の国から送り出そうとしているかのようであった。私は思わず胸の前で手を合わせ、目を閉じた。するとそこに、この旅で出会った「神々」の顔が次々と浮かんできて、頬に熱い涙が伝わった。

エピローグ

２００６年、私は日本航空を退職した。それはインドに出会う前の私にとっては、意外すぎる程の決断であったろう。インドと出会い、貧しさ、カーストという社会の枠組みの中で、驚く程のエネルギーを発しながら懸命に生きる人々を目《ま》の当たりにするたびに、自分はこれ程毎日を一生懸命生きているだろうか、自分の人生、もっと何か出来るのではないか、豊かで、自由で、平和な国と時代にせっかく生まれてきたのだから、と思うようになった。その事が、航空業界を取り巻く環境の変化の中で仕事に対するモチベーションを維持できなくなり、外の世界に目が向き始めた私の背中を強く押した。

旅は私の人生であり、今でも飛行機が飛ぶ音が聞こえると、即座に空を見上げる程飛行機が大好きだが、その決断に後悔はない。

旅を日常とした長い年月の中で、公私に亘って数え切れない程多くの場所を訪れてきたが、私が本当の旅の面白さを知ったのは、このインドに出会ってからだった。それまでの私の旅は、限られた時間の中でひとつでも多くの場所を訪れる事に躍起になっていた。しかしインドと出会い、いくつの国を訪れ、いくつの世界遺産を見たか、などという事は何の自慢にもならない、訪れた場所は少なくとも、そこでどれだけ多くの人々と言葉を交わし、関わり合い、どれだけ多くの心温まる感動に出会えたかこそが、自慢できる事なのだと思うようになった。それが本当の旅の面白さと知り、私の旅は変わった。

インドとの出会いは様々な点で私の人生を変えた。

昨今のインドの経済成長と、世界からの注目度は私の初渡印の時からは考えられない程大きなものとなった。しかし渡印のたびにこの国の潜在能力の高さを思い知らされ、恐れさえ感じていた私には、その事に驚きはない。むしろ、ＩＴ産業等での躍進は、この国の潜在能力の氷山の一角を現したにすぎず、驚くべき山肌を表し、本領を発揮してくるのはこれからだと思っている。

インドの急速な近代化のニュースを新聞やテレビで目にするたび、神の有するインドの美しい景色の数々、人々が変わってしまったのではないかと心配になる時がある。定時制、迅速性を重んじるようになった世界の動きを全く意に介しなかった「インドタイム」が失われ、この国独特の時の流れをもう感じられなくなってしまったのではないかと危惧する時がある。しかしそれは、インドの友人達と話をすると、今のところはまだ杞憂にすぎないと知る。

現在のインドは都市部を除けばまだ近代的という表現には程遠く、動物が悠然と道路を歩き、豊かで美しい自然に満ち、ゆったりと時間の流れている国だ。それ故に、今のうちにこの国を訪れる事を勧めたい。私達が失ってしまった多くのものにまだこの国で出会えるうちに。

私は１ヶ月のインド旅行の後、２００５年９月に敢行した危険度３のカシミール州シュリナガール旅行まで、計５回インドに呼ばれて訪れた。その旅どれもが自ら「行こう」と計画したのではなく、インドに呼ばれて訪れたものだった。機会があればそれらの旅についても紹介したい。なぜなら、その後も私は、笑いと涙と不思議と感動一杯に、神々の国を旅し続けたからだ。それを伝える事が、私がインドに呼ばれ続けた理由のひとつだと今は感じている。

シュリナガール旅行を終えた時、初めてのインド旅行の時に「物語の続編の扉を開いた」と感じた自分のひとつの「インド物語」が終わった、と感じた。そして、不思議な事にそれ以降、ぱったりとインドに呼ばれなくなった。それは私のインドへの興味が薄れたわけでは全くない。むしろ、次に呼ばれる時を今か今かと待っている。

次に呼ばれる時は、私の新しいインド物語が幕を開ける時に違いない。それが明日なのか、1年後なのか、10年後なのかわからないが、新たな感動に出会えるその時を楽しみにしている。


この原稿が出版という夢の実現に至ったのは、多くの方々のお陰と感謝しております。特に、素人の私にこのような舞台を与えて下さった元就出版社の浜さん、この原稿を読んでアドバイスをくれた各界で活躍する友人達、様々な局面で励ましてくれた日本航空スチュワーデスの同期生達、長期の休みと渡印の機会を与えてくれた日本航空、そしてずっと応援し、夢を叶える力をくれた妹、祖父母、両親に書面を借りて心から感謝を捧げたいと思います。また、読者の皆様にも心より感謝し、この本との出会いが、「インドからの呼び声」となる事を願って止みません。

夢は見るものでなく、叶えるもの。それを強く願えば願う程。

2007年3月　宮崎佳代子

Special thanks to all my Indian friends.
I couldn't have done this without you, who inspired me to write this book.
Kayoko

【参考文献】

地球の歩き方インド2000~2001　ダイヤモンド社
個人旅行13　インド　昭文社
深夜特急　沢木耕太郎　新潮社
ドラヴィダの世界　インド入門2　辛島昇　東京大学出版会
ヒンドゥ教の建築―ヒンドゥ寺院の意味と形態　ジョージ・ミッチェル著　神谷武夫訳
鹿島出版会

【著者略歴】

宮崎佳代子（みやざき・かよこ）

神戸市出身。関西学院大学文学部卒。

大学3年生の時に日本航空（現日本航空インターナショナル）に国際線スチュワーデスとして入社。

乗務歴18年、飛行時間12,700時間で同社退職。

訪問国45カ国、250市町村以上。

インドに呼ばれて・印度万華鏡

2007年8月6日　第1刷発行

著　者　宮崎佳代子
発行人　浜　正史
発行所　株式会社　元就《げんしゅう》出版社
〒171-0022 東京都豊島区南池袋4-20-9
サンロードビル2F-B
電話　03-3986-7736 FAX 03-3987-2580
振替　00120-3-31078
装　幀　唯　野　信　廣
印刷所　中央精版印刷株式会社

※乱丁本・落丁本はお取り替えいたします。

ISBN978-4-86106-154-7　C0026

魅惑の国トルコ紀行

篠原昌史

大陸オーストラリア駈け歩る記

魅惑の国トルコ。古代トルコの歴史、エフェスで展開したハイレベルの文化生活、地下都市の構築。大自然の宝庫オーストラリア。バース、エアズロック、ブルーマウンテンの美。

定価一四七〇円(税込)